Caro aluno, seja bem-vindo à sua plataforma do conhecimento!

A partir de agora, você tem à sua disposição uma plataforma que reúne, em um só lugar, recursos educacionais digitais que complementam os livros impressos e são desenvolvidos especialmente para auxiliar você em seus estudos. Veja como é fácil e rápido acessar os recursos deste projeto.

1 Faça a ativação dos códigos dos seus livros.

Se você NÃO tiver cadastro na plataforma:
- Para acessar os recursos digitais, você precisa estar cadastrado na plataforma educamos.sm. Em seu computador, acesse o endereço <br.educamos.sm>.
- No canto superior direito, clique em "**Primeiro acesso? Clique aqui**". Para iniciar o cadastro, insira o código indicado abaixo.
- Depois de incluir todos os códigos, clique em "**Registrar-se**" e, em seguida, preencha o formulário para concluir esta etapa.

Se você JÁ fez cadastro na plataforma:
- Em seu computador, acesse a plataforma e faça o *login* no canto superior direito.
- Em seguida, você visualizará os livros que já estão ativados em seu perfil. Clique no botão "**Adicionar livro**" e insira o código abaixo.

Este é o seu código de ativação! → **DJQ49-36MBR-AYCPP**

2 Acesse os recursos.

Usando um computador

Acesse o endereço <br.educamos.sm> e faça o *login* no canto superior direito. Nessa página, você visualizará todos os seus livros cadastrados. Para acessar o livro desejado, basta clicar na sua capa.

Usando um dispositivo móvel

Instale o aplicativo **educamos.sm**, que está disponível gratuitamente na loja de aplicativos do dispositivo. Utilize o mesmo *login* e a mesma senha da plataforma para acessar o aplicativo.

Importante! Não se esqueça de sempre cadastrar seus livros da SM em seu perfil. Assim, você garante a visualização dos seus conteúdos, seja no computador, seja no dispositivo móvel. Em caso de dúvida, entre em contato com nosso canal de atendimento pelo **telefone 0800 72 54876** ou pelo *e-mail* atendimento@grupo-sm.com.

BRA205186_895

APRENDER JUNTOS

1º ANO

LÍNGUA PORTUGUESA

ENSINO FUNDAMENTAL

CÍNTHIA CARDOSO DE SIQUEIRA
DENISE GUILHERME VIOTTO
ELIZABETH GAVIOLI DE OLIVEIRA SILVA
MÁRCIA CRISTINA ABROMOVICK

São Paulo, 8ª edição, 2021

Aprender Juntos Língua Portuguesa 1
© SM Educação
Todos os direitos reservados

Direção editorial	Cláudia Carvalho Neves
Gerência editorial	Lia Monguilhott Bezerra
Gerência de *design* e produção	André Monteiro
Edição executiva	Andressa Munique Paiva
	Edição: Beatriz Rezende, Daniela Pinheiro, Ieda Rodrigues, Isadora Pileggi Perassollo, Laís Nóbile, Mariana Gazeta, Raquel Lais Vitoriano, Rosemeire Carbonari, Taciana Vaz
	Colaboração técnico-pedagógica: Márcia Andréa Almeida de Oliveira
	Suporte editorial: Fernanda de Araújo Fortunato
Coordenação de preparação e revisão	Cláudia Rodrigues do Espírito Santo
	Preparação: Berenice Baeder, Cecilia Farias, Ivana Costa, Janaína Silva, Luciana Chagas
	Revisão: Berenice Baeder, Cecilia Farias, Eliane Santoro, Janaína Silva, Luciana Chagas
	Apoio de equipe: Beatriz Nascimento, Camila Durães Torres, Lívia Taioque
Coordenação de *design*	Gilciane Munhoz
	***Design*:** Thatiana Kalaes, Lissa Sakajiri
Coordenação de arte	Andressa Fiorio
	Edição de arte: Gabriela Rodrigues Vieira, Renné Ramos
	Assistência de arte: Selma Barbosa Celestino
	Assistência de produção: Leslie Morais
Coordenação de iconografia	Josiane Laurentino
	Pesquisa iconográfica: Bianca Fanelli
	Tratamento de imagem: Marcelo Casaro
Capa	APIS Design
	Ilustração da capa: Henrique Mantovani Petrus
Projeto gráfico	APIS Design
Editoração eletrônica	Arbore Comunicação
Pre-impressão	Américo Jesus
Fabricação	Alexander Maeda
Impressão	Gráfica Santa Marta

Em respeito ao meio ambiente, as folhas deste livro foram produzidas com fibras obtidas de árvores de florestas plantadas, com origem certificada.

Dados Internacionais de Catalogação na Publicação (CIP)
(Câmara Brasileira do Livro, SP, Brasil)

Aprender juntos língua portuguesa, 1º ano :
    ensino fundamental / Cínthia Cardoso de
Siqueira...[et al.]. – 8. ed. – São Paulo :
Edições SM, 2021. – (Aprender juntos)

Outros autores: Denise Guilherme Viotto, Elizabeth Gavioli de Oliveira Silva, Márcia Cristina Abromovick
ISBN 978-65-5744-249-4 (aluno)
ISBN 978-65-5744-279-1 (professor)

1. Língua portuguesa (Ensino fundamental)
I. Siqueira, Cínthia Cardoso de. II. Viotto, Denise Guilherme. III. Silva, Elizabeth Gavioli de Oliveira. IV. Abromovick, Márcia Cristina. V. Série.

21-67650   CDD-372.6

Índices para catálogo sistemático:

1. Língua portuguesa : Ensino fundamental 372.6

Cibele Maria Dias — Bibliotecária — CRB-8/9427

8ª edição, 2021
3ª impressão, setembro 2023

SM Educação
Rua Cenno Sbrighi, 25 - Edifício West Tower n. 45 - 1º andar
Água Branca 05036-010 São Paulo SP Brasil
Tel. 11 2111-7400
atendimento@grupo-sm.com
www.grupo-sm.com/br

APRESENTAÇÃO

QUERIDO ESTUDANTE, QUERIDA ESTUDANTE,

ESTE LIVRO FOI CUIDADOSAMENTE PENSADO PARA AJUDAR VOCÊ A CONSTRUIR UMA APRENDIZAGEM CHEIA DE SIGNIFICADOS QUE LHE SEJAM ÚTEIS NÃO SOMENTE HOJE, MAS TAMBÉM NO FUTURO. NELE, VOCÊ VAI ENCONTRAR INCENTIVO PARA CRIAR, EXPRESSAR IDEIAS E PENSAMENTOS, REFLETIR SOBRE O QUE APRENDE E TROCAR EXPERIÊNCIAS E CONHECIMENTOS.

OS TEMAS, OS TEXTOS, AS IMAGENS E AS ATIVIDADES PROPOSTOS NESTE VOLUME POSSIBILITAM O DESENVOLVIMENTO DE COMPETÊNCIAS E HABILIDADES FUNDAMENTAIS PARA VIVER EM SOCIEDADE. TAMBÉM AJUDAM VOCÊ A LIDAR COM AS EMOÇÕES, DEMONSTRAR EMPATIA, ALCANÇAR OBJETIVOS, MANTER RELAÇÕES SOCIAIS POSITIVAS E TOMAR DECISÕES DE MANEIRA RESPONSÁVEL: OPORTUNIDADES VALIOSAS PARA QUE VOCÊ SE DESENVOLVA COMO CIDADÃO OU CIDADÃ.

ACREDITAMOS QUE É POR MEIO DE ATITUDES POSITIVAS E CONSTRUTIVAS QUE SE CONQUISTAM AUTONOMIA E CAPACIDADE PARA TOMAR DECISÕES ACERTADAS, RESOLVER PROBLEMAS E SUPERAR CONFLITOS.

ESPERAMOS QUE ESTE MATERIAL CONTRIBUA PARA SEU DESENVOLVIMENTO E PARA SUA FORMAÇÃO.

BONS ESTUDOS!

CONHEÇA SEU LIVRO

CONHECER SEU LIVRO VAI AJUDAR VOCÊ A APROVEITAR MELHOR AS OPORTUNIDADES DE APRENDIZAGEM QUE ELE OFERECE. VEJA A SEGUIR COMO ELE ESTÁ ORGANIZADO.

ABERTURA DO LIVRO

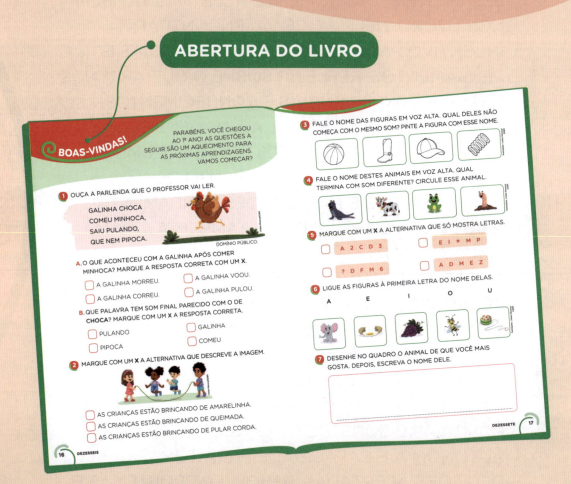

ABERTURA DE VOLUME

NA SEÇÃO **BOAS-VINDAS!**, VOCÊ VAI FAZER ATIVIDADES QUE O AJUDARÃO A COLOCAR EM PRÁTICA O QUE JÁ SABE ANTES DE INICIAR OS ESTUDOS DO ANO.

ABERTURA DE CAPÍTULO

ABERTURA DE CAPÍTULO

ESTE VOLUME CONTÉM OITO CAPÍTULOS. CADA UM DELES SE INICIA COM UMA IMAGEM REPRESENTATIVA E ATIVIDADES QUE CONVIDAM VOCÊ E SEUS COLEGAS A PENSAR E CONVERSAR SOBRE O TEMA TRABALHADO NO CAPÍTULO.

DESENVOLVIMENTO DO CAPÍTULO

APÓS A ABERTURA, VOCÊ VAI LER E ANALISAR TEXTOS VARIADOS, REFLETIR SOBRE ASPECTOS DA NOSSA LÍNGUA E PRODUZIR TEXTOS ESCRITOS E ORAIS.

NA SEÇÃO **NAVEGAR NA LEITURA**, VOCÊ VAI CONHECER AMPLA DIVERSIDADE DE TEXTOS E REALIZAR ATIVIDADES QUE O AJUDARÃO A COMPREENDER O QUE FOI LIDO, A REFLETIR SOBRE O ASSUNTO E A ENTENDER QUESTÕES RELACIONADAS À CONSTRUÇÃO DO TEXTO.

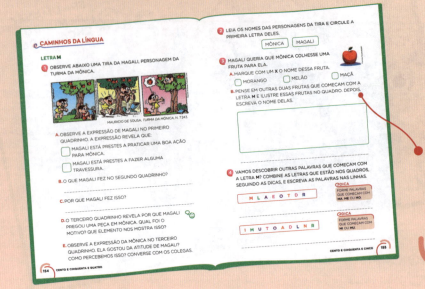

POR MEIO DE ATIVIDADES DIVERSAS, A SEÇÃO **CAMINHOS DA LÍNGUA** LEVA VOCÊ A SE AVENTURAR PELO MUNDO DAS LETRAS E A REFLETIR SOBRE A ORGANIZAÇÃO E O USO DA LÍNGUA.

NA SEÇÃO **JOGOS E BRINCADEIRAS**, VOCÊ VAI TER A OPORTUNIDADE DE APRENDER ASPECTOS DA NOSSA LÍNGUA DE UMA MANEIRA DIVERTIDA.

Na seção **DANDO ASAS À PRODUÇÃO**, você vai elaborar textos escritos destinados a diferentes leitores. Para isso, vai planejar, produzir, avaliar e reescrever o texto.

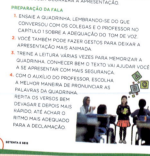

Na seção **OLÁ, ORALIDADE**, você vai participar de atividades que envolvem a produção de textos orais e o estudo das relações entre a fala e a escrita.

FECHAMENTO DE CAPÍTULO

NO FIM DOS CAPÍTULOS, HÁ SEÇÕES QUE BUSCAM AMPLIAR SEUS CONHECIMENTOS SOBRE A LEITURA DE IMAGENS, A DIVERSIDADE CULTURAL E OS CONTEÚDOS ABORDADOS NO CAPÍTULO.

A SEÇÃO **VAMOS LER IMAGENS!** PROPÕE A ANÁLISE E A APRECIAÇÃO DE IMAGENS RELACIONADAS AO TEMA DO CAPÍTULO. NAS ATIVIDADES, VOCÊ VAI DISCUTIR ASPECTOS DO QUE FOI OBSERVADO.

NA SEÇÃO **PESSOAS E LUGARES**, VOCÊ VAI CONHECER ALGUMAS CARACTERÍSTICAS CULTURAIS DE DIFERENTES COMUNIDADES. AS IMAGENS COMPLEMENTAM AS INFORMAÇÕES SOBRE AS TRADIÇÕES CULTURAIS MOSTRADAS.

AQUI NA SEÇÃO **VAMOS COMPARTILHAR!**, VOCÊ VAI REALIZAR APRESENTAÇÕES E EXPOSIÇÕES SOBRE OS ASSUNTOS ESTUDADOS E, ASSIM, COMPARTILHAR SUAS PRODUÇÕES COM A COMUNIDADE ESCOLAR.

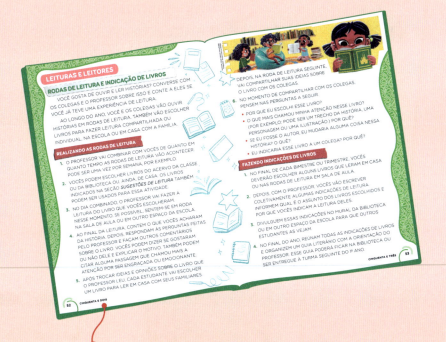

A SEÇÃO **LEITURAS E LEITORES** INTEGRA O PRIMEIRO CAPÍTULO DO VOLUME E PROPÕE UM PROJETO QUE PROPICIA MOMENTOS DE LEITURA NA ESCOLA E EM CASA AO LONGO DO ANO.

NA SEÇÃO **VOCABULÁRIO**, VOCÊ VAI ENCONTRAR UMA RELAÇÃO DE PALAVRAS PRESENTES NO CAPÍTULO, ACOMPANHADAS DE SEUS SIGNIFICADOS, PARA CONHECER, CADA VEZ MAIS, O REPERTÓRIO DE PALAVRAS DA LÍNGUA PORTUGUESA.

NA SEÇÃO **SUGESTÃO DE LEITURA**, VOCÊ VAI ENCONTRAR DICAS DE LIVROS PARA AMPLIAR SEU UNIVERSO DE LEITURA.

A SEÇÃO **APRENDER SEMPRE** É UMA OPORTUNIDADE PARA VOCÊ VERIFICAR E ANALISAR O QUE APRENDEU NO CAPÍTULO.

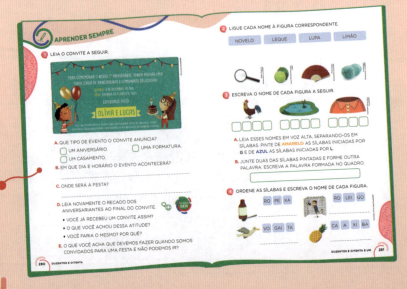

FINALIZANDO O LIVRO

NA SEÇÃO **ATÉ BREVE!**, VOCÊ VAI FAZER ATIVIDADES SOBRE OS CONTEÚDOS ESTUDADOS NO DECORRER DO ANO E VERIFICAR O QUANTO APRENDEU.

NO FINAL DO LIVRO, VOCÊ VAI ENCONTRAR O **ENCARTE**, QUE CONTÉM MATERIAL COMPLEMENTAR A SER USADO EM ALGUMAS ATIVIDADES.

ÍCONES USADOS NO LIVRO

 ATIVIDADE EM DUPLA

 ATIVIDADE EM GRUPO

 ATIVIDADE ORAL

 ATIVIDADE PARA CASA

 SABER SER SINALIZA MOMENTOS PARA PROFESSOR E ESTUDANTES REFLETIREM SOBRE QUESTÕES RELACIONADAS A COMPETÊNCIAS SOCIOEMOCIONAIS.

SUMÁRIO

BOAS-VINDAS! • 16

CAPÍTULO 1 — BRINCAR COM PALAVRAS • 18

- **NAVEGAR NA LEITURA**
  CADÊ O TOUCINHO? • 20
- **CAMINHOS DA LÍNGUA**
  LETRAS, NÚMEROS E SÍMBOLOS • 23
- **JOGOS E BRINCADEIRAS**
  PESCARIA • 26
- **OLÁ, ORALIDADE**
  RODA DE CONVERSA: A CONVIVÊNCIA ENTRE AS PESSOAS • 27
- **DANDO ASAS À PRODUÇÃO**
  REGRAS DE CONVIVÊNCIA • 29
- **CAMINHOS DA LÍNGUA**
  ALFABETO E ORDEM ALFABÉTICA • 31
- **JOGOS E BRINCADEIRAS**
  DESCUBRA A PALAVRA • 35
- **CAMINHOS DA LÍNGUA**
  VOGAIS E CONSOANTES • 36
- **DANDO ASAS À PRODUÇÃO**
  AGENDA TELEFÔNICA • 40
- **OLÁ, ORALIDADE**
  APRESENTAÇÃO DE JOGRAL • 42
- **NAVEGAR NA LEITURA**
  LISTA DE MATERIAIS • 44
- **NAVEGAR NA LEITURA**
  LISTA DAS COMIDAS PREFERIDAS DO MEU BICHO DE ESTIMAÇÃO • 46
- **DANDO ASAS À PRODUÇÃO**
  LISTA DE ANIVERSARIANTES • 48
- **VAMOS LER IMAGENS!**
  BRINCADEIRAS DE PALHAÇO • 50
- **LEITURAS E LEITORES**
  RODAS DE LEITURA E INDICAÇÃO DE LIVROS • 52
- **VOCABULÁRIO • 54**
- **SUGESTÕES DE LEITURA • 55**
- **APRENDER SEMPRE • 56**

CAPÍTULO 2 — VAMOS BRINCAR? • 58

- **NAVEGAR NA LEITURA**
  BAMBOLÊ • 60
- **CAMINHOS DA LÍNGUA**
  LETRA B • 64
- **CAMINHOS DA LÍNGUA**
  DIREÇÃO DA LEITURA E DA ESCRITA • 66
- **NAVEGAR NA LEITURA**
  QUADRINHAS • 68
- **CAMINHOS DA LÍNGUA**
  LETRA P • 70
- **DANDO ASAS À PRODUÇÃO**
  QUADRINHAS • 73
- **OLÁ, ORALIDADE**
  DECLAMAÇÃO DE QUADRINHA • 76
- **CAMINHOS DA LÍNGUA**
  SÍLABA • 78
- **JOGOS E BRINCADEIRAS**
  DESCUBRA AS PALAVRAS • 81
- **VAMOS COMPARTILHAR!**
  DIA DE BRINCADEIRAS ORAIS • 82
- **VOCABULÁRIO • 84**
- **SUGESTÕES DE LEITURA • 85**
- **APRENDER SEMPRE • 86**

CAPÍTULO 4 — VIVA A CULTURA! — 112

NAVEGAR NA LEITURA
O MACACO PERDEU A BANANA • 114

CAMINHOS DA LÍNGUA
LETRA C • 118

JOGOS E BRINCADEIRAS
ADIVINHAS • 122

CAMINHOS DA LÍNGUA
LETRA D • 123

NAVEGAR NA LEITURA
GUACAMOLE • 128

CAMINHOS DA LÍNGUA
LETRA T • 132

DANDO ASAS À PRODUÇÃO
RECEITA • 136

JOGOS E BRINCADEIRAS
TRAVA-LÍNGUAS • 138

OLÁ, ORALIDADE
RODA DE ADIVINHAS • 139

DANDO ASAS À PRODUÇÃO
BILHETE • 140

PESSOAS E LUGARES
GRIÔS • 142

VOCABULÁRIO • 144

SUGESTÕES DE LEITURA • 145

APRENDER SEMPRE • 146

CAPÍTULO 3 — QUEM CANTA SEUS MALES ESPANTA — 88

NAVEGAR NA LEITURA
LINDA ROSA JUVENIL • 90

CAMINHOS DA LÍNGUA
LETRA V • 94

NAVEGAR NA LEITURA
ONDE ANDA AQUELA CANTIGA? • 97

CAMINHOS DA LÍNGUA
LETRA F • 100

JOGOS E BRINCADEIRAS
CRUZADINHA • 102

DANDO ASAS À PRODUÇÃO
CANTIGA • 103

OLÁ, ORALIDADE
DESAFIO DE TRAVA-LÍNGUAS • 106

VOCABULÁRIO • 108

SUGESTÕES DE LEITURA • 109

APRENDER SEMPRE • 110

TREZE 13

CAPÍTULO 5 — PURA DIVERSÃO • 148

- **NAVEGAR NA LEITURA**
  ANEDOTA • 150
- **CAMINHOS DA LÍNGUA**
  LETRA M • 154
- **JOGOS E BRINCADEIRAS**
  DIAGRAMA COM A LETRA M • 157
- **NAVEGAR NA LEITURA**
  BANDEIRINHA • 158
- **CAMINHOS DA LÍNGUA**
  LETRA N • 162
- **OLÁ, ORALIDADE**
  RELATO ORAL DE UMA SITUAÇÃO DIVERTIDA • 166
- **CAMINHOS DA LÍNGUA**
  SEGMENTAÇÃO DE PALAVRAS • 168
- **DANDO ASAS À PRODUÇÃO**
  REGRA DE JOGO • 170
- **VAMOS COMPARTILHAR!**
  DIA DE CULTURA POPULAR • 172
- **VOCABULÁRIO** • 174
- **SUGESTÕES DE LEITURA** • 174
- **APRENDER SEMPRE** • 176

CAPÍTULO 6 — NO MEIO DA FLORESTA, EU VI... • 178

- **NAVEGAR NA LEITURA**
  COMO NASCERAM AS ESTRELAS • 180
- **CAMINHOS DA LÍNGUA**
  LETRA S • 185
- **NAVEGAR NA LEITURA**
  CURUPIRA • 188
- **CAMINHOS DA LÍNGUA**
  LETRA C • 192
- **JOGOS E BRINCADEIRAS**
  DIAGRAMA COM A LETRA C • 195
- **OLÁ, ORALIDADE**
  CONTAÇÃO DE HISTÓRIAS • 196
- **DANDO ASAS À PRODUÇÃO**
  LENDA • 198
- **CAMINHOS DA LÍNGUA**
  LETRA MAIÚSCULA E LETRA MINÚSCULA • 200
- **CAMINHOS DA LÍNGUA**
  LETRA DE IMPRENSA E LETRA CURSIVA • 204
- **VOCABULÁRIO** • 208
- **SUGESTÕES DE LEITURA** • 209
- **APRENDER SEMPRE** • 210

CAPÍTULO 8 — ERA UMA VEZ UM MUNDO ENCANTADO... 248

NAVEGAR NA LEITURA
O GIGANTE EGOÍSTA • 250

CAMINHOS DA LÍNGUA
LETRA L • 254

NAVEGAR NA LEITURA
CONVITE • 256

CAMINHOS DA LÍNGUA
LETRA G • 260

DANDO ASAS À PRODUÇÃO
CONVITE • 262

OLÁ, ORALIDADE
CONVITE ORAL • 264

OLÁ, ORALIDADE
DRAMATIZAÇÃO DE CONTO DE ENCANTAMENTO • 265

NAVEGAR NA LEITURA
O TELEFONE • 267

CAMINHOS DA LÍNGUA
LETRA X • 271

JOGOS E BRINCADEIRAS
DIAGRAMA COM A LETRA X • 273

PESSOAS E LUGARES
DIFERENTES CULTURAS, DIFERENTES VERSÕES • 274

VAMOS COMPARTILHAR!
CADERNO DE ESCRITOS • 276

VOCABULÁRIO • 278

SUGESTÕES DE LEITURA • 279

APRENDER SEMPRE • 280

CAPÍTULO 7 — CURIOSO, EU? 212

NAVEGAR NA LEITURA
CHAMAMÉ DO JACARÉ • 214

CAMINHOS DA LÍNGUA
LETRA J • 219

NAVEGAR NA LEITURA
POR QUE OS HIPOPÓTAMOS SÓ FICAM DENTRO D'ÁGUA? • 223

CAMINHOS DA LÍNGUA
SINAIS DE PONTUAÇÃO . ! ? • 226

DANDO ASAS À PRODUÇÃO
TEXTO DE CURIOSIDADE • 228

CAMINHOS DA LÍNGUA
LETRA R • 230

JOGOS E BRINCADEIRAS
STOP DE ANIMAIS • 234

CAMINHOS DA LÍNGUA
ANTÔNIMOS E SINÔNIMOS • 235

DANDO ASAS À PRODUÇÃO
LEGENDA • 238

OLÁ, ORALIDADE
EXPOSIÇÃO ORAL • 240

VAMOS LER IMAGENS!
CARTAZ • 242

VOCABULÁRIO • 244

SUGESTÕES DE LEITURA • 245

APRENDER SEMPRE • 246

ATÉ BREVE! • 282

BIBLIOGRAFIA COMENTADA • 286

ENCARTE • 289

QUINZE 15

PARABÉNS, VOCÊ CHEGOU AO 1º ANO! AS QUESTÕES A SEGUIR SÃO UM AQUECIMENTO PARA AS PRÓXIMAS APRENDIZAGENS. VAMOS COMEÇAR?

1 OUÇA A PARLENDA QUE O PROFESSOR VAI LER.

GALINHA CHOCA
COMEU MINHOCA,
SAIU PULANDO,
QUE NEM PIPOCA.

DOMÍNIO PÚBLICO.

A. O QUE ACONTECEU COM A GALINHA APÓS COMER MINHOCA? MARQUE A RESPOSTA CORRETA COM UM **X**.

☐ A GALINHA MORREU.   ☐ A GALINHA VOOU.

☐ A GALINHA CORREU.   ☐ A GALINHA PULOU.

B. QUE PALAVRA TEM SOM FINAL PARECIDO COM O DE **CHOCA**? MARQUE COM UM **X** A RESPOSTA CORRETA.

☐ PULANDO   ☐ GALINHA

☐ PIPOCA   ☐ COMEU

2 MARQUE COM UM **X** A ALTERNATIVA QUE DESCREVE A IMAGEM.

☐ AS CRIANÇAS ESTÃO BRINCANDO DE AMARELINHA.
☐ AS CRIANÇAS ESTÃO BRINCANDO DE QUEIMADA.
☐ AS CRIANÇAS ESTÃO BRINCANDO DE PULAR CORDA.

3 FALE O NOME DAS FIGURAS EM VOZ ALTA. QUAL DELES NÃO COMEÇA COM O MESMO SOM? PINTE A FIGURA COM ESSE NOME.

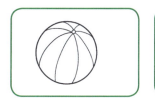   

4 FALE O NOME DESTES ANIMAIS EM VOZ ALTA. QUAL TERMINA COM SOM DIFERENTE? CIRCULE ESSE ANIMAL.

5 MARQUE COM UM **X** A ALTERNATIVA QUE SÓ MOSTRA LETRAS.

◯ 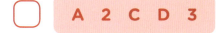   A 2 C D 3   ◯    E I ★ M P

◯    ? D F M 6   ◯ 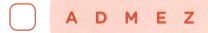   A D M E Z

6 LIGUE AS FIGURAS À PRIMEIRA LETRA DO NOME DELAS.

A   E   I   O   U

7 DESENHE NO QUADRO O ANIMAL DE QUE VOCÊ MAIS GOSTA. DEPOIS, ESCREVA O NOME DELE.

DEZESSETE

CAPÍTULO 1

BRINCAR COM PALAVRAS

EXISTEM MUITAS FORMAS DE BRINCAR. A GENTE PODE BRINCAR COM BRINQUEDOS, COM OBJETOS QUE NÃO SÃO BRINQUEDOS, COM O PRÓPRIO CORPO E ATÉ MESMO COM PALAVRAS.

PARA COMEÇO DE CONVERSA

1. OBSERVE A IMAGEM AO LADO. O QUE AS CRIANÇAS ESTÃO FAZENDO?

2. EXISTE RELAÇÃO ENTRE O QUE AS CRIANÇAS ESTÃO FAZENDO E O NOME DESTE CAPÍTULO: *BRINCAR COM PALAVRAS*? EXPLIQUE.

3. DE QUE OUTRAS FORMAS É POSSÍVEL BRINCAR COM PALAVRAS?

4. QUAIS SÃO SUAS BRINCADEIRAS PREFERIDAS? POR QUE É TÃO GOSTOSO BRINCAR?

SABER SER

Ilustração: Guilherme Asthma/ID/BR; Fotografia: Shutterstock.com/ID/BR

NAVEGAR NA LEITURA

A PARLENDA QUE O PROFESSOR VAI LER SE CHAMA "CADÊ O TOUCINHO?". ELE VAI LER AS PERGUNTAS E, SE SOUBEREM, VOCÊS PODERÃO DIZER AS RESPOSTAS.

- VOCÊ CONHECE ESSA PARLENDA? SABE COMO SE BRINCA COM ELA?

CADÊ O TOUCINHO?

CADÊ O TOUCINHO QUE ESTAVA AQUI?
O **GATO** COMEU.
CADÊ O GATO?
FOI PARA O **MATO**.
CADÊ O MATO?
O **FOGO** QUEIMOU.
CADÊ O FOGO?
A **ÁGUA** APAGOU.
CADÊ A ÁGUA?
O **BOI** BEBEU.
CADÊ O BOI?
ESTÁ AMASSANDO **TRIGO**.
CADÊ O TRIGO?
A **GALINHA** ESPALHOU.
CADÊ A GALINHA?
ESTÁ BOTANDO **OVO**.
CADÊ O OVO?
O OVO QUEBROU.

DOMÍNIO PÚBLICO.

TEXTO E CONTEXTO

AS PARLENDAS SÃO TEXTOS RECITADOS EM BRINCADEIRAS COM O OBJETIVO DE DIVERTIR, MEMORIZAR NÚMEROS, ESCOLHER QUEM COMEÇA UMA BRINCADEIRA, ENTRE OUTROS.

LER PARA COMPREENDER

1. O QUE VOCÊ ACHOU DA PARLENDA? ELA É DIVERTIDA?

2. A PARLENDA COMEÇA COM UMA PERGUNTA. CONVERSE COM OS COLEGAS.

    A. QUE PERGUNTA É ESSA?

    B. E QUAL É A RESPOSTA?

3. QUAL É A BRINCADEIRA DESSA PARLENDA? MARQUE A RESPOSTA CORRETA COM UM **X**.

    ☐ PERGUNTAR ONDE ESTÁ UM ELEMENTO QUE JÁ FOI CITADO ANTES.

    ☐ PERGUNTAR SOBRE UM ELEMENTO NOVO, QUE NÃO FOI CITADO ANTES.

4. OBSERVE AS ILUSTRAÇÕES A SEGUIR E CIRCULE OS ANIMAIS CITADOS NA PARLENDA.

Ilustrações: Débora Mini/ID/BR

5. CADA LINHA DA PARLENDA É CHAMADA **VERSO**. AS PALAVRAS DESTACADAS NOS VERSOS APARECEM MAIS DE UMA VEZ NO TEXTO.

    • OBSERVE CADA PALAVRA EM DESTAQUE E PINTE A MESMA PALAVRA NO VERSO SEGUINTE.

6 LIGUE OS ELEMENTOS DA PARLENDA COM O QUE ACONTECEU COM CADA UM DELES.

7 NO FINAL DO TEXTO, A RESPOSTA PARA A PERGUNTA "CADÊ O OVO?" FINALIZA A PARLENDA. POR QUE NÃO SE PERGUNTA MAIS NADA SOBRE O OVO?

8 ESSA PARLENDA COSTUMA APRESENTAR DIFERENTES FINAIS. VOCÊ CONHECE OUTRO FINAL PARA ELA? CASO CONHEÇA, RECITE ESSE FINAL PARA A TURMA.

CAMINHOS DA LÍNGUA

LETRAS, NÚMEROS E SÍMBOLOS

PARA NOS COMUNICAR, USAMOS PALAVRAS FORMADAS POR LETRAS, MAS TAMBÉM USAMOS NÚMEROS E SÍMBOLOS. VAMOS VER ALGUMAS SITUAÇÕES EM QUE ELES SÃO USADOS?

1 OBSERVE ESTA ILUSTRAÇÃO E O NOME DA BRINCADEIRA.

AMARELINHA

Ilustrações: Débora Mini/ID/BR

A. VOCÊ SABE COMO SE BRINCA DE AMARELINHA? CONTE AOS COLEGAS.

B. CIRCULE A PALAVRA QUE ACOMPANHA A ILUSTRAÇÃO E DÁ NOME À BRINCADEIRA.

C. A PALAVRA QUE VOCÊ CIRCULOU É FORMADA POR:

◯ LETRAS. ◯ NÚMEROS.

D. O QUE HÁ EM CADA CASA DO JOGO DE AMARELINHA?

◯ LETRAS. ◯ NÚMEROS.

2 VEJA A SEGUIR OUTROS NOMES DADOS PARA A BRINCADEIRA DE AMARELINHA.

ACADEMIA   MACACA   AVIÃO   MARÉ   SAPATA

A. CIRCULE A PALAVRA QUE TEM MAIS LETRAS.

B. COPIE A PALAVRA QUE TEM MENOS LETRAS, ESCREVENDO CADA LETRA EM UM QUADRINHO. ☐☐☐☐

VINTE E TRÊS 23

> TODAS AS PALAVRAS QUE ESTÃO NO QUADRO DA ATIVIDADE **2** SÃO FORMADAS POR **LETRAS**. USANDO AS LETRAS, AS PESSOAS PODEM ESCREVER PALAVRAS E SE COMUNICAR POR MEIO DA ESCRITA.

3 OBSERVE AS FOTOS A SEGUIR.

A. VOCÊ JÁ VIU IMAGENS PARECIDAS COM ESSAS? O QUE CADA FOTO MOSTRA?

B. CIRCULE OS NÚMEROS QUE APARECEM NAS FOTOS.

C. PARA QUE SERVE O NÚMERO MOSTRADO NA FOTO **B**?

D. UMA DAS IMAGENS APRESENTA APENAS LETRAS. FAÇA UM **X** AO LADO DESSA IMAGEM.

4 ALÉM DAS PALAVRAS E DOS NÚMEROS, EXISTEM OUTROS MEIOS DE COMUNICAÇÃO. TAMBÉM NOS COMUNICAMOS POR SÍMBOLOS. OBSERVE ESTAS IMAGENS.

A. NESSES SÍMBOLOS, O TRAÇO VERMELHO SOBRE O DESENHO SIGNIFICA:

☐ QUE ALGO É PERMITIDO.

☐ QUE ALGO É PROIBIDO.

B. O QUE OS SÍMBOLOS APRESENTADOS INDICAM?

C. CONVERSE COM OS COLEGAS: ONDE ESSES SÍMBOLOS PODEM SER ENCONTRADOS?

5 VAMOS CONHECER MAIS ALGUNS SÍMBOLOS? OBSERVE.

A. FAÇA UM **X** NO SÍMBOLO QUE REPRESENTA O BRASIL.

B. DESENHE UMA BOLA AO LADO DO SÍMBOLO DO FLAMENGO, QUE É UM TIME DE FUTEBOL.

C. CIRCULE O SÍMBOLO USADO PARA INDICAR LOCAIS ACESSÍVEIS A PESSOAS COM DEFICIÊNCIA.

D. FAÇA UM TRAÇO EMBAIXO DO SÍMBOLO USADO PARA INDICAR "JOGUE O LIXO NO LIXO".

JOGOS E BRINCADEIRAS

PESCARIA

VAMOS PARTICIPAR DE UMA PESCARIA DIFERENTE? PRIMEIRO, OBSERVE O QUE CADA PESSOA ESTÁ PESCANDO.

- A VARINHA DO MENINO É **VERMELHA** E ELE ESTÁ PESCANDO UMA LETRA.
- A VARINHA DA MENINA É **VERDE** E ELA ESTÁ PESCANDO UM NÚMERO.
- A VARINHA DO AVÔ É **AZUL** E ELE ESTÁ PESCANDO UM SÍMBOLO.

1 VAMOS AJUDAR NA PESCARIA? CIRCULE, DENTRO DO LAGO:
- COM LÁPIS **VERMELHO** TODAS AS **LETRAS**.
- COM LÁPIS **VERDE** TODOS OS **NÚMEROS**.
- COM LÁPIS **AZUL** TODOS OS **SÍMBOLOS**.

2 CONVERSE COM OS COLEGAS E TENTEM DESCOBRIR O QUE OS SÍMBOLOS NO LAGO REPRESENTAM.

OLÁ, ORALIDADE

RODA DE CONVERSA: A CONVIVÊNCIA ENTRE AS PESSOAS

PARA CONVIVER BEM COM AS PESSOAS, É PRECISO CONHECER MODOS DE AGIR E DE FALAR ADEQUADOS PARA CADA SITUAÇÃO.

VOCÊ E OS COLEGAS VÃO DISCUTIR SOBRE ESSE ASSUNTO.

1 SENTEM-SE EM CÍRCULO E OBSERVEM AS SITUAÇÕES REPRESENTADAS A SEGUIR.

A

B

C

D

A. O QUE ESTÁ ACONTECENDO EM CADA SITUAÇÃO? ONDE ESSAS SITUAÇÕES SE PASSAM E O QUE AS PESSOAS ESTÃO FAZENDO?

B. O PROFESSOR VAI LER ALGUMAS EXPRESSÕES QUE DEMONSTRAM GENTILEZA. QUAL DELAS PODERIA SER DITA EM CADA UMA DAS SITUAÇÕES MOSTRADAS?

COM LICENÇA!   OBRIGADO!   BOM DIA!   DESCULPE!

C. QUAIS DAS EXPRESSÕES CITADAS NO ITEM **B** VOCÊS COSTUMAM USAR NO DIA A DIA?

D. QUE OUTRAS EXPRESSÕES COMO ESSAS VOCÊS CONHECEM?

2 NA ESCOLA, É NECESSÁRIO COMBINAR ALGUMAS REGRAS PARA QUE TODOS POSSAM APROVEITAR AS ATIVIDADES PROPOSTAS, COMO JOGOS, RODAS DE CONVERSA, APRESENTAÇÕES, TRABALHOS EM GRUPO E TUDO MAIS! OUÇA DUAS INSTRUÇÕES QUE PRECISAM SER SEGUIDAS NESSAS ATIVIDADES.

1. QUANDO UM COLEGA ESTÁ FALANDO OU FAZENDO UMA APRESENTAÇÃO, É IMPORTANTE PRESTAR ATENÇÃO E FAZER SILÊNCIO PARA OUVI-LO.

2. AO PARTICIPAR DE UMA CONVERSA COM A TURMA, NÃO INTERROMPA O COLEGA QUE ESTIVER FALANDO. AGUARDE SUA VEZ DE FALAR.

- AO SEGUIR ESSAS REGRAS, QUE TIPO DE ATITUDE DEMONSTRAMOS EM RELAÇÃO ÀS OUTRAS PESSOAS?

AVALIAÇÃO

CONVERSE COM OS COLEGAS E O PROFESSOR SOBRE AS QUESTÕES ABAIXO.

- VOCÊ GOSTOU DESSA RODA DE CONVERSA? POR QUÊ?
- EM SUA OPINIÃO, AS EXPRESSÕES DE CORTESIA APRESENTADAS NA ATIVIDADE **1** PODERIAM FAZER PARTE DAS REGRAS DE CONVIVÊNCIA DE SUA TURMA? POR QUÊ?

DANDO ASAS À PRODUÇÃO

REGRAS DE CONVIVÊNCIA

TORNAR O AMBIENTE ESCOLAR MAIS AGRADÁVEL DEPENDE DO MODO COMO CONVIVEMOS COM OS OUTROS E TAMBÉM DO USO QUE FAZEMOS DO ESPAÇO EM QUE ESTAMOS E O QUAL COMPARTILHAMOS.

1. OBSERVE AS IMAGENS ABAIXO. O PROFESSOR VAI LER DOIS EXEMPLOS DE REGRAS PARA SEGUIR NA ESCOLA.

REGRA 1
MANTER A SALA DE AULA LIMPA E ORGANIZADA.

REGRA 2
OUVIR COM ATENÇÃO AS INSTRUÇÕES DO PROFESSOR.

Ilustrações: Débora Mini/ID/BR

A. MARQUE COM UM **X** A REGRA QUE ORIENTA SOBRE COMO SE COMPORTAR QUANDO O PROFESSOR ESTIVER FALANDO.

☐ REGRA 1   ☐ REGRA 2

B. MARQUE COM UM **X** A REGRA QUE ORIENTA SOBRE OS CUIDADOS QUE DEVEMOS TER COM O AMBIENTE ESCOLAR.

☐ REGRA 1   ☐ REGRA 2

O QUE VOU PRODUZIR

QUE TAL CRIAR UM CONJUNTO DE REGRAS DA TURMA DO 1º ANO? ESSAS REGRAS VÃO FICAR EXPOSTAS NA SALA DE AULA PARA QUE TODOS POSSAM CONSULTÁ-LAS.

ORIENTAÇÕES PARA A PRODUÇÃO

1. VOCÊ E OS COLEGAS VÃO CONVERSAR E SUGERIR ALGUMAS REGRAS PARA SEREM SEGUIDAS NAS:

   - SITUAÇÕES DE CONVIVÊNCIA ENTRE AS PESSOAS DENTRO E FORA DA SALA DE AULA, COMO NA HORA DO INTERVALO.
   - SITUAÇÕES QUE ENVOLVEM CUIDADOS COM O AMBIENTE ESCOLAR.
   - SITUAÇÕES EM QUE AS EXPRESSÕES DE CORTESIA PRECISAM SER USADAS.

2. UM ESTUDANTE PODE DAR UMA SUGESTÃO DE REGRA E OS DEMAIS PODEM CONCORDAR, REJEITAR OU SUGERIR MODIFICAÇÕES.

3. O PROFESSOR VAI ANOTAR NA LOUSA AS REGRAS SUGERIDAS POR VOCÊS.

AVALIAÇÃO E REESCRITA

AVALIEM CADA REGRA DE ACORDO COM OS ITENS A SEGUIR. PINTEM **SIM** OU **NÃO** PARA CADA ITEM.

1. AS REGRAS QUE VOCÊS CRIARAM SÃO FÁCEIS DE ENTENDER?	SIM	NÃO
2. VOCÊS QUEREM MUDAR ALGUMA REGRA?	SIM	NÃO
3. AS REGRAS EXPRESSAM ATITUDES QUE DEVEM SER SEGUIDAS POR TODOS VOCÊS?	SIM	NÃO

VERIFIQUEM SE É NECESSÁRIO FAZER ALGUMA ALTERAÇÃO NAS REGRAS. O PROFESSOR FARÁ AS MUDANÇAS NO TEXTO.

CIRCULAÇÃO DO TEXTO

- O PROFESSOR VAI ESCREVER EM UMA CARTOLINA AS REGRAS QUE VOCÊS CRIARAM E AFIXAR NA PAREDE DA SALA DE AULA. SEMPRE QUE PRECISAR, A TURMA PODERÁ CONSULTÁ-LAS.

CAMINHOS DA LÍNGUA

ALFABETO E ORDEM ALFABÉTICA

OBSERVE ESTA SEQUÊNCIA DE 26 LETRAS. ELA SE CHAMA **ALFABETO**. VAMOS FALAR O NOME DAS LETRAS COM O PROFESSOR E OS COLEGAS?

A B C D E F G H I J K L M N
O P Q R S T U V W X Y Z

> **ALFABETO** É O CONJUNTO DE LETRAS QUE USAMOS PARA ESCREVER AS PALAVRAS.

1 SUBLINHE A PRIMEIRA E A ÚLTIMA LETRA DO ALFABETO ACIMA.

2 AGORA, O PROFESSOR VAI LER UMA PARLENDA.

> PIUÍ, ABACAXI
> OLHA O CHÃO PRA NÃO CAIR.
> SE CAIR VAI MACHUCAR
> E VOCÊ NÃO VAI GOSTAR.
>
> DOMÍNIO PÚBLICO.

A. VOCÊ CONHECE ESSA PARLENDA? SE CONHECE, CONTE COMO SE BRINCA COM ELA.

B. A PALAVRA **PIUÍ** REPRESENTA O SOM DA SIRENE OU DO APITO DE QUAL MEIO DE TRANSPORTE?

C. CIRCULE NO ALFABETO DO INÍCIO DA PÁGINA AS LETRAS QUE FORMAM A PALAVRA **TREM**.

3 O PROFESSOR VAI LER OUTRA BRINCADEIRA COM PALAVRAS QUE IMITAM O SOM DE UM TREM. DEPOIS DE APRENDER OS VERSOS, REPITA-OS VOCÊ TAMBÉM, CADA VEZ MAIS RÁPIDO!

> **CAFÉ** COM PÃO, **BOLACHA** NÃO.
> CAFÉ COM PÃO, BOLACHA **NÃO**.
> CAFÉ COM PÃO, BOLACHA NÃO.

DOMÍNIO PÚBLICO.

A. CIRCULE A LETRA INICIAL DAS PALAVRAS DESTACADAS.

B. QUAL DESSAS LETRAS APARECE PRIMEIRO NA SEQUÊNCIA DO ALFABETO? SE NECESSÁRIO, CONSULTE O ALFABETO DA PÁGINA 319 E ESCREVA ABAIXO A PALAVRA QUE COMEÇA COM ESSA LETRA.

C. CONSULTE O ALFABETO E ESCREVA NOS QUADRINHOS AS LETRAS QUE VÊM ANTES E DEPOIS DAS LETRAS QUE INICIAM AS PALAVRAS ABAIXO.

CAFÉ

TECLADO

PÃO

VAGÃO

4 VEJA NA PRÓXIMA PÁGINA UM ALFABETO ILUSTRADO. NELE ESTÁ FALTANDO A PRIMEIRA LETRA DE ALGUMAS PALAVRAS. ESCREVA A LETRA QUE FALTA.

A  **A**VIÃO	**B**  ___OLA	**C** 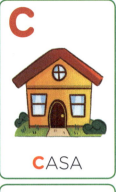 **C**ASA	**D** 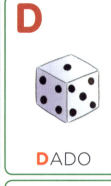 **D**ADO	**E**  ___LEFANTE
F  **F**OCA	**G**  **G**ALO	**H** 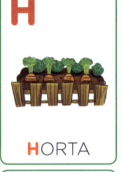 **H**ORTA	**I**  ___OIÔ	**J**  ___ANELA
K  **K**IWI	**L**  ___UA	**M**  **M**AMÃO	**N**  **N**UVEM	**O**  **O**VELHA
P  ___INGUIM	**Q**  **Q**UEIJO	**R**  ___OBÔ	**S**  ___OL	**T**  **T**ARTARUGA
U  **U**RSO	**V**  ___IOLÃO	**W**  **W**INDSURFE	**X**  ___ÍCARA	**Y** 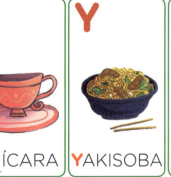 **Y**AKISOBA	**Z**  ___EBRA

5 PREENCHA OS VAGÕES DO TREM COM AS LETRAS DO ALFABETO QUE ESTÃO FALTANDO.

6 CIRCULE, NO ALFABETO DA ATIVIDADE **5**, A PRIMEIRA LETRA DAS PALAVRAS QUE DÃO NOME AOS MEIOS DE TRANSPORTE MOSTRADOS ABAIXO.

JANGADA **C**ARRO **A**VIÃO **Ô**NIBUS

- ESCREVA OS NOMES ACIMA EM ORDEM ALFABÉTICA.

7 VAMOS BRINCAR DE BINGO DE LETRAS? ESCOLHA E DESTAQUE UMA DAS CARTELAS DA PÁGINA 317. DEPOIS, OUÇA AS INSTRUÇÕES DO PROFESSOR E BOM JOGO!

JOGOS E BRINCADEIRAS

DESCUBRA A PALAVRA

EM CADA PARLENDA DE ESCOLHER A SEGUIR FALTAM DUAS PALAVRAS. O PROFESSOR VAI LER AS PARLENDAS E, NO LUGAR DAS ILUSTRAÇÕES, VOCÊ VAI DIZER QUE PALAVRA FALTA.

NA PÁGINA 305, HÁ CARTAS COM DUAS PALAVRAS CADA. DESTAQUE A PALAVRA RELATIVA A CADA ILUSTRAÇÃO. DEPOIS, COLE ESSA PALAVRA NO ESPAÇO CORRESPONDENTE.

UMA _____ NA _____

DEU UM PULO E FOI À FRANÇA.

OS CAVALOS A CORRER,

OS MENINOS A BRINCAR,

VAMOS VER QUEM VAI PEGAR!

DOMÍNIO PÚBLICO.

ANABU, ANABU,

ANGU: PAPA GROSSA FEITA COM FUBÁ OU FARINHA DE MANDIOCA.

QUEM COMEU **ANGU**

NA _____ DO _____

QUEM SAI ÉS TU!

DOMÍNIO PÚBLICO.

1. NA PRIMEIRA PARLENDA, QUE PALAVRA TEM SOM FINAL PARECIDO COM **FRANÇA**?

2. NA SEGUNDA PARLENDA, QUE PALAVRA TEM SOM FINAL PARECIDO COM **URUBU**?

3. APROVEITE PARA RECITAR ESSAS PARLENDAS DURANTE SUAS BRINCADEIRAS.

CAMINHOS DA LÍNGUA

VOGAIS E CONSOANTES

1 LÁ VEM MAIS PARLENDA... VAMOS OUVIR?

> TEM PICOLÉ, SEU JOSÉ
> É DE **MURICI**, DONA LILI
> É DE ABACAXI, SEU GIGI
> É DE COCO, SEU TINOCO
> É DE CAJU, SEU JUJU
> É DE MARACUJÁ, DONA SINHÁ.

MURICI: TIPO DE FRUTA COMUM NO NORTE E NO NORDESTE.

JOSCA AILINE BAROUKH E LUCILA SILVA DE ALMEIDA. *PARLENDAS PARA BRINCAR*. SÃO PAULO: PANDA BOOKS, 2013. P. 13.

- FAÇA UM **X** NA OPÇÃO CORRETA. A PARLENDA TRAZ VERSOS QUE SE PARECEM COM A FALA DE UM VENDEDOR DE QUÊ?

2 OUÇA A LEITURA QUE O PROFESSOR VAI FAZER DAS PALAVRAS A SEGUIR.

| CAJU | BARATA | ABACAXI |
| JUJU | MACACA | GIGI |

| SORVETE | COCO |
| SABONETE | TINOCO |

A. PINTE A ÚLTIMA LETRA DE CADA PALAVRA.

B. COPIE, NO QUADRINHO AO LADO DE CADA DUPLA DE PALAVRAS, A LETRA QUE VOCÊ PINTOU.

CADA LETRA QUE VOCÊ COPIOU NOS QUADRINHOS É CHAMADA DE **VOGAL**. QUANDO UMA LETRA NÃO REPRESENTA UMA VOGAL ELA É CHAMADA DE **CONSOANTE**.

3 COPIE NOS ABACAXIS AS VOGAIS ENCONTRADAS NA ATIVIDADE **2**, NA ORDEM EM QUE APARECEM NO ALFABETO.

- AGORA, PINTE OS ABACAXIS EM QUE AS VOGAIS SÃO IGUAIS ÀS DE SEU NOME.

4 PINTE ABAIXO SÓ AS CONSOANTES DA PALAVRA **ABACAXI**.

A B C D E F G H I
J K L M N O P Q
R S T U V W X Y Z

5 RELEIA ESTE TRECHO DA PARLENDA "CADÊ O TOUCINHO?".

CADÊ A **GALINHA**?
ESTÁ BOTANDO **OVO**.

A. CONTE AS CONSOANTES DAS PALAVRAS EM VERMELHO E SUBLINHE A QUE TIVER MAIS CONSOANTES.

B. QUAL DAS PALAVRAS EM VERMELHO TEM MENOS VOGAIS? CONTE AS VOGAIS DE CADA UMA E CIRCULE A RESPOSTA CORRETA.

6 O PROFESSOR VAI LER O QUE ESTA VENDEDORA DE COCO ESTÁ DIZENDO.

AQUI TEM COCO.
VOCÊ VAI QUERER UM?

A. DESTAQUE AS LETRAS DO ALFABETO MÓVEL DAS PÁGINAS 307 A 313. USE ESSAS LETRAS PARA MONTAR SEU NOME.

B. AGORA, ESCREVA SEU NOME NO ESPAÇO EM BRANCO PARA COMPLETAR O BALÃO DE FALA DA VENDEDORA.

C. QUANTAS LETRAS TEM SEU NOME? PINTE UMA BOLINHA PARA CADA LETRA.

○ ○ ○ ○ ○ ○ ○ ○ ○ ○ ○ ○ ○

D. COM QUE LETRA SEU NOME COMEÇA?

E. A PRIMEIRA LETRA DE SEU NOME É UMA:

☐ VOGAL. ☐ CONSOANTE.

F. COM QUE LETRA SEU NOME TERMINA?

G. A ÚLTIMA LETRA DE SEU NOME É UMA:

☐ VOGAL. ☐ CONSOANTE.

H. USE UMA VOGAL OU UMA CONSOANTE DE SEU NOME PARA ESCREVER O NOME DE UM MENINO E DE UMA MENINA DA TURMA QUE TAMBÉM TENHA ESSA LETRA.

7 CONHEÇA MAIS UMA PARLENDA.

> VACA AMARELA
> BABOU NA PANELA.
> QUEM FALAR PRIMEIRO
> COME TODA A BABA DELA.
> ECA!

DOMÍNIO PÚBLICO.

A. PINTE A VACA COM A COR INDICADA NA PARLENDA.

B. O QUE QUER DIZER "ECA!"?

☐ QUE LEGAL!   ☐ QUE BABA!   ☐ QUE NOJO!

C. SUBLINHE NA PARLENDA A PALAVRA **PANELA**. DEPOIS, PINTE DE **AZUL** AS CONSOANTES DESSA PALAVRA.

D. PINTE DE **VERDE** AS PALAVRAS DA PARLENDA QUE COMEÇAM E TERMINAM COM VOGAL.

8 ESCREVA SEU NOME NO ESPAÇO ABAIXO. PINTE, NOS NOMES APRESENTADOS, AS LETRAS QUE APARECEM EM SEU NOME.

F A B I A N O
T H A Í S
W A L E S K A
L E O N A R D O
Y G O R
V E R A
X I M E N A
J O A Q U I M
E L I Z Â N G E L A
P A T R Í C I A

DANDO ASAS À PRODUÇÃO

AGENDA TELEFÔNICA

VOCÊ JÁ VIU UMA AGENDA TELEFÔNICA? SABE PARA QUE ELA É USADA E DE QUE FORMA ELA É ORGANIZADA?

A AGENDA TELEFÔNICA É USADA PARA ANOTAR O NOME DE PESSOAS CONHECIDAS E O NÚMERO DE TELEFONE DELAS. NAS AGENDAS, OS NOMES SÃO ORGANIZADOS EM ORDEM ALFABÉTICA.

O QUE VOU PRODUZIR

QUE TAL MONTAR UMA AGENDA TELEFÔNICA COM OS COLEGAS DA TURMA?

PRIMEIRO, ANOTE O NÚMERO DE SEU TELEFONE. SE NÃO SOUBER, PERGUNTE A SEUS PAIS OU RESPONSÁVEIS.

MEU TELEFONE: _____

AGORA, SIGA AS ORIENTAÇÕES DO PROFESSOR.

ORIENTAÇÕES PARA A PRODUÇÃO

1. DESTAQUE A FICHA QUE ESTÁ NA PÁGINA 305.
2. ANOTE NA PRIMEIRA LINHA A LETRA INICIAL DE SEU NOME.
3. DEPOIS, ESCREVA NESSA FICHA SEU NOME. SE NECESSÁRIO, MONTE-O PRIMEIRO USANDO AS LETRAS DO ALFABETO MÓVEL.
4. EM SEGUIDA, ESCREVA O NÚMERO DE SEU TELEFONE DA MESMA FORMA COMO ELE FOI ANOTADO ACIMA.

AVALIAÇÃO E REESCRITA

VOCÊ VAI AVALIAR A FICHA DE ACORDO COM OS ITENS A SEGUIR. PINTE **SIM** OU **NÃO** PARA CADA ITEM.

1. AO ESCREVER SEU NOME, FALTOU ALGUMA LETRA?	SIM	NÃO
2. AS LETRAS FORAM ESCRITAS NA ORDEM CORRETA?	SIM	NÃO
3. AO ESCREVER SEU TELEFONE, FALTOU ALGUM NÚMERO?	SIM	NÃO

SE NECESSÁRIO, CORRIJA SEU NOME E O NÚMERO DE SEU TELEFONE NA FICHA.

AGORA, VOCÊS VÃO JUNTAR TODAS AS FICHAS E COLOCÁ-LAS EM ORDEM ALFABÉTICA. PARA ISSO, DEIXEM AS FICHAS ESPALHADAS SOBRE UMA MESA OU UMA CARTEIRA E PEGUEM UMA POR UMA SEGUINDO A ORDEM DAS LETRAS DO ALFABETO.

QUANDO TODAS AS FICHAS ESTIVEREM ORDENADAS, O PROFESSOR VAI GRAMPEÁ-LAS E A AGENDA ESTARÁ PRONTA.

CIRCULAÇÃO DO TEXTO

1. TODOS OS ESTUDANTES PODERÃO LEVAR A AGENDA PARA CASA. JUNTO COM O PROFESSOR, DEFINAM POR QUANTO TEMPO CADA UM FICARÁ COM ELA.

2. MOSTRE A AGENDA A SEUS FAMILIARES E COPIE O NÚMERO DE TELEFONE DOS COLEGAS EM UM CADERNO. ASSIM VOCÊ PODERÁ LIGAR PARA ELES QUANDO QUISER.

OLÁ, ORALIDADE

APRESENTAÇÃO DE JOGRAL

NESTA SEÇÃO, VOCÊ E OS COLEGAS VÃO APRESENTAR PARLENDAS EM FORMA DE JOGRAL. NO JOGRAL, É RECITADO UM TEXTO EM GRUPO, ALTERNANDO PARTES EM QUE APENAS UMA PESSOA FALA E PARTES EM QUE TODOS FALAM.

VOCÊS PODEM RECITAR A PARLENDA "CADÊ O TOUCINHO?" E OUTRAS QUE DESEJAREM.

ORIENTAÇÕES PARA A PRODUÇÃO

1. VOCÊ E MAIS TRÊS COLEGAS VÃO ESCOLHER UMA PARLENDA. COMBINEM COM O PROFESSOR QUAIS VERSOS DA PARLENDA CADA UM VAI DECLAMAR E QUAIS VERSOS SERÃO DITOS POR TODOS AO MESMO TEMPO.

2. RECITEM A PARLENDA, TODOS JUNTOS, VÁRIAS VEZES ATÉ MEMORIZÁ-LA. VEJAM NO TÓPICO *PREPARAÇÃO DA FALA* ALGUMAS ORIENTAÇÕES PARA O ENSAIO.

3. PARA ACOMPANHAR A PARLENDA, FAÇAM GESTOS E EXPRESSÕES QUE COMBINEM COM OS VERSOS.

4. O GRUPO PODERÁ SE APRESENTAR USANDO ALGUM ACESSÓRIO, COMO CHAPÉUS E GRAVATAS DE PAPEL.

PREPARAÇÃO DA FALA

1. DURANTE O ENSAIO, EXPERIMENTEM FALAR A PARLENDA PRIMEIRO DE MODO RÁPIDO E DEPOIS DEVAGAR, MUDANDO O JEITO DE SE EXPRESSAR, ATÉ ENCONTRAR A MELHOR MANEIRA DE DECLAMAR A PARLENDA.

2. AGORA, SEU GRUPO VAI SE ORGANIZAR EM DUPLAS. CADA DUPLA VAI FAZER AS EXPERIÊNCIAS A SEGUIR.

- PRIMEIRO, UMA DUPLA FICARÁ DENTRO DE UM CÍRCULO MARCADO NO CHÃO PELO PROFESSOR. UM DOS ESTUDANTES VAI FALAR A PARLENDA PARA O OUTRO.

- DEPOIS, O PROFESSOR ESTENDERÁ NO CHÃO UM BARBANTE COMPRIDO. CADA ESTUDANTE FICARÁ EM UMA PONTA DELE. UM ESTUDANTE DECLAMARÁ A PARLENDA PARA QUE O OUTRO OUÇA.

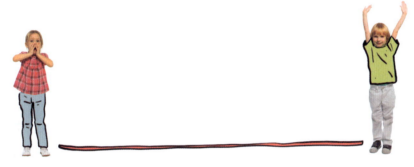

- RESPONDAM: O TOM DE VOZ USADO DENTRO DO CÍRCULO FOI O MESMO USADO QUANDO VOCÊ E O COLEGA ESTAVAM DISTANTES? EM QUAL DOS DOIS CASOS FOI PRECISO AUMENTAR O TOM DE VOZ?

3. AGORA, ENSAIEM A PARLENDA, USANDO UM TOM DE VOZ QUE POSSA SER OUVIDO PELAS PESSOAS A CERTA DISTÂNCIA.

4. FAÇAM UM ÚLTIMO ENSAIO COMO SE ESTIVESSEM SE APRESENTANDO NO DIA DO EVENTO. BOA APRESENTAÇÃO!

AVALIAÇÃO

CONVERSE COM A TURMA SOBRE A APRESENTAÇÃO.

- VOCÊ GOSTOU DE SE APRESENTAR EM UM JOGRAL?
- O TOM DE VOZ USADO NA APRESENTAÇÃO FOI ADEQUADO?
- OS GESTOS E AS EXPRESSÕES ESTAVAM DE ACORDO COM O QUE A PARLENDA TRANSMITE?

NAVEGAR NA LEITURA

EM CERTAS SITUAÇÕES DO DIA A DIA, AS PESSOAS COSTUMAM PREPARAR LISTAS. NA ESCOLA, POR EXEMPLO, HÁ LISTA DE CHAMADA, LISTA DE ANIVERSARIANTES DO MÊS, LISTA DE TAREFAS, ENTRE OUTRAS.

VAMOS CONHECER AGORA UMA LISTA QUE TAMBÉM COSTUMA SER MUITO UTILIZADA NA ESCOLA. O NOME DELA É "LISTA DE MATERIAIS".

- EM SUA OPINIÃO, PARA QUE SERVE UMA LISTA DE MATERIAIS? COMENTE COM OS COLEGAS E O PROFESSOR.

LISTA DE MATERIAIS

- 2 CADERNOS PEQUENOS
- 1 CAIXA DE LÁPIS DE COR (12 CORES)
- 1 CAIXA DE GIZ DE CERA (6 CORES)
- 2 LÁPIS PRETOS
- 1 BORRACHA
- 1 APONTADOR
- 1 ESTOJO
- 1 TUBO DE COLA
- 1 RÉGUA
- 3 FOLHAS DE CARTOLINA
- 1 TESOURA COM PONTAS ARREDONDADAS
- 1 CAIXA DE MASSINHA DE MODELAR (6 CORES)

Ilustrações: Débora Mini/ID/BR

LER PARA COMPREENDER

1. CONVERSE COM OS COLEGAS SOBRE A LISTA DE MATERIAIS E RESPONDA.

   A. VOCÊ UTILIZA ALGUM DOS MATERIAIS APRESENTADOS NA PÁGINA ANTERIOR? QUAIS?

   B. HÁ ALGUM MATERIAL ESCOLAR QUE VOCÊ COSTUMA USAR E NÃO ESTÁ NA LISTA? QUAL?

2. COMO A LISTA DE MATERIAIS ESTÁ ORGANIZADA?

   ☐ EM ITENS QUE FICAM EM LINHAS DIFERENTES.

   ☐ COM PALAVRAS ESPALHADAS POR TODA A FOLHA.

3. PARA QUE ESSA LISTA FOI FEITA?

   ☐ PARA INDICAR ONDE COMPRAR OS MATERIAIS.

   ☐ PARA INDICAR QUAIS MATERIAIS SÃO NECESSÁRIOS.

4. ALÉM DAS PALAVRAS, O QUE MAIS HÁ NA LISTA?

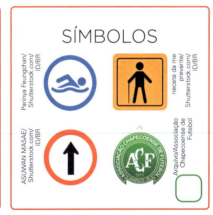

5. PINTE, NA LISTA, OS NÚMEROS QUE ESTÃO NO INÍCIO DE CADA LINHA. DEPOIS, CONVERSE COM OS COLEGAS E RESPONDA: O QUE ESSES NÚMEROS INDICAM?

6. CONVERSE COM OS COLEGAS: A QUEM A LISTA DE MATERIAIS COSTUMA SER DESTINADA PARA QUE SEJAM PROVIDENCIADOS OS ITENS PEDIDOS NELA?

NAVEGAR NA LEITURA

AGORA, VOCÊ VAI CONHECER UMA LISTA FABULOSA. A HISTÓRIA DESSA LISTA COMEÇOU COM GRÔMIO, PERSONAGEM DE UM LIVRO. ELE GOSTAVA TANTO DE FAZER LISTAS QUE MONTOU O CLUBE DAS LISTAS E CONVIDOU OS AMIGOS PARA FAZER PARTE DELE.

A LISTA A SEGUIR FOI CRIADA POR NUSKA, UMA DAS SÓCIAS DO CLUBE. O **TÍTULO** DELA É "LISTA DAS COMIDAS PREFERIDAS DO MEU BICHO DE ESTIMAÇÃO".

> **TÍTULO:** NOME QUE SE DÁ A UM TEXTO OU A UMA OBRA.

- QUE ITENS VOCÊ IMAGINA QUE FAZEM PARTE DA LISTA DE NUSKA?

LISTA DAS COMIDAS PREFERIDAS DO MEU BICHO DE ESTIMAÇÃO

1. PIZZA DE CHICLETE.
2. SORVETE DE REPOLHO.
3. SOPA DE CUSPE.
4. MACARRÃO DE MINHOCA.
5. FAROFA DE AREIA.
6. BIFE DE BORRACHA.
7. PATÊ DE SABÃO.

EVA FURNARI. *LISTAS FABULOSAS*. ILUSTRAÇÕES DA AUTORA. 1. ED. SÃO PAULO: MODERNA, 2013. P. 10 (SÉRIE MIOLO MOLE).

TEXTO E CONTEXTO

A LISTA QUE VOCÊ CONHECEU FAZ PARTE DO LIVRO *LISTAS FABULOSAS*, ESCRITO E ILUSTRADO POR EVA FURNARI. A AUTORA GOSTA DE BRINCAR COM AS PALAVRAS. NA DEDICATÓRIA DO LIVRO, ELA ESCREVEU: "ESTE LIVRO É DEDICADO ÀS PESSOAS LISTRADAS". POR QUE SERÁ?

LER PARA COMPREENDER

1 O QUE VOCÊ ACHOU DA LISTA DE NUSKA? OS ITENS SÃO PARECIDOS COM OS QUE VOCÊ TINHA IMAGINADO?

2 O TÍTULO DO LIVRO DO QUAL A LISTA FOI RETIRADA É *LISTAS FABULOSAS*. POR QUE ESSA É UMA LISTA FABULOSA?

☐ PORQUE AS COMIDAS CITADAS NA LISTA SÓ EXISTEM NA IMAGINAÇÃO.

☐ PORQUE AS COMIDAS CITADAS SÃO MUITO DIFÍCEIS DE SER ENCONTRADAS.

3 A PALAVRA **FABULOSA** PODE TER AINDA OUTRO SENTIDO. PENSANDO NA LISTA LIDA, QUAL SERIA ESSE SENTIDO?

☐ COMUM, CORRIQUEIRO.

☐ FANTÁSTICO, INCRÍVEL.

4 HÁ UM ITEM DA LISTA QUE VOCÊ CONSIDERE O MAIS FABULOSO DE TODOS? POR QUÊ? CONTE AOS COLEGAS.

5 ENTRE OS ITENS DA LISTA ESTÁ A "*PIZZA* DE CHICLETE". CONVERSE COM OS COLEGAS E RESPONDA: QUE TIPO DE *PIZZA* QUE AS PESSOAS COMEM PODE LEMBRAR UMA *PIZZA* DE CHICLETE?

6 PARA QUE FORAM USADOS OS NÚMEROS QUE APARECEM NA LISTA DE NUSKA?

☐ PARA INDICAR QUANTOS ITENS ELA PRECISA COMPRAR.

☐ PARA AJUDAR A ORGANIZAR OS ITENS DA LISTA.

7 O QUE TEM DE PARECIDO NA ORGANIZAÇÃO DA LISTA DE NUSKA E DA LISTA DE MATERIAIS ESCOLARES?

DANDO ASAS À PRODUÇÃO

LISTA DE ANIVERSARIANTES

EXISTEM DIVERSOS TIPOS DE LISTA. AS LISTAS NOS AJUDAM A ORGANIZAR AS INFORMAÇÕES.

O QUE VOU PRODUZIR

VOCÊ E OS COLEGAS VÃO FAZER UMA LISTA COM OS ANIVERSARIANTES DA TURMA.

ANTES DE MONTAR A LISTA, RESPONDA ÀS QUESTÕES.

1 EM QUAL MÊS VOCÊ FAZ ANIVERSÁRIO? PINTE O QUADRINHO COM A RESPOSTA.

JANEIRO	FEVEREIRO	MARÇO	ABRIL
MAIO	JUNHO	JULHO	AGOSTO
SETEMBRO	OUTUBRO	NOVEMBRO	DEZEMBRO

2 QUAL É O DIA DE SEU ANIVERSÁRIO? ESCREVA NO QUADRINHO.

ORIENTAÇÕES PARA A PRODUÇÃO

1. ORGANIZEM-SE EM SEIS GRUPOS. CADA GRUPO VAI SER FORMADO PELOS ANIVERSARIANTES DOS MESES INDICADOS ABAIXO.

GRUPO 1	GRUPO 2	GRUPO 3
JANEIRO E FEVEREIRO	MARÇO E ABRIL	MAIO E JUNHO
GRUPO 4	**GRUPO 5**	**GRUPO 6**
JULHO E AGOSTO	SETEMBRO E OUTUBRO	NOVEMBRO E DEZEMBRO

2. DESTAQUEM A LISTA DE ANIVERSARIANTES DA PÁGINA 303. CADA GRUPO VAI PREENCHER DUAS DESSAS LISTAS, SENDO UMA PARA CADA MÊS.

3. PREENCHAM O NOME DE CADA MÊS EM UMA DAS FOLHAS, COMO NO EXEMPLO AO LADO.

4. EM SEGUIDA, CADA ESTUDANTE VAI ANOTAR O PRÓPRIO NOME E O DIA DE SEU ANIVERSÁRIO NA LISTA QUE CORRESPONDE AO MÊS DE SEU ANIVERSÁRIO. OS NOMES DEVEM FICAR EM ORDEM CRESCENTE. POR EXEMPLO: O NOME DO ESTUDANTE QUE FAZ ANIVERSÁRIO NO DIA 2 DEVE FICAR ANTES DO NOME DO ESTUDANTE QUE FAZ ANIVERSÁRIO NO DIA 6.

5. PARA FINALIZAR, COLEM UMA FOTO DE CADA UM DE VOCÊS NOS LUGARES RESERVADOS.

AVALIAÇÃO E REESCRITA

AVALIEM A LISTA QUE VOCÊS MONTARAM, PINTANDO **SIM** OU **NÃO** PARA CADA ITEM ABAIXO.

1. CADA ESTUDANTE ESCREVEU O NOME NA PÁGINA CORRESPONDENTE AO MÊS DE SEU ANIVERSÁRIO?	SIM	NÃO
2. OS NOMES FORAM ESCRITOS CORRETAMENTE?	SIM	NÃO
3. OS NOMES ESTÃO DISPOSTOS UM EMBAIXO DO OUTRO E NA ORDEM DOS DIAS DO MÊS?	SIM	NÃO
4. CADA ESTUDANTE ESCREVEU A DATA DE ANIVERSÁRIO DE FORMA CORRETA?	SIM	NÃO

CIRCULAÇÃO DO TEXTO

- O PROFESSOR VAI AFIXAR AS LISTAS EM UMA PAREDE DA SALA DE AULA, SEGUINDO A ORDEM DOS MESES DO ANO. QUANDO QUISEREM SABER O DIA DO ANIVERSÁRIO DE UM COLEGA, É SÓ CONSULTÁ-LAS.

VAMOS LER IMAGENS!

BRINCADEIRAS DE PALHAÇO

OS PALHAÇOS BRINCAM COM AS PALAVRAS, ANIMANDO O PÚBLICO. ENTRE OS PALHAÇOS MAIS CONHECIDOS DO BRASIL ESTÃO PIOLIN, CAREQUINHA E ARRELIA. FICOU FAMOSA A BRINCADEIRA DO PALHAÇO ARRELIA QUE DIZIA ÀS CRIANÇAS:

COMO VAI, COMO VAI, COMO VAI?
COMO VAI, COMO VAI, VAI, VAI?
MUITO BEM, MUITO BEM, MUITO BEM!
MUITO BEM, MUITO BEM, BEM, BEM!

DOMÍNIO PÚBLICO.

OBSERVE COM ATENÇÃO O PAINEL ABAIXO. ELE FOI FEITO EM HOMENAGEM AO PALHAÇO PIOLIN.

▲ PAINEL NA PRAÇA JAIR YANNI, EM RIBEIRÃO PRETO, NO ESTADO DE SÃO PAULO. FOTO DE 2007.

1 ALÉM DE PIOLIN, O PAINEL RETRATA OUTROS PALHAÇOS. QUANTOS PALHAÇOS HÁ AO TODO NA IMAGEM?

2 O PAINEL FOI FEITO PARA HOMENAGEAR ESPECIALMENTE PIOLIN. QUAL DOS PALHAÇOS VOCÊ IMAGINA QUE SEJA PIOLIN? QUE POSIÇÃO ELE OCUPA NA IMAGEM? CONVERSE COM OS COLEGAS.

3 NO PAINEL, FORAM USADAS MUITAS CORES. O COLORIDO DA PINTURA TRANSMITE:

☐ TRISTEZA. ☐ ALEGRIA. ☐ CALMA.

4 OS PALHAÇOS TÊM ALGO NAS MÃOS. O QUE A MAIORIA DELES ESTÁ SEGURANDO?

5 OS PALHAÇOS ESTÃO COM OS DOIS PÉS NO CHÃO? O QUE ELES PARECEM ESTAR FAZENDO? CONVERSE COM OS COLEGAS SOBRE ISSO.

6 A PRESENÇA DE INSTRUMENTOS MUSICAIS NO PAINEL E A POSIÇÃO DOS PALHAÇOS, COMO SE ESTIVESSEM DANÇANDO, PASSA A IDEIA DE UMA CENA:

☐ SEM GRAÇA. ☐ SOSSEGADA. ☐ DIVERTIDA.

7 NO FUNDO DO PAINEL PREDOMINA A COR AZUL. O QUE ESSA COR PROVAVELMENTE REPRESENTA?

☐ O MAR. ☐ O CÉU. ☐ UMA PAREDE.

8 O PALHAÇO À DIREITA DE PIOLIN ESTÁ COM UM BRAÇO EM VOLTA DO PESCOÇO DELE. O QUE ESSE GESTO SIMBOLIZA?

☐ RAIVA. ☐ AMIZADE.

LEITURAS E LEITORES

RODAS DE LEITURA E INDICAÇÃO DE LIVROS

VOCÊ GOSTA DE OUVIR E LER HISTÓRIAS? CONVERSE COM OS COLEGAS E O PROFESSOR SOBRE ISSO E CONTE A ELES SE VOCÊ JÁ TEVE UMA EXPERIÊNCIA DE LEITURA.

AO LONGO DO ANO, VOCÊ E OS COLEGAS VÃO OUVIR HISTÓRIAS EM RODAS DE LEITURA. TAMBÉM VÃO ESCOLHER LIVROS PARA FAZER LEITURA COMPARTILHADA OU INDIVIDUAL, NA ESCOLA OU EM CASA COM A FAMÍLIA.

REALIZANDO AS RODAS DE LEITURA

1. O PROFESSOR VAI COMBINAR COM VOCÊS DE QUANTO EM QUANTO TEMPO AS RODAS DE LEITURA VÃO ACONTECER. PODE SER UMA VEZ POR SEMANA, POR EXEMPLO.

2. VOCÊS PODEM ESCOLHER LIVROS DO ACERVO DA CLASSE OU DA BIBLIOTECA OU, AINDA, DE CASA. OS LIVROS INDICADOS NA SEÇÃO *SUGESTÕES DE LEITURA* TAMBÉM PODEM SER USADOS PARA ESSA ATIVIDADE.

3. NO DIA COMBINADO, O PROFESSOR VAI FAZER A LEITURA DO LIVRO QUE VOCÊS ESCOLHERAM. NESSE MOMENTO, SE POSSÍVEL, SENTEM-SE EM RODA NA SALA DE AULA OU EM OUTRO ESPAÇO DA ESCOLA.

4. AO FINAL DA LEITURA, CONTEM O QUE VOCÊS ACHARAM DA HISTÓRIA. DEPOIS, RESPONDAM ÀS PERGUNTAS FEITAS PELO PROFESSOR E FAÇAM OUTROS COMENTÁRIOS SOBRE O LIVRO. VOCÊS PODEM DIZER SE GOSTARAM OU NÃO DELE E EXPLICAR O MOTIVO. TAMBÉM PODEM CITAR ALGUMA PASSAGEM QUE CHAMOU MAIS A ATENÇÃO POR SER ENGRAÇADA OU EMOCIONANTE.

5. APÓS TROCAR IDEIAS E OPINIÕES SOBRE O LIVRO QUE O PROFESSOR LEU, CADA ESTUDANTE VAI ESCOLHER UM LIVRO PARA LER EM CASA COM SEUS FAMILIARES.

DEPOIS, NA RODA DE LEITURA SEGUINTE, VAI COMPARTILHAR SUAS IDEIAS SOBRE O LIVRO COM OS COLEGAS.

6. NO MOMENTO DE COMPARTILHAR COM OS COLEGAS, PENSEM NAS PERGUNTAS A SEGUIR.

- POR QUE EU ESCOLHI ESSE LIVRO?
- O QUE MAIS CHAMOU MINHA ATENÇÃO NESSE LIVRO? (POR EXEMPLO: PODE SER UM TRECHO DA HISTÓRIA, UMA PERSONAGEM OU UMA ILUSTRAÇÃO.) POR QUÊ?
- SE EU FOSSE O AUTOR, EU MUDARIA ALGUMA COISA NESSA HISTÓRIA? O QUÊ?
- EU INDICARIA ESSE LIVRO A UM COLEGA? POR QUÊ?

FAZENDO INDICAÇÕES DE LIVROS

1. NO FINAL DE CADA BIMESTRE OU TRIMESTRE, VOCÊS DEVERÃO ESCOLHER ALGUNS LIVROS QUE LERAM EM CASA OU NAS RODAS DE LEITURA EM SALA DE AULA.

2. DEPOIS, COM O PROFESSOR, VOCÊS VÃO ESCREVER COLETIVAMENTE ALGUMAS INDICAÇÕES DE LEITURA. INFORMEM QUAL É O ASSUNTO DOS LIVROS ESCOLHIDOS E POR QUE VOCÊS INDICAM A LEITURA DELES.

3. DIVULGUEM ESSAS INDICAÇÕES NO MURAL DA BIBLIOTECA OU EM OUTRO ESPAÇO DA ESCOLA PARA QUE OUTROS ESTUDANTES AS VEJAM.

4. NO FINAL DO ANO, REÚNAM TODAS AS INDICAÇÕES DE LIVROS E ORGANIZEM UM GUIA LITERÁRIO COM A ORIENTAÇÃO DO PROFESSOR. ESSE GUIA PODERÁ FICAR NA BIBLIOTECA OU SER ENTREGUE À TURMA SEGUINTE DO 1º ANO.

VOCABULÁRIO

ESTA SEÇÃO APRESENTA O SIGNIFICADO DE ALGUMAS PALAVRAS QUE VOCÊ VIU NESTE CAPÍTULO. NOTE QUE, ÀS VEZES, A PALAVRA PODE ASSUMIR MAIS DE UM SENTIDO, DEPENDENDO DO CONTEXTO EM QUE É UTILIZADA. AGORA, ACOMPANHE A LEITURA QUE O PROFESSOR VAI FAZER.

ANGU <AN.GU>
1. MINGAU GROSSO PREPARADO COM FARINHA DE MILHO (FUBÁ) OU DE MANDIOCA, ÁGUA E SAL.
MINHA MÃE FAZ UM ANGU DELICIOSO!
2. SITUAÇÃO COMPLICADA, CONFUSÃO.
OS PAIS NÃO ENTRARAM EM ACORDO E A SITUAÇÃO VIROU UM VERDADEIRO ANGU.

JANGADA <JAN.GA.DA>
BARCO FEITO COM TRONCOS DE ÁRVORE E UMA VELA TRIANGULAR, USADO PARA PESCA, ESPECIALMENTE NO NORDESTE DO BRASIL.
O PESCADOR SAIU LOGO CEDO PARA O MAR COM SUA JANGADA.

MURICI <MU.RI.CI>
FRUTA PEQUENA E ARREDONDADA, DE COR AMARELA, COM SABOR AO MESMO TEMPO DOCE E AMARGO.
NO QUINTAL DO MEU AVÔ, TEM UM PÉ DE MURICI.

SIRENE <SI.RE.NE>
APARELHO QUE FAZ UM BARULHO ALTO E É USADO PARA AVISAR A APROXIMAÇÃO DE AMBULÂNCIAS E VEÍCULOS POLICIAIS OU PARA INDICAR HORÁRIOS EM FÁBRICAS E ESCOLAS.
OS CARROS DE POLÍCIA PASSARAM APRESSADOS E COM AS SIRENES LIGADAS.

WINDSURFE <WIND.SUR.FE>
ESPORTE EM QUE SE USA UMA PRANCHA COM VELA QUE, AO SER EMPURRADA PELO VENTO, POSSIBILITA A MOVIMENTAÇÃO SOBRE A ÁGUA.
NA PRÓXIMA SEMANA, COMEÇARÁ O CAMPEONATO NACIONAL DE WINDSURFE.

YAKISOBA <YA.KI.SO.BA>
PALAVRA JAPONESA QUE DÁ NOME A UM PRATO FEITO COM MACARRÃO, CARNES, VERDURAS E LEGUMES, TEMPERADOS COM MOLHO DE SOJA.
AQUI ESTÁ A RECEITA DE YAKISOBA QUE VOCÊ ME PEDIU.

Ilustrações: Katharine Frota/ID/BR

SUGESTÕES DE LEITURA

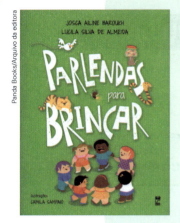

PARLENDAS PARA BRINCAR, DE JOSCA AILINE BAROUKH E LUCILA SILVA DE ALMEIDA. EDITORA PANDA BOOKS.

ESSE LIVRO TEM PARLENDAS TRADICIONAIS E VERSÕES DIFERENTES DE ALGUMAS DAS MAIS CONHECIDAS PARLENDAS. NELE, HÁ PARLENDAS PARA VÁRIOS TIPOS DE BRINCADEIRA: PARA BRINCAR COM A MEMÓRIA, PARA BRINCAR DE ESCOLHER, PARA BRINCAR COM QUADRINHAS E PARA BRINCAR COM OS NÚMEROS.

OS DEZ AMIGOS, DE ZIRALDO. EDITORA MELHORAMENTOS.

NESSE LIVRO, ESCRITO E ILUSTRADO POR ZIRALDO, OS DEDOS DAS DUAS MÃOS SÃO CHAMADOS DE "OS DEZ AMIGOS". O LIVRO LEVA O LEITOR A APRENDER, DE MODO DIVERTIDO, O NOME DOS DEDOS DAS MÃOS E O APELIDO DELES.

O JOGO DA PARLENDA, DE HELOISA PRIETO. EDITORA COMPANHIA DAS LETRINHAS.

NESSE LIVRO, A AUTORA HELOISA PRIETO REUNIU PARLENDAS CONHECIDAS E PARLENDAS ESCRITAS POR ELA. NELE, O LEITOR É CONVIDADO A LER, MAS TAMBÉM A ESCREVER. A AUTORA DÁ DICAS DE COMO CRIAR PARLENDAS E BRINCAR INVENTANDO PALAVRAS.

O ALFABETO DE DORINHA, DE MANOEL CAVALCANTE. EDITORA M3.

NESSE LIVRO, O POETA MANOEL CAVALCANTE APRESENTA HISTÓRIAS ENVOLVENDO A PERSONAGEM DORINHA. EM QUADRINHAS, A OBRA COLOCA O LEITOR DENTRO DO MUNDO DAS LETRAS E DAS PALAVRAS. O LIVRO TEM ILUSTRAÇÕES COLORIDAS PRODUZIDAS PELO ARTISTA PLÁSTICO FENDY SILVA.

APRENDER SEMPRE

1 OBSERVE A PLACA AO LADO.

A. O TEXTO CORRESPONDE A:

☐ UM AVISO.

☐ UM CONVITE.

☐ UMA PARLENDA.

B. O QUE PODE SER EVITADO SE AS PESSOAS LEREM O ALERTA E TOMAREM CUIDADO?

C. RECORDE UMA DAS PARLENDAS DO CAPÍTULO.

PIUÍ, ABACAXI
OLHA O CHÃO PRA NÃO CAIR
SE CAIR VAI MACHUCAR
E VOCÊ NÃO VAI GOSTAR.

DOMÍNIO PÚBLICO.

- QUAL DOS DOIS TEXTOS ALERTA AS PESSOAS BRINCANDO COM AS PALAVRAS?

☐ A PARLENDA.　　　☐ A PLACA.

2 OBSERVE AS FRUTAS MOSTRADAS ABAIXO E ESCREVA NOS QUADRINHOS A LETRA INICIAL DO NOME DELAS.

A. PINTE DE AMARELO A FRUTA QUE É CITADA NA PARLENDA "PIUÍ, ABACAXI".

B. DUAS DESSAS FRUTAS TÊM O NOME INICIADO PELA MESMA LETRA. PINTE ESSAS FRUTAS DE VERMELHO.

3 COMPLETE AS PALAVRAS DA PARLENDA COM UMA VOGAL.

SALADA, SALADINH▢

BEM TEMPERADINH▢
COM SAL, PIMENTA
FOGO, FOGUINHO.

DOMÍNIO PÚBLICO.

4 OBSERVE OS BRINQUEDOS A SEGUIR.

ESCORREGADOR   BALANÇO   GIRA-GIRA

A. PINTE A LETRA INICIAL DO NOME DESSES BRINQUEDOS.

B. COPIE AS LETRAS QUE VOCÊ PINTOU NOS QUADRINHOS A SEGUIR EM ORDEM ALFABÉTICA.

5 CONVERSE COM OS COLEGAS E O PROFESSOR SOBRE AS QUESTÕES A SEGUIR.

A. QUE CUIDADOS É PRECISO TER AO BRINCAR COM BRINQUEDOS COMO OS MOSTRADOS NA ATIVIDADE **4**?

B. O QUE VOCÊ DEVE FAZER SE UM COLEGA SE MACHUCAR?

C. ESTE SÍMBOLO COSTUMA APARECER NA EMBALAGEM DE ALGUNS BRINQUEDOS. VOCÊ SABE O QUE ELE SIGNIFICA?

CAPÍTULO 2

VAMOS BRINCAR?

Existem muitas formas de brincar. Neste capítulo, você vai conhecer parlendas, quadrinhas e poemas que são jeitos de brincar com as palavras e vai poder refletir sobre brinquedos e brincadeiras.

PARA COMEÇO DE CONVERSA

1. Para você, o que está acontecendo na cena apresentada ao lado?

2. Em que local você acha que as crianças estão?

3. Quais objetos da cena fazem parte das brincadeiras do seu dia a dia?

4. Quando brinca com seus colegas, quais combinados são feitos para que todos possam participar?

NAVEGAR NA LEITURA

O POEMA A SEGUIR É SOBRE UM BRINQUEDO CIRCULAR QUE GIRAMOS EM VOLTA DA CINTURA.

- QUE BRINQUEDO PODE SER ESSE?

ACOMPANHE A LEITURA QUE O PROFESSOR VAI FAZER DO TEXTO.

BAMBOLÊ

COM MEU BAMBOLÊ BAMBOLEIO,
BALANÇO, MAS NUNCA BOBEIO.
NO BOM BALANCÊ,
GIRO O BAMBOLÊ
NO FIM, NO COMEÇO E NO MEIO.

EU BRINCO RODANDO A CINTURA,
REBOLO E NÃO PERCO A POSTURA.
EU SIGO GIRANDO,
CONTENTE E BRINCANDO,
CURTINDO A VIDA MAIS PURA.

CÉSAR OBEID. *BRINCANTES POEMAS*. ILUSTRAÇÕES AVELINO GUEDES. SÃO PAULO: MODERNA, 2015. P. 22.

BOBEAR: DESCUIDAR, FICAR DESATENTO.
BALANCÊ: MOVIMENTO COM O CORPO DE UM LADO PARA OUTRO, BALANÇO.
POSTURA: FORMA DE POSICIONAR O CORPO, POSIÇÃO.

LER PARA COMPREENDER

1 VOCÊ ACHA DIVERTIDO BRINCAR COM O BAMBOLÊ? CONTE AOS COLEGAS O QUE VOCÊ SABE SOBRE ESSE BRINQUEDO E DE QUE FORMA VOCÊ BRINCA COM ELE.

2 VOLTE À PÁGINA ANTERIOR E DESENHE UM BAMBOLÊ EM TORNO DA MENINA.

3 RECORDE A SEGUNDA LINHA DO POEMA. O QUE A PALAVRA **BALANÇO** QUER DIZER EM "BALANÇO, MAS NUNCA BOBEIO"? MARQUE A RESPOSTA COM UM **X**.

☐ MEXO O CORPO.   ☐ BRINCO EM UM BALANÇO.

4 POR QUE QUEM BRINCA COM O BAMBOLÊ NÃO PODE BOBEAR?

5 PARA BRINCAR DE BAMBOLÊ, PRECISAMOS DE UM BRINQUEDO. MARQUE O NOME DE OUTRAS BRINCADEIRAS QUE TAMBÉM PRECISAM DE BRINQUEDO.

☐ PULAR CORDA.   ☐ BRINCAR DE CIRANDA.
☐ BRINCAR DE PEGA-PEGA.   ☐ BRINCAR DE IOIÔ.

6 O PROFESSOR VAI RELER ALGUNS TRECHOS DO TEXTO. ACOMPANHE A LEITURA.

| NO BOM BALANCÊ, GIRO O BAMBOLÊ | EU BRINCO RODANDO A CINTURA, REBOLO E NÃO PERCO A POSTURA. |

A. QUAL DAS FIGURAS A SEGUIR REPRESENTA OS MOVIMENTOS DE **GIRAR** E **RODAR**? MARQUE COM UM **X**.

B. QUE PALAVRA EXPLICA OS MOVIMENTOS DO CORPO NA HORA DE **GIRAR** E **RODAR** O BAMBOLÊ? CIRCULE A RESPOSTA NO QUADRO ABAIXO.

ESCORREGAR   TROPEÇAR   REBOLAR

7 RELEIA COM O PROFESSOR ESTE TRECHO.

> EU SIGO GIRANDO,
> CONTENTE E BRINCANDO,

A. COMO SE SENTE A PESSOA QUE BRINCA DE BAMBOLÊ? CIRCULE NO TRECHO ACIMA A PALAVRA QUE REPRESENTA ESSE SENTIMENTO.

B. PINTE A CARINHA QUE SE RELACIONA A ESSE SENTIMENTO.

8 VOCÊ ESTUDOU NO CAPÍTULO 1 QUE CADA LINHA DO POEMA É CHAMADA DE **VERSO**. AGORA, RESPONDA NOS QUADRINHOS.

A. QUANTOS VERSOS O POEMA "BAMBOLÊ" TEM?

O POEMA "BAMBOLÊ" TEM ☐ VERSOS.

B. O POEMA "BAMBOLÊ" ESTÁ DIVIDIDO EM PARTES SEPARADAS POR UM ESPAÇO. QUANTAS PARTES TEM O POEMA?

O POEMA "BAMBOLÊ" TEM ☐ PARTES.

9 COM A AJUDA DO PROFESSOR, LEIA AS PALAVRAS QUE APARECEM NO FINAL DE CADA VERSO A SEGUIR.

> COM MEU BAMBOLÊ **BAMBOLEIO**,
> BALANÇO, MAS NUNCA **BOBEIO**.
> NO BOM **BALANCÊ**,
> GIRO O **BAMBOLÊ**
> NO FIM, NO COMEÇO E NO MEIO.

A. MARQUE COM UM **X** A ALTERNATIVA CORRETA EM CADA ITEM.

- AS PALAVRAS DESTACADAS EM **VERDE** TÊM SOM FINAL:
  ☐ PARECIDO.   ☐ DIFERENTE.

- AS PALAVRAS DESTACADAS EM **VERMELHO** TÊM SOM FINAL:
  ☐ PARECIDO.   ☐ DIFERENTE.

B. A PALAVRA **MEIO** TEM SOM FINAL PARECIDO COM O SOM FINAL DAS PALAVRAS EM **VERDE** OU EM **VERMELHO**?

- PINTE A PALAVRA **MEIO** NO POEMA COM A COR QUE INDICA O MESMO SOM FINAL.

> QUANDO O SOM FINAL DE UMA PALAVRA É IGUAL OU PARECIDO COM O SOM FINAL DE OUTRA PALAVRA, DIZEMOS QUE ESSAS PALAVRAS RIMAM. A **RIMA** PODE OCORRER NO MEIO OU NO FINAL DOS VERSOS DE UM POEMA, UMA PARLENDA, UMA CANÇÃO, ENTRE OUTROS TEXTOS.

10 LIGUE AS PALAVRAS QUE RIMAM.

CINTURA

GIRANDO

PURA

BRINCANDO

POSTURA

CAMINHOS DA LÍNGUA

LETRA B

1 COM O ALFABETO MÓVEL, FORME O NOME DE UM BRINQUEDO DIVERTIDO QUE ROLA E GIRA. OBSERVE A ILUSTRAÇÃO DESSE BRINQUEDO.

A. ANOTE A PALAVRA QUE VOCÊ FORMOU NOS QUADRINHOS.

B. REGISTRE NOS QUADRINHOS APENAS AS **VOGAIS** DA PALAVRA QUE VOCÊ FORMOU ACIMA.

C. AGORA, ESCREVA NOS QUADRINHOS APENAS AS **CONSOANTES** DESSA PALAVRA.

D. COM AS VOGAIS DO ALFABETO MÓVEL (**A**, **E**, **I**, **O**, **U**), EXPERIMENTE FORMAR OUTRAS PALAVRAS COM AS CONSOANTES **B** E **L**. USE AS FIGURAS COMO PISTA PARA DESCOBRIR AS PALAVRAS.

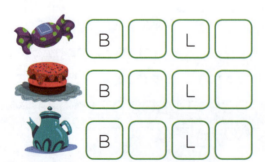

2 CIRCULE AS FIGURAS A SEGUIR QUE COMEÇAM COM A LETRA **B**.

3 FALE EM VOZ ALTA O NOME DOS BRINQUEDOS ABAIXO. DEPOIS, CIRCULE O NOME DO BRINQUEDO QUE TEM A LETRA INICIAL DIFERENTE DA DOS DEMAIS.

BONECA   BICICLETA   PIPA   BOLICHE

- ESCREVA NO QUADRO ABAIXO O NOME DO BRINQUEDO QUE VOCÊ CIRCULOU.

4 PINTE AS PALAVRAS QUE TÊM A LETRA **B**. ELA PODE ESTAR NO INÍCIO OU NO MEIO DA PALAVRA.

PATINETE	BILBOQUÊ	CARRINHO
BAMBOLÊ	CORDA	ROBÔ

5 OBSERVE A PALAVRA **BOLA**. AGORA, FORME OUTRAS PALAVRAS TROCANDO A LETRA **B** PELAS CONSOANTES **C**, **M** E **S**.

SESSENTA E CINCO

CAMINHOS DA LÍNGUA

DIREÇÃO DA LEITURA E DA ESCRITA

1. ACOMPANHE A LEITURA FEITA PELO PROFESSOR DO POEMA "BAMBOLÊ".

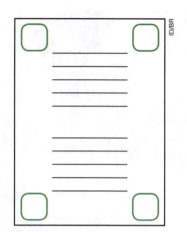

A. OBSERVE AO LADO A REPRESENTAÇÃO DE UMA PÁGINA. AS LINHAS DO TEXTO ESTÃO ORGANIZADAS DO MESMO MODO QUE NO POEMA "BAMBOLÊ".

B. PINTE O QUADRINHO QUE INDICA ONDE COMEÇAMOS A LER UM TEXTO.

2. AGORA, OBSERVE A REPRESENTAÇÃO DE DUAS PÁGINAS.

PÁGINA 1

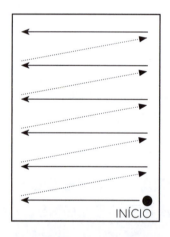

PÁGINA 2

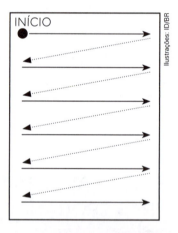

A. ACOMPANHE COM O DEDO AS DIREÇÕES INDICADAS PELAS SETAS.

ATENÇÃO!
O CÍRCULO MOSTRA O INÍCIO DO CAMINHO A SER SEGUIDO EM CADA UMA DAS PÁGINAS.

B. QUAL DAS DUAS PÁGINAS REPRESENTA A DIREÇÃO QUE SE DEVE SEGUIR PARA LER OU ESCREVER UM TEXTO?

☐ PÁGINA 1.   ☐ PÁGINA 2.

C. QUE DICA VOCÊ DARIA A ALGUÉM QUE VAI LER UM TEXTO E NÃO SABE QUE DIREÇÃO SEGUIR?

3 AGORA, O PROFESSOR VAI LER UM TRECHO DO POEMA "INFÂNCIA". ACOMPANHE A LEITURA PASSANDO O DEDO EMBAIXO DA PARTE QUE ELE ESTÁ LENDO.

ANINHA
PULA AMARELINHA
[...]
MARCELO
É O REI DO CASTELO
MARIAZINHA
SUA RAINHA

SONIA MIRANDA. *PRA BOI DORMIR*. RIO DE JANEIRO: RECORD, 2000. P. 44.

A. PINTE DE **AMARELO** A PRIMEIRA PALAVRA QUE DEVE SER LIDA NESSE TRECHO.

B. PINTE DE **VERMELHO** A ÚLTIMA PALAVRA QUE DEVE SER LIDA NESSE TRECHO.

C. COPIE NOS QUADRINHOS AS PALAVRAS QUE VOCÊ PINTOU.

D. AS DUAS PALAVRAS RIMAM? EXPLIQUE.

E. COPIE O PRIMEIRO VERSO DO POEMA NA LINHA AZUL E O SEGUNDO VERSO NA LINHA VERMELHA.

> **DICA**
> AS SETAS INDICAM A DIREÇÃO QUE VOCÊ DEVE SEGUIR PARA ESCREVER O POEMA.

SESSENTA E SETE

NAVEGAR NA LEITURA

VOCÊ VAI OUVIR A LEITURA DE DUAS QUADRINHAS. ESSES TEXTOS TÊM QUATRO VERSOS CADA UM E SÃO CRIADOS PARA SEREM DECLAMADOS. AS QUADRINHAS PODEM DIVERTIR, ENSINAR OU TRATAR DE ASSUNTOS DO DIA A DIA.

- VOCÊ JÁ IMAGINOU UM PATO USANDO **ALIANÇA**? SERÁ QUE ISSO É POSSÍVEL? POR QUÊ?
- VOCÊ JÁ ESCREVEU SEU NOME EM UM LIVRO? VOCÊ IMAGINA POR QUE FAZEMOS ISSO?

OUÇA A LEITURA QUE O PROFESSOR VAI FAZER DO TEXTO **1**.

TEXTO 1

O PATO CASOU COM A PATA
DEPOIS PERDEU A ESPERANÇA
POIS TINHA OS DEDOS GRUDADOS:
NÃO PODIA USAR ALIANÇA.

DOMÍNIO PÚBLICO.

ALIANÇA: ANEL QUE REPRESENTA A UNIÃO ENTRE DUAS PESSOAS EM ALGUMAS CULTURAS.

AGORA, OUÇA A LEITURA DO TEXTO **2**.

TEXTO 2

SE ESTE LIVRO FOR PERDIDO
E POR ACASO FOR ACHADO
PARA SER BEM CONHECIDO
LEVA O MEU NOME ASSINADO.

DOMÍNIO PÚBLICO.

LER PARA COMPREENDER

1 OUÇA NOVAMENTE A LEITURA QUE O PROFESSOR VAI FAZER DO TEXTO **1** E RESPONDA ÀS QUESTÕES.

A. MARQUE COM UM **X** COMO É O PÉ DO PATO.

B. POR QUE O PATO NÃO PODE USAR ALIANÇA?

☐ PORQUE ELE TEM OS DEDOS GRUDADOS.

☐ PORQUE ELE TEM OS DEDOS LONGOS.

C. PINTE, COM A MESMA COR, AS PALAVRAS QUE RIMAM NO FINAL DOS VERSOS DO TEXTO **1**.

D. VOCÊ ACHOU ESSE POEMA DIVERTIDO? POR QUÊ?

2 OUÇA NOVAMENTE A LEITURA QUE O PROFESSOR VAI FAZER DO TEXTO **2** E RESPONDA ÀS QUESTÕES.

A. QUE OBJETO É CITADO NO TEXTO? MARQUE COM UM **X** A OPÇÃO CORRETA.

B. DE ACORDO COM O TEXTO, O QUE ESTÁ ESCRITO NO LIVRO?

_____

C. POR QUE A DONA DO LIVRO ESCREVEU O NOME DELA NO LIVRO?

• VOCÊ CONSIDERA ISSO IMPORTANTE?

CAMINHOS DA LÍNGUA

LETRA P

1 COMPLETE AS PALAVRAS A SEGUIR COM UMA CONSOANTE.

	E	T	E	C	A		
A		I	T	O			
	A	T	I	N	E	T	E

Ilustrações: Thamires Paredes/ID/BR

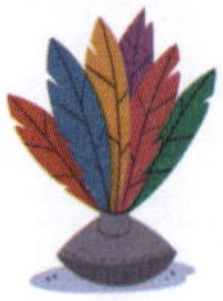

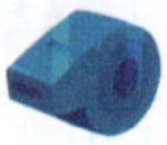

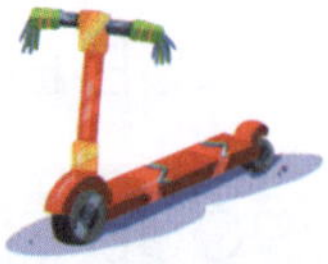

- QUE LETRA VOCÊ USOU PARA COMPLETAR AS PALAVRAS?
  A LETRA ____.

2 LEIA A PALAVRA A SEGUIR.

SAPATO

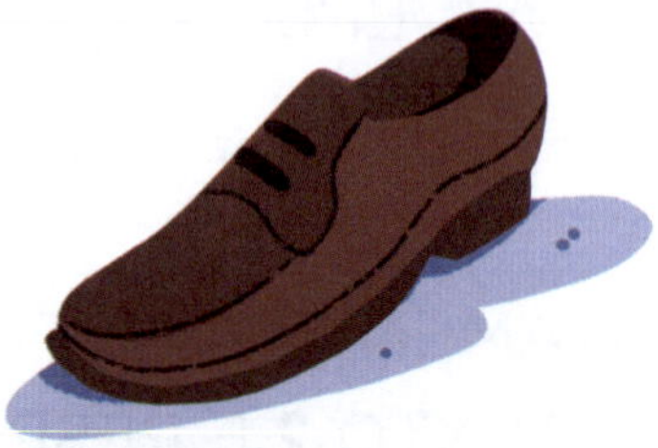

A. AGORA, MONTE A PALAVRA **SAPATO** USANDO O ALFABETO MÓVEL. DEPOIS, ESCREVA ESSA PALAVRA ABAIXO.

B. NA PALAVRA QUE VOCÊ ESCREVEU, PINTE O QUADRINHO COM A LETRA **P**.

C. AGORA, MOVA AS LETRAS DESSA PALAVRA E FORME OUTRAS PALAVRAS COM **P**. NÃO É NECESSÁRIO USAR TODAS AS LETRAS. ESCREVA NOS QUADROS ABAIXO AS PALAVRAS QUE VOCÊ FORMOU.

3 **PETECA** É O NOME DE UM BRINQUEDO QUE COMEÇA COM AS LETRAS **P** E **E** JUNTAS. FAÇA UM **X** NAS FIGURAS ABAIXO EM QUE OS NOMES TAMBÉM COMEÇAM COM ESSAS LETRAS.

4 COMPLETE AS PALAVRAS ABAIXO COM AS LETRAS INICIAIS. EM SEGUIDA, ANOTE NOS CÍRCULOS QUANTAS LETRAS TEM CADA PALAVRA.

- QUAL DAS PALAVRAS ACIMA TEM 6 LETRAS E NENHUMA VOGAL REPETIDA? ESCREVA NO QUADRO ABAIXO.

SETENTA E UM

5 OBSERVE AS IMAGENS E, COM A AJUDA DO PROFESSOR, LEIA AS PALAVRAS.

BINGO   PINGO

A. CONTE QUANTAS LETRAS TEM CADA PALAVRA E ESCREVA O NÚMERO NO QUADRINHO. ☐

B. COMPARE AS DUAS PALAVRAS E PINTE AS LETRAS QUE SÃO DIFERENTES ENTRE ELAS.

C. COPIE AS LETRAS QUE SE REPETEM NAS DUAS PALAVRAS.

☐ ☐ ☐ ☐

6 LEIA A PALAVRA A SEGUIR. DEPOIS, COPIE ESSA PALAVRA TROCANDO A LETRA **P** PELAS LETRAS **B**, **D**, **L**, **M** E **T**.

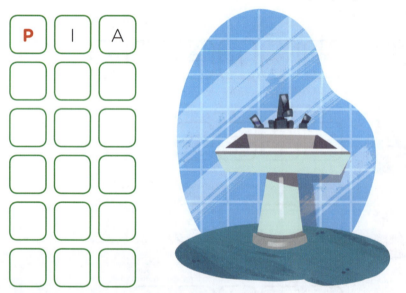

| P | I | A |

- AO TROCAR A LETRA **P** POR OUTRAS LETRAS, O QUE MUDOU? MARQUE A RESPOSTA COM UM **X**.

  ☐ SÓ O SIGNIFICADO DAS PALAVRAS.

  ☐ SÓ A ESCRITA DAS PALAVRAS.

  ☐ A ESCRITA E O SIGNIFICADO DAS PALAVRAS.

DANDO ASAS À PRODUÇÃO

QUADRINHAS

NESTE CAPÍTULO, VOCÊ CONHECEU UM TEXTO QUE GERALMENTE TRATA DE ASSUNTOS DE FORMA DIVERTIDA: A QUADRINHA.

O QUE VOU PRODUZIR

COM A AJUDA DO PROFESSOR, VOCÊ E UM COLEGA VÃO REESCREVER UMA QUADRINHA. DEPOIS DE PRONTA, ELA FICARÁ EXPOSTA EM UM PAINEL NA ESCOLA.

LEMBREM-SE DE QUE A QUADRINHA:

- TEM SEMPRE QUATRO VERSOS.
- TEM RIMA.
- PODE DIVERTIR, ENSINAR O LEITOR OU TRATAR DE UM ASSUNTO DO DIA A DIA.
- É CRIADA PARA SER DECLAMADA.

ORIENTAÇÕES PARA A PRODUÇÃO

1 ACOMPANHE A LEITURA QUE O PROFESSOR VAI FAZER DA QUADRINHA ABAIXO E FAÇA O QUE SE PEDE.

> FUI À FEIRA COMPRAR UVA,
> ENCONTREI UMA CORUJA.
> PISEI NO RABO DELA,
> ELA ME CHAMOU DE CARA SUJA.

DOMÍNIO PÚBLICO.

A. CIRCULE O QUE A PESSOA FOI COMPRAR NA FEIRA.

B. MARQUE COM UM **X** O ANIMAL QUE FOI ENCONTRADO NA FEIRA.

C. O QUE O ANIMAL FEZ? CONVERSE COM OS COLEGAS.

2 AGORA, JUNTE-SE A UM COLEGA. VOCÊS VÃO REESCREVER A QUADRINHA DA ATIVIDADE **1** TROCANDO AS PALAVRAS **UVA** E **CORUJA** PELO NOME DE OUTRA FRUTA E DE OUTRO ANIMAL. ESSES NOMES DEVEM RIMAR COM A PALAVRA **TRAPALHÃO**.

3 PENSEM NAS PALAVRAS QUE VOCÊS VÃO USAR NA QUADRINHA E ANOTEM NO QUADRO ABAIXO. OBSERVEM SE A RIMA ESTÁ ADEQUADA.

FRUTA	ANIMAL

4 AGORA, COMPLETEM A QUADRINHA COM AS PALAVRAS QUE VOCÊS ESCOLHERAM.

FUI À FEIRA COMPRAR _____,
ENCONTREI UM _____.
PISEI NO RABO DELE,
ELE ME CHAMOU DE TRAPALHÃO.

5 COM O AUXÍLIO DO PROFESSOR, LEIAM O TEXTO EM VOZ ALTA.

6 DEPOIS, CADA UM DE VOCÊS VAI PASSAR O TEXTO A LIMPO EM UMA FOLHA AVULSA. PRESTEM ATENÇÃO NA ESCRITA E NO ESPAÇO ENTRE AS PALAVRAS. FAÇAM TAMBÉM UM DESENHO EMBAIXO DA QUADRINHA PARA ILUSTRÁ-LA.

AVALIAÇÃO E REESCRITA

DEPOIS DE ESCREVER E DE ILUSTRAR O TEXTO, OUÇAM AS PERGUNTAS QUE O PROFESSOR VAI FAZER E PINTEM **SIM** OU **NÃO** PARA CADA ITEM.

1. AS PALAVRAS ESCOLHIDAS PARA COMPLETAR O TEXTO RIMAM COM **TRAPALHÃO**?	SIM	NÃO
2. AO PASSAR O TEXTO A LIMPO, ESCREVI OS VERSOS NA ORDEM CORRETA?	SIM	NÃO
3. A QUADRINHA FOI ILUSTRADA?	SIM	NÃO

CIRCULAÇÃO DO TEXTO

COM A AJUDA DO PROFESSOR, MONTEM UM PAINEL NA ESCOLA COM AS QUADRINHAS ESCRITAS E ILUSTRADAS POR SUA TURMA. SIGAM ESTA INSTRUÇÃO:

- O PAINEL DEVE SER MONTADO EM UM LOCAL VISÍVEL PARA QUE OS COLEGAS DE OUTRAS TURMAS E OS FUNCIONÁRIOS DA ESCOLA POSSAM LER AS QUADRINHAS REESCRITAS.

OLÁ, ORALIDADE

DECLAMAÇÃO DE QUADRINHA

NESTE CAPÍTULO, VOCÊ CONHECEU UM POUCO MAIS SOBRE QUADRINHAS.

AGORA, VOCÊ VAI ESCOLHER UMA QUADRINHA PARA DECLAMAR NA ESCOLA PARA OUTRAS TURMAS DO 1º ANO.

ORIENTAÇÕES PARA A PRODUÇÃO

1. ESCOLHA UMA QUADRINHA DESTE CAPÍTULO OU PESQUISE UMA NOVA PARA DECLAMAR.
2. COMBINE COM O PROFESSOR QUANDO E EM QUE LOCAL DA ESCOLA OCORRERÁ A APRESENTAÇÃO.

PREPARAÇÃO DA FALA

1. ENSAIE A QUADRINHA, LEMBRANDO-SE DO QUE CONVERSOU COM OS COLEGAS E O PROFESSOR NO CAPÍTULO 1 SOBRE A ADEQUAÇÃO DO TOM DE VOZ.
2. VOCÊ TAMBÉM PODE FAZER GESTOS PARA DEIXAR A APRESENTAÇÃO MAIS ANIMADA.
3. TREINE A LEITURA VÁRIAS VEZES PARA MEMORIZAR A QUADRINHA. CONHECER BEM O TEXTO VAI AJUDAR VOCÊ A SE APRESENTAR COM MAIS SEGURANÇA.
4. COM O AUXÍLIO DO PROFESSOR, ESCOLHA A MELHOR MANEIRA DE PRONUNCIAR AS PALAVRAS DA QUADRINHA. REPITA OS VERSOS BEM DEVAGAR E DEPOIS MAIS RÁPIDO, ATÉ ACHAR O RITMO MAIS ADEQUADO PARA A DECLAMAÇÃO.

5. SE POSSÍVEL, ENSAIE EM FRENTE AO ESPELHO. TAMBÉM É IMPORTANTE ENSAIAR NO LOCAL DA APRESENTAÇÃO, COM A AJUDA DO PROFESSOR.

6. NO DIA DA APRESENTAÇÃO, NA ESCOLA, DECLAME A QUADRINHA COM EMPOLGAÇÃO E LEMBRE-SE DE OLHAR PARA A PLATEIA.

7. COMBINE COM A TURMA E O PROFESSOR UMA MANEIRA DE AGRADECER AO PÚBLICO NO FINAL DA APRESENTAÇÃO.

AVALIAÇÃO

CONVERSE COM OS COLEGAS E O PROFESSOR SOBRE AS QUESTÕES A SEGUIR.

- VOCÊ CONSEGUIU MEMORIZAR E DECLAMAR A QUADRINHA INTEIRA PARA A PLATEIA?

- USOU UM TOM DE VOZ ADEQUADO PARA QUE TODOS PUDESSEM ESCUTAR?

- OS GESTOS FORAM FEITOS DA FORMA COMO VOCÊ ENSAIOU?

- DURANTE A DECLAMAÇÃO, VOCÊ DEU RITMO À QUADRINHA DE ACORDO COM OS ENSAIOS?

CAMINHOS DA LÍNGUA

SÍLABA

1. ACOMPANHE A LEITURA QUE O PROFESSOR VAI FAZER DE UMA PARLENDA DE ESCOLHER.

U-NI, DU-NI, TÊ
SA-LA-MÊ, MIN-GUÊ,
UM SOR-VE-TE CO-LO-RÊ,
O ES-CO-LHI-DO FOI VO-CÊ!

DOMÍNIO PÚBLICO.

A. PARA BRINCAR COM ESSA PARLENDA, AS PESSOAS COSTUMAM PRONUNCIAR AS PALAVRAS EM PARTES. REPITA A PARLENDA EM VOZ ALTA COM OS COLEGAS E O PROFESSOR.

B. MARQUE AS RESPOSTAS COM UM **X**. GERALMENTE, AS PESSOAS BRINCAM COM ESSA PARLENDA PARA:

☐ ESCOLHER QUEM VAI COMEÇAR UMA BRINCADEIRA.

☐ DESPEDIR-SE DE ALGUÉM.

☐ ESCOLHER OS PARTICIPANTES DE UMA EQUIPE.

C. ENQUANTO RECITA CADA PARTE DA PARLENDA, QUE GESTO A PESSOA QUE ESTÁ ESCOLHENDO COSTUMA FAZER NESSA BRINCADEIRA?

D. ESSA PARLENDA TEM RIMAS?

☐ SIM.   ☐ NÃO.

2 RELEIA DUAS PALAVRAS DA PARLENDA. DEPOIS, ANOTE NOS CÍRCULOS EM QUANTAS PARTES ELAS ESTÃO SEPARADAS.

U | NI ◯   SOR | VE | TE ◯

- TODAS AS PARTES DESSAS PALAVRAS TÊM:

  ☐ VOGAL.   ☐ CONSOANTE.

  ☐ VOGAL E CONSOANTE.

> CADA PARTE DAS PALAVRAS NOS QUADRINHOS ACIMA É UMA **SÍLABA**. A SÍLABA PODE TER VOGAL E CONSOANTE OU APENAS VOGAL.
>
> A PALAVRA **UNI** TEM DUAS SÍLABAS, E A PALAVRA **SORVETE** TEM TRÊS SÍLABAS.

3 PRONUNCIE AS PALAVRAS A SEGUIR EM SÍLABAS. DEPOIS, ESCREVA CADA SÍLABA EM UM QUADRINHO.

BOTA   CEBOLA   LOBO

- PINTE A SÍLABA QUE SE REPETE NESSAS PALAVRAS.

4 PINTE AS PALAVRAS QUE COMEÇAM COM A SÍLABA INICIAL DE **SALAMÊ**.

SA | PO   SI | NO   SA | BI | Á

SETENTA E NOVE **79**

5 PINTE AS PALAVRAS QUE TERMINAM COM A SÍLABA FINAL DE **SORVETE**.

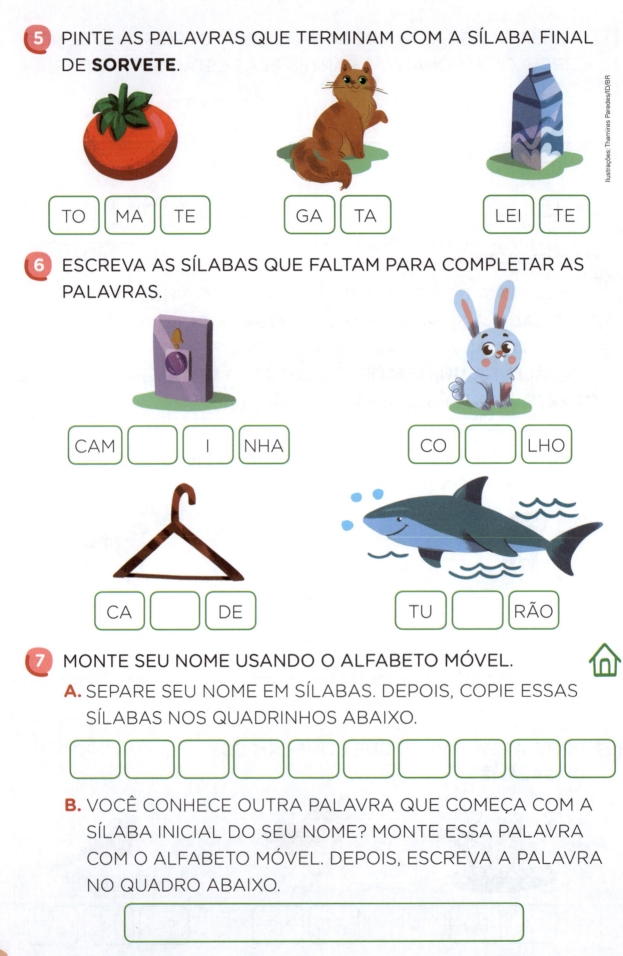

TO MA TE   GA TA   LEI TE

6 ESCREVA AS SÍLABAS QUE FALTAM PARA COMPLETAR AS PALAVRAS.

CAM ☐ I NHA   CO ☐ LHO

CA ☐ DE   TU ☐ RÃO

7 MONTE SEU NOME USANDO O ALFABETO MÓVEL.

A. SEPARE SEU NOME EM SÍLABAS. DEPOIS, COPIE ESSAS SÍLABAS NOS QUADRINHOS ABAIXO.

B. VOCÊ CONHECE OUTRA PALAVRA QUE COMEÇA COM A SÍLABA INICIAL DO SEU NOME? MONTE ESSA PALAVRA COM O ALFABETO MÓVEL. DEPOIS, ESCREVA A PALAVRA NO QUADRO ABAIXO.

JOGOS E BRINCADEIRAS

DESCUBRA AS PALAVRAS

1 COMPLETE OS QUADRINHOS COM A LETRA INICIAL DO NOME DE CADA FIGURA E DESCUBRA O NOME DE UMA BRINCADEIRA. ALGUMAS LETRAS JÁ ESTÃO ESCRITAS.

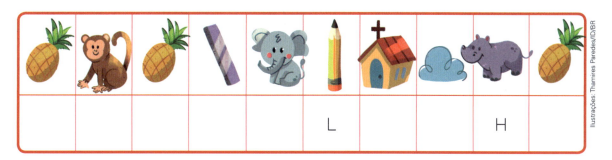

2 LIGUE OS PONTOS JUNTANDO AS LETRAS NA ORDEM ALFABÉTICA E DESCUBRA A RESPOSTA DA ADIVINHA.

O QUE É, O QUE É?

TEM BICO, MAS NÃO BICA.
TEM CHAPÉU, MAS NÃO TEM CABEÇA.

DOMÍNIO PÚBLICO.

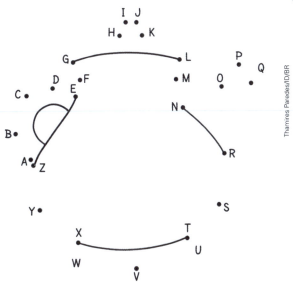

- ESCREVA A RESPOSTA DA ADIVINHA NO QUADRO ABAIXO.

VAMOS COMPARTILHAR!

DIA DE BRINCADEIRAS ORAIS

NOS CAPÍTULOS 1 E 2, VOCÊ E OS COLEGAS CONHECERAM ALGUMAS BRINCADEIRAS ORAIS COM PARLENDAS, QUADRINHAS E POEMAS. QUE TAL REALIZAR UMA APRESENTAÇÃO ORAL DESSES TEXTOS E UMA EXPOSIÇÃO?

NO DIA DA APRESENTAÇÃO, VOCÊS PODERÃO CONVIDAR PESSOAS DA FAMÍLIA, AMIGOS, FUNCIONÁRIOS DA ESCOLA E ESTUDANTES DE OUTRAS TURMAS.

PREPARAÇÃO DO EVENTO

1. COM O PROFESSOR, CADA ESTUDANTE OU GRUPO DEVERÁ ESCOLHER O TEXTO QUE VAI APRESENTAR: UMA DAS PARLENDAS, O POEMA "BAMBOLÊ" OU UMA DAS QUADRINHAS.

2. COMBINEM COM O PROFESSOR UMA DATA E DEFINAM A ORDEM DAS APRESENTAÇÕES.

3. RETOMEM AS ORIENTAÇÕES DE COMO SE PREPARAR PARA FAZER UMA DECLAMAÇÃO QUE CONSTAM NO ITEM "PREPARAÇÃO DA FALA" NA PÁGINA 76. ENSAIEM EM CASA TAMBÉM.

4. DURANTE OS ENSAIOS, PROCUREM OLHAR PARA O LUGAR ONDE ESTARÁ A PLATEIA E USAR UM TOM DE VOZ ADEQUADO.

5. COM O PROFESSOR, MONTEM UMA EXPOSIÇÃO COM A LISTA DE ANIVERSARIANTES E AS QUADRINHAS QUE VOCÊS PRODUZIRAM NOS CAPÍTULOS 1 E 2. ASSIM, OS CONVIDADOS PODERÃO CONHECER ESSAS PRODUÇÕES ENQUANTO ESPERAM AS APRESENTAÇÕES.

6. CRIEM AVISOS PARA COLOCAR NO MURAL DA ESCOLA INFORMANDO AOS ESTUDANTES E FUNCIONÁRIOS O LOCAL (A SALA), A DATA E O HORÁRIO DA APRESENTAÇÃO.

APRESENTAÇÃO

O DIA DO EVENTO TERÁ TRÊS MOMENTOS:

1. **ACOLHIDA:** ESSE É O MOMENTO EM QUE VOCÊS RECEBERÃO OS CONVIDADOS E MOSTRARÃO A ELES A LISTA DE ANIVERSARIANTES E AS QUADRINHAS QUE FIZERAM.

   SE DESEJAREM, VOCÊS PODERÃO REALIZAR UMA APRESENTAÇÃO INICIAL COLETIVA ANTES DAS APRESENTAÇÕES, COMO RECITAR UM POEMA OU CANTAR UMA CANÇÃO.

2. **APRESENTAÇÕES:** NESSE MOMENTO, CADA ESTUDANTE OU GRUPO DE ESTUDANTES VAI REALIZAR AS DECLAMAÇÕES DE ACORDO COM A ORDEM COMBINADA.

3. **ENCERRAMENTO:** COM A AJUDA DO PROFESSOR, PREPAREM O ESPAÇO COM MATERIAIS PARA QUE VOCÊS E OS CONVIDADOS POSSAM REGISTRAR SUAS IMPRESSÕES SOBRE O ENCONTRO. NO FINAL, MONTEM UM PAINEL COM AS PRODUÇÕES.

AVALIAÇÃO

- VOCÊ COLABOROU PARA A REALIZAÇÃO DO EVENTO NA ESCOLA? COMO FOI SUA PARTICIPAÇÃO?
- TODOS QUE SE APRESENTARAM USARAM UM TOM DE VOZ ADEQUADO?
- DURANTE A APRESENTAÇÃO, VOCÊS SE LEMBRARAM DE OLHAR PARA A PLATEIA?
- O QUE FOI MUITO BOM E O QUE PODERIA SER MELHORADO?
- OS CONVIDADOS GOSTARAM DO EVENTO? COMENTE.

VOCABULÁRIO

ESTA SEÇÃO APRESENTA O SIGNIFICADO DE ALGUMAS PALAVRAS QUE VOCÊ VIU NESTE CAPÍTULO. NOTE QUE, ÀS VEZES, A PALAVRA PODE ASSUMIR MAIS DE UM SENTIDO, DEPENDENDO DO CONTEXTO EM QUE É UTILIZADA. AGORA, ACOMPANHE A LEITURA QUE O PROFESSOR VAI FAZER.

ALIANÇA <A.LI.AN.ÇA>
1. ANEL USADO COMO SÍMBOLO DE NAMORO, NOIVADO OU CASAMENTO.
NO PRÓXIMO FIM DE SEMANA, VAMOS ESCOLHER NOSSA ALIANÇA DE NOIVADO.
2. RESULTADO DE UM PACTO OU UNIÃO ENTRE PESSOAS OU INSTITUIÇÕES.
AS EMPRESAS FIZERAM UMA ALIANÇA PARA ACABAR COM O DESMATAMENTO NA REGIÃO.

BALANCÊ <BA.LAN.CÊ>
ATO DE BALANÇAR O CORPO.
ASSIM QUE A MÚSICA COMEÇOU A TOCAR, O BALANCÊ TOMOU CONTA DAS CRIANÇAS.

BAMBOLÊ <BAM.BO.LÊ>
BRINQUEDO FEITO DE UM ARO QUE DEVE SER GIRADO EM TORNO DA CINTURA, DO PESCOÇO, DOS BRAÇOS OU DAS PERNAS APENAS COM O MOVIMENTO DO CORPO.
OS ESTUDANTES BRINCAM COM BAMBOLÊS.

BOBEAR <BO.BE.AR>
AGIR OU COMPORTAR-SE COMO BOBO; NÃO PRESTAR ATENÇÃO A UMA ATIVIDADE.
CARINA É MUITO ATENTA. ELA NÃO BOBEIA.

ESPERANÇA <ES.PE.RAN.ÇA>
ATO DE ESPERAR ALGO QUE SE QUER; TER EXPECTATIVA POSITIVA SOBRE ALGO.
HELENA NUNCA PERDE A ESPERANÇA.

INFÂNCIA <IN.FÂN.CI.A>
PERÍODO DA VIDA HUMANA QUE VAI DO NASCIMENTO AO INÍCIO DA ADOLESCÊNCIA.
ROBERTO É MEU AMIGO DESDE A INFÂNCIA.

POSTURA <POS.TU.RA>
1. POSIÇÃO DO CORPO OU DE UMA PARTE DO CORPO;
MEU IRMÃO FAZ EXERCÍCIOS TODOS OS DIAS PARA CORRIGIR A POSTURA.
2. MANEIRA DE SE COMPORTAR DIANTE DAS PESSOAS.
A MÉDICA TEM POSTURA ADMIRÁVEL COM SEUS PACIENTES.

Ilustrações: Katharine Frota/ID/BR

SUGESTÕES DE LEITURA

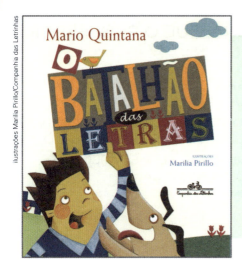

O BATALHÃO DAS LETRAS, DE MARIO QUINTANA. EDITORA COMPANHIA DAS LETRINHAS.
NESSE LIVRO, TODAS AS LETRAS, DE A ATÉ Z, SÃO APRESENTADAS EM QUADRINHAS RIMADAS E DIVERTIDAS. ILUSTRAÇÕES CRIATIVAS COMPLETAM ESSA GOSTOSA BRINCADEIRA COM O ALFABETO.

FABRINCANDO, DE TAMIRES LIMA. EDITORA SOLISLUNA.
ESSE LIVRO É PARA BRINCAR E SE DIVERTIR. ELE TRAZ INFORMAÇÕES SOBRE DIVERSOS BRINQUEDOS, BEM COMO MATERIAIS E INSTRUÇÕES PARA PRODUZI-LOS. O LEITOR PODERÁ BRINCAR SOZINHO OU ACOMPANHADO DE FAMILIARES E AMIGOS.

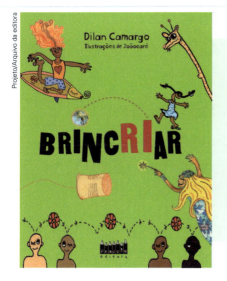

BRINCRIAR, DE DILAN CAMARGO. EDITORA PROJETO.
ESCONDE-ESCONDE, CABRA-CEGA E TELEFONE SEM FIO SÃO ALGUMAS DAS BRINCADEIRAS QUE O AUTOR DILAN CAMARGO APRESENTA POR MEIO DE POEMAS ENGRAÇADOS. *BRINCRIAR* É UM LIVRO PARA LER, BRINCAR, RIR E CRIAR!

APRENDER SEMPRE

1 ACOMPANHE, COM ATENÇÃO, A LEITURA QUE O PROFESSOR VAI FAZER DO POEMA A SEGUIR.

RIMINHAS

UM FANTASMA
COM **ASMA**.

UM ANJO
TOCANDO **BANJO**.

UM MACACO
VESTINDO UM CASACO.

UMA **LOMBRIGA**
COM DOR DE BARRIGA.

UMA CHUVA
COM SUCO DE UVA.

E UM FINAL
COM TCHAU-TCHAU!

ASMA: DOENÇA RESPIRATÓRIA QUE PROVOCA FALTA DE AR.
BANJO: INSTRUMENTO DE CORDA QUE SE ASSEMELHA AO VIOLÃO.
LOMBRIGA: VERME PARECIDO COM A MINHOCA.

LALAU E LAURABEATRIZ. *ZUM-ZUM-ZUM E OUTRAS POESIAS*. SÃO PAULO: COMPANHIA DAS LETRINHAS, 2007. P. 46.

A. NO POEMA, PINTE CADA DUPLA DE PALAVRAS QUE RIMAM COM UMA COR.

B. COM O AUXÍLIO DO PROFESSOR, LEIA NOVAMENTE O POEMA. EM SEGUIDA, DESTAQUE AS IMAGENS DA PÁGINA 301. COLE CADA IMAGEM AO LADO DO TEXTO CORRESPONDENTE.

C. PARA ILUSTRAR OS TRECHOS QUE FICARAM SEM IMAGEM, FAÇA UM DESENHO NO QUADRO AO LADO DE CADA UM.

2 PINTE AS PALAVRAS QUE COMEÇAM COM A MESMA LETRA DA PALAVRA **BARRIGA**.

- PALHAÇO
- BONECO
- BANANA
- PONTE

3 RELEIA, EM SÍLABAS, ESTAS PALAVRAS DO TEXTO. DEPOIS, ESCREVA A QUANTIDADE DE SÍLABAS QUE ELAS TÊM.

AN | JO ◯   LOM | BRI | GA ◯

CA | SA | CO ◯   CHU | VA ◯

4 OUÇA A LEITURA QUE O PROFESSOR VAI FAZER DESTA QUADRINHA.

COMO DUAS ANDORINHAS
NUMA TARDE DE VERÃO
SEREMOS SEMPRE AMIGOS,
AMIGOS DO CORAÇÃO.

DOMÍNIO PÚBLICO.

A. QUAL É O ASSUNTO PRINCIPAL DESSA QUADRINHA?

☐ OS PÁSSAROS.   ☐ A AMIZADE.

B. NESSA QUADRINHA, HÁ UMA PALAVRA QUE SE REPETE. CIRCULE ESSA PALAVRA E, DEPOIS, SEPARE-A EM SÍLABAS.

☐ ☐ ☐

C. CONVERSE COM OS COLEGAS: É IMPORTANTE TER AMIGOS? POR QUÊ?

OITENTA E SETE 87

CAPÍTULO 3

QUEM CANTA SEUS MALES ESPANTA

VOCÊ JÁ CONHECE ALGUMAS FORMAS DE BRINCAR COM AS PALAVRAS, COMO AS PARLENDAS, AS QUADRINHAS E OS POEMAS. AGORA, VOCÊ VAI APRENDER CANTANDO!

PARA COMEÇO DE CONVERSA

1. OBSERVE A IMAGEM AO LADO. O QUE AS CRIANÇAS ESTÃO FAZENDO?

2. VOCÊ JÁ REALIZOU A MESMA ATIVIDADE QUE AS CRIANÇAS DA IMAGEM? SE SIM, COM QUEM?

3. VOCÊ CONHECE ALGUMA CANTIGA DE RODA? CANTE PARA OS COLEGAS.

4. VOCÊ ACHA QUE ESSAS CANTIGAS PODEM TRAZER ENSINAMENTOS? COMENTE SOBRE ELES.

SABER SER

Ilustração: Guilherme Asthma/ID/BR; Fotografia: Shutterstock.com/ID/BR

NAVEGAR NA LEITURA

AS CANTIGAS DE RODA SÃO UM TIPO DE CANÇÃO QUE AS PESSOAS COSTUMAM CANTAR ENQUANTO BRINCAM DE RODA OU REALIZAM OUTRA BRINCADEIRA.

- O PROFESSOR VAI LER UMA CANTIGA CHAMADA "LINDA ROSA JUVENIL". VOCÊ IMAGINA QUAL É O TEMA TRATADO NESSA CANTIGA?

OUÇA A LEITURA DO PROFESSOR E DESCUBRA COMO SE CANTA ESSA CANTIGA. DEPOIS, CANTE-A COM OS COLEGAS.

LINDA ROSA JUVENIL

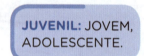
JUVENIL: JOVEM, ADOLESCENTE.

A LINDA ROSA JUVENIL,
JUVENIL, JUVENIL
A LINDA ROSA JUVENIL,
JUVENIL

VIVIA ALEGRE NO SEU LAR,
NO SEU LAR, NO SEU LAR
VIVIA ALEGRE NO SEU LAR,
NO SEU LAR

UM DIA VEIO A BRUXA MÁ,
MUITO MÁ, MUITO MÁ
UM DIA VEIO A BRUXA MÁ,
MUITO MÁ

E ADORMECEU A ROSA ASSIM,
BEM ASSIM, BEM ASSIM
E ADORMECEU A ROSA ASSIM,
BEM ASSIM

E O MATO CRESCEU AO REDOR,
AO REDOR, AO REDOR
E O MATO CRESCEU AO REDOR,
AO REDOR

E O TEMPO PASSOU A CORRER,
A CORRER, A CORRER
E O TEMPO PASSOU A CORRER,
A CORRER

UM DIA VEIO UM BELO REI,
BELO REI, BELO REI
UM DIA VEIO UM BELO REI,
BELO REI

E DESPERTOU A ROSA ASSIM,
BEM ASSIM, BEM ASSIM
E DESPERTOU A ROSA ASSIM,
BEM ASSIM

E OS DOIS PUSERAM-SE A DANÇAR,
A DANÇAR, A DANÇAR
E OS DOIS PUSERAM-SE A DANÇAR,
A DANÇAR

E BATAM PALMAS PARA O REI,
PARA O REI, PARA O REI.
E BATAM PALMAS PARA O REI,
PARA O REI.

DOMÍNIO PÚBLICO.

PARA BRINCAR COM A CANTIGA, TODOS DEVEM FORMAR UMA RODA E CANTAR, ENQUANTO GIRAM E BATEM PALMAS. NO CENTRO DA RODA, TRÊS CRIANÇAS (ROSA, BRUXA E REI) ENCENAM A HISTÓRIA.

PARA EXPLORAR

MAPA DO BRINCAR. DISPONÍVEL EM: HTTP://MAPADOBRINCAR.FOLHA.COM.BR/BRINCADEIRAS/RODA/. ACESSO EM: 29 JUN. 2021.
NESSE *SITE*, HÁ VÍDEOS DE BRINCADEIRAS DE RODA DE VÁRIAS REGIÕES DO BRASIL.

LER PARA COMPREENDER

1 RELEIA A CANTIGA E RESPONDA: QUEM É A PERSONAGEM PRINCIPAL, OU SEJA, A QUE MAIS SE DESTACA?

> QUANDO CONTAMOS UMA HISTÓRIA, CHAMAMOS DE **PERSONAGENS** AQUELES QUE REPRESENTAM AS PESSOAS, OS ANIMAIS OU OUTROS SERES QUE FAZEM PARTE DESSA HISTÓRIA.

2 RELACIONE AS IMAGENS ÀS PERSONAGENS DO TEXTO.

REI

ROSA

BRUXA

3 CIRCULE A FIGURA QUE INDICA COMO SE SENTIA A PERSONAGEM PRINCIPAL NO INÍCIO DA CANTIGA.

4 QUE ACONTECIMENTO MUDOU A SITUAÇÃO INICIAL DA LINDA ROSA JUVENIL?

5 OBSERVE ESTAS CENAS. AGORA, NUMERE-AS DE 1 A 4 NA ORDEM EM QUE ELAS OCORREM NA CANTIGA.

6 O QUE VOCÊ IMAGINA QUE ACONTECEU COM A ROSA JUVENIL E O REI DEPOIS QUE ELA FOI SALVA?

7 A HISTÓRIA DA CANTIGA SE PARECE COM OUTRAS HISTÓRIAS CONHECIDAS? QUAIS? CONTE AOS COLEGAS.

8 PINTE AS PALAVRAS QUE SE REPETEM NO FINAL DE CADA VERSO. USE CORES DIFERENTES PARA PINTAR AS PALAVRAS.

ATENÇÃO! PINTE SÓ A ÚLTIMA PALAVRA DE CADA VERSO.

AS CANTIGAS DE RODA MUITAS VEZES APRESENTAM RIMAS OU REPETIÇÕES DE PALAVRAS PARA FACILITAR A MEMORIZAÇÃO.

ENTRE NA RODA

CANTE AS CANTIGAS "O CRAVO E A ROSA", "SAMBA LELÊ" E "BELA CONDESSA". DEPOIS, CONVERSE SOBRE ELAS.

1. VOCÊ JÁ CONHECIA ESSAS CANTIGAS?
2. QUAL DELAS VOCÊ ACHA MAIS DIVERTIDA? POR QUÊ?

CONHECER ESSAS CANTIGAS SERÁ IMPORTANTE PARA REALIZAR OUTRAS ATIVIDADES DESTE CAPÍTULO.

CAMINHOS DA LÍNGUA

LETRA V

1 LEIA, JUNTO COM O PROFESSOR, A CANTIGA A SEGUIR.

> **OLARIA:** LOCAL ONDE SE FABRICAM TIJOLOS, TELHAS E OUTRAS PEÇAS DE BARRO.

OLARIA DO POVO

_____

VAI TER QUE ENTRAR
NA OLARIA DO POVO (2 VEZES)
ELE (ELA) DESCE COMO UM
VASO VELHO E QUEBRADO
E SOBE COMO UM VASO NOVO
(2 VEZES)

DOMÍNIO PÚBLICO.

A. ESCREVA SEU NOME NO ESPAÇO DA CANTIGA E CANTE COM A TURMA. CADA VEZ QUE CANTAREM, TROQUEM PELO NOME DE UM DE VOCÊS.

B. OBSERVE ALGUMAS PALAVRAS RETIRADAS DA CANTIGA E PINTE A CONSOANTE QUE APARECE EM TODAS ELAS.

| VAI | POVO | VASO | VELHO | NOVO |

C. ESCREVA AS PALAVRAS DO ITEM ANTERIOR NO QUADRO ABAIXO, DE ACORDO COM A POSIÇÃO DA LETRA **V**.

V NO INÍCIO DA PALAVRA	V NO MEIO DA PALAVRA

D. CANTE NOVAMENTE A CANTIGA COM OS COLEGAS, MAS COM UM NOME QUE COMECE COM A LETRA **V**.

2 OBSERVE AS IMAGENS A SEGUIR E LEIA, COM OS COLEGAS E O PROFESSOR, O NOME DE CADA UMA DELAS EM VOZ ALTA.

 VARAL

 NAVIO

 CHAVE

 UVA

 ÁRVORE

 VIOLETA

- NAS PALAVRAS ACIMA, PINTE A LETRA **V** E A **VOGAL** QUE APARECE LOGO DEPOIS DELA.

3 OBSERVE AS ILUSTRAÇÕES E COMPLETE AS PALAVRAS COM AS LETRAS QUE FALTAM. DEPOIS, ANOTE NOS CÍRCULOS QUANTAS LETRAS TEM CADA PALAVRA.

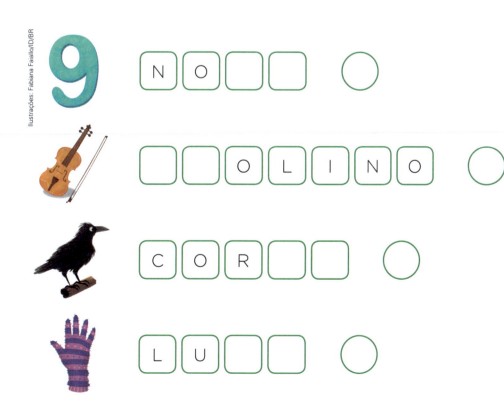

4 VEJA AS IMAGENS DOS ANIMAIS A SEGUIR E PINTE APENAS AS LETRAS DIFERENTES NO NOME DELES.

V A C A   P A C A

- QUE LETRAS SÃO DIFERENTES NAS PALAVRAS **VACA** E **PACA**?

  AS LETRAS ☐ E ☐.

5 OBSERVE OS OBJETOS A SEGUIR.

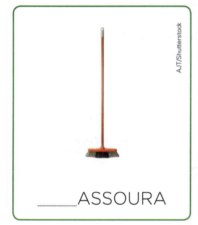 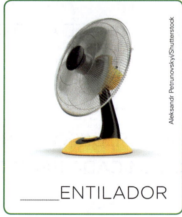 

____ASSOURA   ____ENTILADOR   ____OPO

A. ESCREVA A LETRA INICIAL DAS PALAVRAS ACIMA.

B. AS LETRAS INICIAIS DESSAS PALAVRAS SÃO:

☐ IGUAIS.   ☐ DIFERENTES.

C. CIRCULE O OBJETO QUE NÃO COMEÇA COM A LETRA **V**.

6 QUAL É A LETRA INICIAL DE SEU NOME? ☐

- AGORA, PENSE EM UMA PALAVRA QUE COMECE COM A MESMA LETRA QUE SEU NOME E ESCREVA ESSA PALAVRA NO QUADRO A SEGUIR.

NAVEGAR NA LEITURA

O POEMA QUE O PROFESSOR VAI LER A SEGUIR TRATA DE CANTIGAS TRADICIONAIS CONHECIDAS EM DIFERENTES LUGARES DO BRASIL.

- SEUS PAIS, SEUS AVÓS OU ADULTOS PRÓXIMOS A VOCÊ COSTUMAM CANTAR ALGUMA CANTIGA? QUAL?
- LEIA COM O PROFESSOR O TÍTULO DO POEMA. SOBRE O QUE VOCÊ ACHA QUE O POEMA VAI TRATAR?

ACOMPANHE, AGORA, A LEITURA DO POEMA.

ONDE ANDA AQUELA CANTIGA?

ONDE ANDA AQUELA CANTIGA?
ME RESPONDA POR FAVOR!
QUERO SABER SE A ROSA E O CRAVO
HOJE VIVEM DE AMOR.

ONDE ANDA AQUELA CANTIGA
QUE MEU CORAÇÃO NÃO VÊ.
POR FAVOR, DIGA LOGO ALGUÉM:
ONDE ANDA SAMBA LELÊ?

ONDE ANDA AQUELA CANTIGA?
EU FICO TRISTE SÓ DE PENSAR:
QUEM ENTROU NUMA RODA ANTIGA
HOJE SE ESQUECEU DE CANTAR.

ONDE ANDA AQUELA CANTIGA?
FALE LOGO, DONA CONDESSA!
POIS JÁ ESTÁ FICANDO TARDE.
FALE ANTES QUE ESCUREÇA!

MARCIANO VASQUES PEREIRA.
DUAS DEZENAS DE MENINOS NUM POEMA.
SÃO PAULO: PAULUS, 1997.

CRAVO: FLOR COM PÉTALAS RECORTADAS NAS BORDAS.
CONDESSA: TÍTULO DE NOBREZA.

LER PARA COMPREENDER

1 A QUAIS CANTIGAS DE RODA O POEMA LIDO SE REFERE?

- ☐ ALECRIM
- ☐ SAMBA LELÊ
- ☐ BELA CONDESSA
- ☐ O CRAVO E A ROSA
- ☐ CIRANDA, CIRANDINHA
- ☐ BELA PASTORA

2 RELEIA ESTE TRECHO DO POEMA COM O PROFESSOR.

> QUERO SABER SE A ROSA E O CRAVO
> HOJE VIVEM DE AMOR.

- QUAL DAS CENAS ABAIXO INDICA QUE AS PERSONAGENS DA CANTIGA "O CRAVO E A ROSA" SE RECONCILIAM NO FINAL?

3 RELEMBRE ESTES VERSOS.

> POR FAVOR, DIGA LOGO ALGUÉM:
> ONDE ANDA SAMBA LELÊ?

A. CIRCULE A PERGUNTA QUE É FEITA NESSE TRECHO.

B. QUAL É O OBJETIVO DESSA PERGUNTA? MARQUE UM **X**.

- ☐ DESCOBRIR POR QUE A CANTIGA "SAMBA LELÊ" SE TORNOU FAMOSA NOS DIAS DE HOJE.
- ☐ DESCOBRIR POR QUE A CANTIGA "SAMBA LELÊ" NÃO É MAIS CANTADA ATUALMENTE.

4 OBSERVE O POEMA "ONDE ANDA AQUELA CANTIGA?" E RESPONDA ÀS QUESTÕES SOBRE COMO ELE É ORGANIZADO.

A. CADA LINHA DE UM POEMA É CHAMADA DE VERSO. QUANTOS VERSOS TEM O POEMA LIDO?

☐ VERSOS.

B. OS POEMAS PODEM SER ORGANIZADOS EM PARTES. QUANTAS PARTES TEM O POEMA LIDO?

☐ PARTES.

5 RELEIA ESTE TRECHO.

> QUEM ENTROU NUMA RODA ANTIGA
> HOJE SE ESQUECEU DE CANTAR.

- NESSE TRECHO, O POEMA QUER DIZER QUE:

  ☐ AS PESSOAS ESTÃO COM PROBLEMA DE MEMÓRIA.

  ☐ AS PESSOAS ESTÃO DEIXANDO DE CANTAR E DE ENSINAR CANTIGAS.

6 CONVERSE COM OS COLEGAS: O QUE PODE ACONTECER SE AS PESSOAS DEIXAREM DE ENSINAR CANTIGAS PARA OUTRAS PESSOAS?

- O QUE VOCÊ ACHA QUE PODE SER FEITO PARA QUE AS PESSOAS CONTINUEM BRINCANDO DE CANTIGAS DE RODA? COMPARTILHE SUA OPINIÃO COM OS COLEGAS E O PROFESSOR.

SABER SER

PARA EXPLORAR

ABRA A RODA TIN DÔ LÊ LÊ, DE VÁRIOS ARTISTAS. BRINCANTE PRODUÇÕES ARTÍSTICAS.

NESSE CD, VOCÊ VAI ENCONTRAR 42 CANTIGAS RECOLHIDAS EM VÁRIOS LUGARES DO BRASIL E DESCOBRIR DE QUE FORMA ELAS SÃO USADAS EM BRINCADEIRAS.

CAMINHOS DA LÍNGUA

LETRA F

1 OS TRAVA-LÍNGUAS SÃO TEXTOS DIVERTIDOS QUE REPETEM ALGUNS SONS. POR ISSO, ELES SÃO DIFÍCEIS DE SEREM FALADOS DE MANEIRA RÁPIDA. LEIA ESTE TRAVA-LÍNGUA COM O PROFESSOR.

> O CAFÉ ESTÁ FRACO, FRIO, COM FORMIGA NO FUNDO FAZENDO FOFOCA.

DOMÍNIO PÚBLICO.

A. QUE LETRA MAIS SE REPETE NO INÍCIO DAS PALAVRAS?

A LETRA ☐.

B. CIRCULE NO TRAVA-LÍNGUA AS PALAVRAS QUE CORRESPONDEM ÀS FIGURAS ABAIXO.

Ilustrações: Fabiana Faiallo/ID/BR

C. AGORA, ANOTE NESTES QUADROS AS PALAVRAS QUE VOCÊ CIRCULOU.

2 OBSERVE AS FIGURAS ABAIXO E FALE O NOME DE CADA UMA EM VOZ ALTA.

- CIRCULE SOMENTE AS PALAVRAS QUE COMEÇAM COM O SOM REPRESENTADO PELA LETRA **F**.

3 OBSERVE AS IMAGENS E COMPLETE OS QUADRINHOS EM BRANCO PARA FORMAR PALAVRAS.

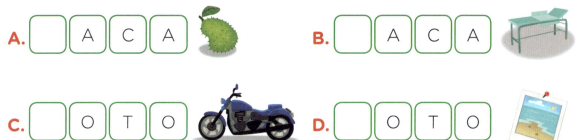

A. ☐ A C A
B. ☐ A C A
C. ☐ O T O
D. ☐ O T O
E. ☐ O C A
F. ☐ O C A

4 PARA BRINCAR DE "DIGO E NÃO DIGO", COMPLETE OS ITENS DE ACORDO COM AS ILUSTRAÇÕES.

A. SE DIGO **VACA**, NÃO DIGO _____.

B. SE DIGO **VARINHA**, NÃO DIGO _____.

C. SE DIGO **VILA**, NÃO DIGO _____.

JOGOS E BRINCADEIRAS

CRUZADINHA

OBSERVE AS IMAGENS COM ATENÇÃO E PREENCHA A CRUZADINHA COM O NOME DE CADA UMA DELAS. EM TODAS ELAS, APARECE A LETRA **F** OU A LETRA **V**. SE PRECISAR, CONSULTE AS PALAVRAS DO QUADRO ABAIXO.

| FADA | GAVETA | VENENO | FOGUETE |
| OVO | GIRAFA | TELEFONE | FERRO | NAVIO |

102 CENTO E DOIS

DANDO ASAS À PRODUÇÃO

CANTIGA

NESTE CAPÍTULO, VOCÊ JÁ CANTOU E BRINCOU COM DIFERENTES CANTIGAS. AGORA, VAI CRIAR UMA VERSÃO PARA UMA CANTIGA BEM CONHECIDA E APRESENTAR AOS COLEGAS.

O QUE VOU PRODUZIR

ACOMPANHE O PROFESSOR PARA APRENDER A CANTAR ESTA CANTIGA. DEPOIS, SIGA AS ORIENTAÇÕES DELE PARA FAZER UMA NOVA VERSÃO DA CANTIGA CRIANDO OUTRAS RIMAS PARA ELA.

A BARATA DIZ QUE TEM

A BARATA DIZ QUE TEM SETE SAIAS DE FILÓ
É MENTIRA DA BARATA, ELA TEM É UMA SÓ
RÁ RÁ RÁ, RÓ RÓ RÓ, ELA TEM É UMA SÓ.

A BARATA DIZ QUE TEM UM SAPATO DE VELUDO
É MENTIRA DA BARATA, O PÉ DELA É PELUDO
RÁ RÁ RÁ, RÓ RÓ RÓ, O PÉ DELA É PELUDO.

A BARATA DIZ QUE TEM UMA SAIA DE CETIM
É MENTIRA DA BARATA, ELA TEM É DE CAPIM
RÁ RÁ RÁ, RÓ RÓ RÓ, ELA TEM É DE CAPIM.

A BARATA DIZ QUE TEM UM ANEL DE FORMATURA
É MENTIRA DA BARATA, ELA TEM É CASCA DURA
RÁ RÁ RÁ, RÓ RÓ RÓ, ELA TEM É CASCA DURA.

DOMÍNIO PÚBLICO.

ORIENTAÇÕES PARA A PRODUÇÃO

1. RELEIA A CANTIGA "A BARATA DIZ QUE TEM" E CIRCULE AS PALAVRAS QUE RIMAM, USANDO UMA COR DIFERENTE PARA CADA DUPLA DE PALAVRAS.

- AS RIMAS ESTÃO NO MEIO OU NO FINAL DOS VERSOS?

2. CRIE NOVAS RIMAS PARA A CANTIGA. PARA ISSO, SIGA ESTAS ORIENTAÇÕES.

A. NA PÁGINA 301, ESCOLHA DOIS ELEMENTOS PARA INDICAR O QUE A BARATA DIZ QUE TEM. DESTAQUE OS DOIS ELEMENTOS E COLE-OS NA PRIMEIRA COLUNA DO QUADRO A SEGUIR.

B. DESENHE MAIS DOIS ELEMENTOS NA SEGUNDA COLUNA, PARA INDICAR O QUE A BARATA TEM NA VERDADE, E ESCREVA O NOME DELES. **ATENÇÃO:** ESSE NOME PRECISA RIMAR COM O DOS ELEMENTOS DA PRIMEIRA COLUNA.

O QUE A BARATA DIZ QUE TEM	O QUE A BARATA TEM NA VERDADE

3. NA PÁGINA 299, DESTAQUE A CANTIGA E COMPLETE COM OS ELEMENTOS ESCOLHIDOS. ESCREVA A LÁPIS PARA QUE VOCÊ POSSA CORRIGIR ALGO SE PRECISAR.

4. LEMBRE-SE DE FAZER UMA ILUSTRAÇÃO PARA SUA CANTIGA.

AVALIAÇÃO E REESCRITA

DEPOIS DE CRIAR E ILUSTRAR A NOVA VERSÃO DA CANTIGA, MOSTRE-A AO PROFESSOR E LEIAM JUNTOS. EM SEGUIDA, PINTE **SIM** OU **NÃO** PARA AS PERGUNTAS ABAIXO.

1. SELECIONEI ELEMENTOS PARA INDICAR O QUE A BARATA DIZ QUE TEM E COLEI NA PRIMEIRA COLUNA?	SIM	NÃO
2. CRIEI RIMAS PARA OS ELEMENTOS SELECIONADOS E REGISTREI NA SEGUNDA COLUNA?	SIM	NÃO
3. ESCREVI A NOVA VERSÃO DA CANTIGA COM AS PALAVRAS ESCOLHIDAS?	SIM	NÃO
4. FIZ AS ADAPTAÇÕES NECESSÁRIAS PARA A NOVA VERSÃO?	SIM	NÃO

SE VOCÊ RESPONDEU **NÃO** A ALGUMA PERGUNTA, FAÇA AS MODIFICAÇÕES NECESSÁRIAS NO TEXTO.

CIRCULAÇÃO DO TEXTO

- ENSAIE SUA VERSÃO DA CANTIGA E APRESENTE-A AOS COLEGAS DA TURMA. OUÇA A APRESENTAÇÃO DELES COM ATENÇÃO. DEPOIS, SE DESEJAREM, MONTEM UM PAINEL COM AS VERSÕES DA CANTIGA FEITAS POR TODA A TURMA E CANTEM UMA DELAS QUANDO QUISEREM BRINCAR.

OLÁ, ORALIDADE

DESAFIO DE TRAVA-LÍNGUAS

LEIA OS TRAVA-LÍNGUAS A SEGUIR COM O PROFESSOR.

O RATO ROEU A ROUPA DO REI DE ROMA, E A RAINHA RUIM RESOLVEU REMENDAR.

DOMÍNIO PÚBLICO.

VOCÊ SABIA QUE O SABIÁ SABIA ASSOBIAR?

DOMÍNIO PÚBLICO.

- VOCÊ CONHECE OUTROS TRAVA-LÍNGUAS? CASO CONHEÇA, CONTE AOS COLEGAS E AO PROFESSOR.

ASSIM COMO AS CANTIGAS, OS TRAVA-LÍNGUAS SÃO BRINCADEIRAS FALADAS MUITO COMUNS EM DIVERSOS LUGARES. EM UM TRAVA-LÍNGUA, NÃO PODE FALTAR A REPETIÇÃO DE SONS PARA ENROLAR A LÍNGUA DE QUEM ESTÁ FALANDO.

NESTA SEÇÃO, VOCÊ VAI PARTICIPAR DE UM DESAFIO DE TRAVA-LÍNGUAS.

ORIENTAÇÕES PARA A PRODUÇÃO

1. CONVERSE COM SEUS FAMILIARES OU COM OUTRAS PESSOAS PRÓXIMAS E PEÇA QUE FALEM UM TRAVA-LÍNGUA. SE NÃO CONHECEREM NENHUM, PEÇA AJUDA PARA PESQUISAR EM LIVROS, REVISTAS PARA CRIANÇAS OU *SITES*.

2. ESCOLHA UM TRAVA-LÍNGUA PARA LEVAR PARA A SALA DE AULA E, COM A AJUDA DE UM ADULTO, ANOTE O TEXTO NO CADERNO.

PREPARAÇÃO DA FALA

1. DURANTE O DESAFIO DE TRAVA-LÍNGUAS, VOCÊ VAI APRESENTAR AOS COLEGAS O TRAVA-LÍNGUA QUE PESQUISOU.

2. COM A AJUDA DO PROFESSOR, ENSAIE A LEITURA DO TRAVA-LÍNGUA ESCOLHIDO. PARA ISSO:
   - DIVIDA O TRAVA-LÍNGUA EM PARTES.
   - FALE UMA PARTE DE CADA VEZ.
   - REPITA O TEXTO TODO, CADA VEZ MAIS RÁPIDO.

3. PARA O DESAFIO, O PROFESSOR VAI ORGANIZAR A TURMA EM DOIS GRUPOS.

4. OS INTEGRANTES DE CADA GRUPO DEVEM SE REVEZAR PARA APRESENTAR OS TRAVA-LÍNGUAS.

5. CADA INTEGRANTE QUE RECITAR UM TRAVA-LÍNGUA SEM ERRAR MARCA UM PONTO PARA SUA EQUIPE.

6. QUANDO FOR SUA VEZ, RECITE O TRAVA-LÍNGUA EM TOM DE VOZ ADEQUADO PARA QUE TODOS POSSAM OUVIR.

7. ESCUTE OS COLEGAS COM ATENÇÃO QUANDO FOR A VEZ DELES.

8. AO FINAL DO DESAFIO, A EQUIPE QUE TIVER MAIS PONTOS SERÁ A VENCEDORA.

AVALIAÇÃO

RESPONDA ÀS PERGUNTAS PARA AVALIAR SUA PARTICIPAÇÃO NA ATIVIDADE.

- ENSAIEI O TRAVA-LÍNGUA PARA A APRESENTAÇÃO?
- MANTIVE UM TOM DE VOZ ADEQUADO DURANTE A APRESENTAÇÃO, PARA QUE TODOS PUDESSEM OUVIR?
- PRESTEI ATENÇÃO E RESPEITEI A FALA DOS COLEGAS?

VOCABULÁRIO

ESTA SEÇÃO APRESENTA O SIGNIFICADO DE ALGUMAS PALAVRAS QUE VOCÊ VIU AO LONGO DO CAPÍTULO. NOTE QUE, ÀS VEZES, A PALAVRA PODE ASSUMIR MAIS DE UM SENTIDO, DEPENDENDO DO CONTEXTO EM QUE É UTILIZADA. AGORA, ACOMPANHE A LEITURA QUE O PROFESSOR VAI FAZER.

CETIM <CE.TIM>
TECIDO MACIO E BRILHANTE.
MINHA TIA ME DEU UMA BLUSA DE CETIM NO MEU ANIVERSÁRIO.

DESPERTAR <DES.PER.TAR>
1. ACORDAR, SAIR DO SONO.
O GAROTO FOI DESPERTAR A IRMÃ PARA ELA NÃO SE ATRASAR PARA A ESCOLA.
2. RECUPERAR AS FORÇAS PARA REALIZAR UMA ATIVIDADE.
ELA PRECISOU DESPERTAR DO CANSAÇO PARA ENCONTRAR A AMIGA NO CLUBE.
3. PROVOCAR ALGUM SENTIMENTO EM ALGUÉM.
VER FOTOS ANTIGAS PODE DESPERTAR SAUDADE DOS BRINQUEDOS QUE FORAM DOADOS.

FILÓ <FI.LÓ>
TECIDO MUITO FINO E TRANSPARENTE.
A FADA NO MUSICAL USAVA UMA SAIA DE FILÓ.

REMENDAR <RE.MEN.DAR>
CONSERTAR ALGO.
MEU PAI VAI PRECISAR REMENDAR A CAMISA QUE RASGOU DURANTE O JOGO.

VELUDO <VE.LU.DO>
TECIDO QUE TEM UM LADO LISO E OUTRO COM PELOS CURTOS E TOQUE MACIO.
NOS DIAS MAIS FRIOS, GOSTO DE USAR MINHA JAQUETA DE VELUDO AZUL.

VARAL <VA.RAL>
ARAME OU FIO GROSSO QUE É PRESO A UM SUPORTE. É USADO PARA PENDURAR ROUPAS APÓS A LAVAGEM.
NO QUINTAL, AS ROUPAS NO VARAL DANÇAVAM AO VENTO.

VIOLETA <VI.O.LE.TA>
1. ESPÉCIE DE PLANTA COM FLORES NAS CORES BRANCAS, ROXAS OU AZULADAS.
TODOS OS DIAS PELA MANHÃ, EU REGO MEU VASO DE VIOLETA.
2. COR ROXA.
VIOLETA É A MINHA COR PREFERIDA!

Ilustrações: Katharine Frota/ID/BR

SUGESTÕES DE LEITURA

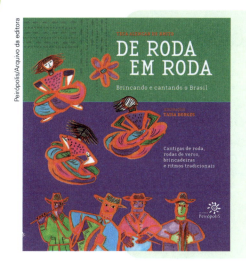

DE RODA EM RODA: BRINCANDO E CANTANDO O BRASIL, DE TECA ALENCAR DE BRITO. EDITORA PEIRÓPOLIS.

NESSE LIVRO (QUE ACOMPANHA CD), VOCÊ VAI CONHECER BRINCADEIRAS MUSICAIS DE DIVERSOS LUGARES DO BRASIL. AS CANTIGAS E OS RITMOS TRADICIONAIS SÃO ACOMPANHADOS DE CURIOSIDADES, DE INFORMAÇÕES SOBRE SUA ORIGEM E DE BELAS ILUSTRAÇÕES.

TRAVADINHAS, DE EVA FURNARI. EDITORA MODERNA.

NESSE LIVRO DE TRAVA-LÍNGUAS, EVA FURNARI MOSTRA COMO PALAVRAS COM SONS PARECIDOS PODEM FORMAR FRASES ENGRAÇADAS E TAMBÉM DEIXAR AS PESSOAS EM UMA SITUAÇÃO DIFÍCIL, COMO SE AINDA ESTIVESSEM APRENDENDO A FALAR. SERÁ QUE VOCÊ CONSEGUE LER OS TRAVA-LÍNGUAS DE MODO BEM RÁPIDO SEM SE CONFUNDIR?

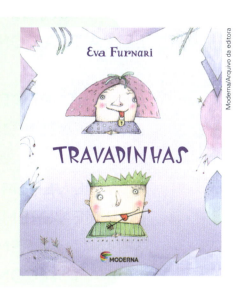

CANTIGAS, ADIVINHAS E OUTROS VERSOS, ORGANIZADO POR ANA CLÁUDIA E MARIANA BREIM. EDITORA MELHORAMENTOS.

ESSE LIVRO TRAZ UMA COMPILAÇÃO DE CANTIGAS, ADIVINHAS, PARLENDAS E QUADRINHAS QUE EXPLORAM AS PALAVRAS DE FORMA DIVERTIDA POR MEIO DE TEXTOS QUE EMBALAM A INFÂNCIA DE PESSOAS DE DIFERENTES GERAÇÕES.

APRENDER SEMPRE

1 COM O PROFESSOR, LEIA E CANTE A CANTIGA A SEGUIR.

PEIXE VIVO

COMO PODE O PEIXE VIVO
VIVER FORA DA ÁGUA FRIA?

COMO PODEREI VIVER,
COMO PODEREI VIVER
SEM A TUA, SEM A TUA,
SEM A TUA COMPANHIA?

OS **PASTORES** DESTA ALDEIA
JÁ ME FAZEM **ZOMBARIA**

POR ME VEREM ASSIM CHORANDO
POR ME VEREM ASSIM CHORANDO
SEM A TUA, SEM A TUA,
SEM A TUA COMPANHIA.

PASTOR: HOMEM QUE CUIDA DOS ANIMAIS NO PASTO.
ZOMBARIA: ATITUDE DE RIR DE ALGUÉM OU DE ALGUMA COISA.

DOMÍNIO PÚBLICO.

A. POR QUE OS PASTORES DA ALDEIA ZOMBAM DA PESSOA QUE FALA NA CANTIGA?

B. PINTE AS PALAVRAS QUE RIMAM NA CANTIGA.

C. VOCÊ CONSIDERA ADEQUADA A ATITUDE DE ZOMBAR DE OUTRA PESSOA? POR QUÊ? CONVERSE COM OS COLEGAS E O PROFESSOR.

D. EM SUA OPINIÃO, COMO SE SENTE UMA PESSOA QUE SOFRE ALGUM TIPO DE ZOMBARIA?

2 OBSERVE AS IMAGENS E COMPLETE CADA PALAVRA COM ALGUMA DAS SÍLABAS DO QUADRO.

VA   VE   VI   VO   VU

CASAS _____ ZINHAS

CARRO _____ LOZ

ANEL _____ LIOSO

3 COMPLETE O TRAVA-LÍNGUA A SEGUIR. PARA ISSO, USE A PALAVRA DO QUADRO QUE CORRESPONDE A CADA UMA DAS ILUSTRAÇÕES.

FARINHA   FOFOCA   FAROFA

_____ FEITA COM MUITA

_____ FOFA FAZ

_____ FEIA.

DOMÍNIO PÚBLICO.

A. PROCURE MEMORIZAR O TRAVA-LÍNGUA E TENTE REPETI-LO DO MODO MAIS RÁPIDO QUE PUDER.

B. A CONSOANTE QUE MAIS SE REPETE NO TRAVA-LÍNGUA É A LETRA ☐.

CENTO E ONZE 111

CAPÍTULO 4

VIVA A CULTURA!

Pessoas de variados lugares têm costumes, modos de vestir, de brincar e de festejar próprios. Isso quer dizer que cada país tem uma cultura diferente. Pensando nisso, observe a cena ao lado.

PARA COMEÇO DE CONVERSA

1. Para você, o que a cena ao lado mostra?

2. Quais elementos indicam que a feira retratada não é comum, mas sim uma feira que traz um pedacinho de outros cantos do mundo?

3. Você conhece costumes de outro país? Comente.

4. Em sua opinião, a cultura de outros países é tão importante quanto a nossa? Explique.

SABER SER

NAVEGAR NA LEITURA

OS CONTOS POPULARES SÃO HISTÓRIAS TRANSMITIDAS DE PESSOA PARA PESSOA AO LONGO DO TEMPO. ESSAS HISTÓRIAS SÃO CONTADAS PARA DIVERTIR E TAMBÉM PARA PRESERVAR OS ENSINAMENTOS E A CULTURA DE UM POVO.

VOCÊ CONHECE HISTÓRIAS EM QUE AS PERSONAGENS SÃO BICHOS? JÁ VIU UM MACACO DE PERTO?

O CONTO POPULAR BRASILEIRO QUE O PROFESSOR VAI LER A SEGUIR CONTA A HISTÓRIA DE UM MACACO QUE ESTÁ COMENDO BANANA EM CIMA DE UM PAU E DEIXA A FRUTA CAIR EM UM BURACO. AO PEDIR AO PAU QUE LHE DEVOLVA A BANANA, O MACACO FICA SEM RESPOSTA E PROCURA OUTRAS PERSONAGENS PARA AJUDÁ-LO.

- O QUE VOCÊ IMAGINA QUE O MACACO VAI FAZER?
- COMO VOCÊ ACHA QUE ESSA HISTÓRIA ACABA?

ACOMPANHE A LEITURA QUE O PROFESSOR VAI FAZER E DESCUBRA COMO TERMINA ESSA DIVERTIDA HISTÓRIA!

O MACACO PERDEU A BANANA

[...]

O MACACO FOI TER COM O **FERREIRO** E PEDIU QUE VIESSE COM O MACHADO CORTAR O PAU.

— FERREIRO, TRAGA O MACHADO PARA CORTAR O PAU QUE FICOU COM A BANANA!

O FERREIRO NEM SE IMPORTOU. O MACACO PROCUROU O SOLDADO, A QUEM PEDIU QUE PRENDESSE O FERREIRO.

FERREIRO: PROFISSIONAL QUE PRODUZ OU CONSERTA PEÇAS DE FERRO.

O SOLDADO NÃO QUIS. O MACACO FOI AO REI PARA MANDAR O SOLDADO PRENDER O FERREIRO PARA ESTE IR COM O MACHADO CORTAR O PAU QUE TINHA A BANANA. O REI NÃO PRESTOU ATENÇÃO. O MACACO **APELOU** PARA A RAINHA. A RAINHA NÃO O OUVIU. O MACACO FOI AO RATO PARA ROER A ROUPA DA RAINHA. O RATO RECUSOU. O MACACO RECORREU AO GATO PARA COMER O RATO. O GATO NEM LIGOU. O MACACO FOI AO CACHORRO PARA MORDER O GATO. O CACHORRO RECUSOU. O MACACO PROCUROU A ONÇA PARA COMER O CACHORRO. A ONÇA NÃO **ESTEVE PELOS AUTOS**. O MACACO FOI AO CAÇADOR PARA MATAR A ONÇA. O CAÇADOR SE NEGOU. O MACACO FOI ATÉ A MORTE.

A MORTE FICOU COM PENA DO MACACO E AMEAÇOU O CAÇADOR, ESTE PROCUROU A ONÇA, QUE PERSEGUIU O CACHORRO, QUE SEGUIU O GATO, QUE CORREU O RATO, QUE QUIS ROER A ROUPA DA RAINHA, QUE MANDOU O REI, QUE ORDENOU AO SOLDADO QUE QUIS PRENDER O FERREIRO, QUE CORTOU COM O MACHADO O PAU, DE ONDE O MACACO TIROU A BANANA E COMEU.

APELAR: PEDIR AJUDA.
ESTAR PELOS AUTOS: ACEITAR, CONCORDAR.

LUÍS DA CÂMARA CASCUDO. *CONTOS TRADICIONAIS DO BRASIL PARA JOVENS*. SÃO PAULO: GLOBAL, 2006. P. 118.

PARA EXPLORAR

CONTOS DE LÁ NOS CANTOS DE CÁ, DE ALINE CÂNTIA E CHICÓ DO CÉU. PÔR DO SOM, 2014.

NESSE CD, VOCÊ VAI CONHECER HISTÓRIAS DE DIVERSOS LUGARES DO MUNDO, NARRADAS E CANTADAS POR ALINE CÂNTIA E CHICÓ DO CÉU.

LER PARA COMPREENDER

1 QUEM É A PERSONAGEM PRINCIPAL DESSE CONTO? MARQUE A RESPOSTA COM UM **X**.

☐ O MACACO. ☐ A RAINHA. ☐ A MORTE.

2 A QUEM A PERSONAGEM PRINCIPAL PEDIU AJUDA PRIMEIRO PARA RECUPERAR A BANANA?

☐ AO FERREIRO. ☐ AO SOLDADO.

- A PRIMEIRA TENTATIVA DO MACACO DE PEDIR AJUDA DEU CERTO? POR QUÊ?

3 AO SABER DO PROBLEMA DO MACACO, O QUE A MORTE SENTIU? MARQUE A RESPOSTA COM UM **X**.

☐ RAIVA. ☐ PENA. ☐ ALEGRIA.

4 O QUE ACONTECEU QUANDO A MORTE AMEAÇOU O CAÇADOR? POR QUE VOCÊ ACHA QUE O CAÇADOR TOMOU ESSA ATITUDE?

5 QUE SITUAÇÃO SE REPETE VÁRIAS VEZES NO CONTO? COMPLETE A RESPOSTA COM AS PALAVRAS DO QUADRO.

| AJUDA   ATENÇÃO   MACACO |

O _____ PEDE _____, MAS NINGUÉM LHE DÁ _____.

6 O QUE VOCÊ ACHOU DA ATITUDE DAS PERSONAGENS DO TEXTO? ELAS PODERIAM TER AGIDO DE FORMA DIFERENTE?

7 DESTAQUE AS IMAGENS DA PÁGINA 301 E COMPLETE O CAMINHO, COLANDO AS PERSONAGENS QUE O MACACO ENCONTRA NA ORDEM EM QUE ELAS APARECEM NO CONTO.

8 PINTE A IMAGEM QUE MOSTRA COMO VOCÊ SE SENTIU AO LER ESSE CONTO OU FAÇA UM DESENHO E ESCREVA COMO VOCÊ SE SENTIU. DEPOIS, CONTE AOS COLEGAS.

TRISTE

PENSATIVO

ALEGRE

CAMINHOS DA LÍNGUA

LETRA C

1 OBSERVE COM ATENÇÃO ESTA CAPA DE LIVRO E FAÇA O QUE SE PEDE.

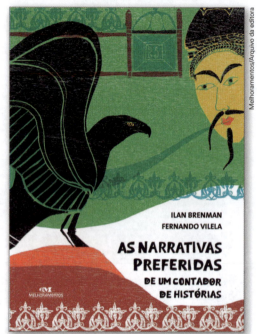

A. EM SUA OPINIÃO, SOBRE O QUE TRATAM AS HISTÓRIAS DESSE LIVRO? QUE ELEMENTOS INDICAM ISSO?

B. COMPLETE O TÍTULO DO LIVRO COM A PALAVRA QUE FALTA.

AS NARRATIVAS PREFERIDAS DE UM _____ DE HISTÓRIAS

C. LEIA A PALAVRA QUE VOCÊ ESCREVEU. ELA COMEÇA COM:

☐ VOGAL.   ☐ CONSOANTE.

D. LEIA A PRIMEIRA LETRA DESSA PALAVRA EM VOZ ALTA. DEPOIS, ESCREVA ESSA LETRA NO QUADRINHO. ☐

2 COM O PROFESSOR, LEIA O NOME DO QUE É MOSTRADO NAS IMAGENS A SEGUIR.

CUÍCA

COCADA

CUSCUZ

CAXIXI

A. CONVERSE COM OS COLEGAS E O PROFESSOR E ANOTE CADA PALAVRA NO GRUPO CORRESPONDENTE DO QUADRO ABAIXO.

INSTRUMENTO MUSICAL	COMIDA

B. OBSERVE A PRIMEIRA LETRA DE CADA PALAVRA QUE VOCÊ ANOTOU. O QUE ESSAS PALAVRAS TÊM EM COMUM?

_____

C. QUAIS SÃO AS VOGAIS QUE APARECEM DEPOIS DESSA LETRA NAS PALAVRAS?

_____

D. COMPLETE AS PALAVRAS A SEGUIR COM A LETRA **C** E DESCUBRA O NOME DE DOIS INSTRUMENTOS USADOS PARA TOCAR UM DOS RITMOS MUSICAIS MAIS POPULARES NO BRASIL: O SAMBA.

_____AVAQUINHO   RE_____O-RE_____O

3 ESCREVA O QUE SE PEDE USANDO A LETRA **C**. ESSA LETRA PODE ESTAR NO INÍCIO OU NO MEIO DAS PALAVRAS.

A. NOME DE PESSOA: _____

B. NOME DE ANIMAL: _____

C. NOME DE OBJETO: _____

4 LEIA O NOME DE DOIS ANIMAIS QUE APARECEM EM MUITOS CONTOS POPULARES.

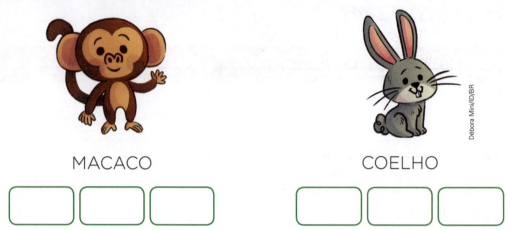

MACACO   COELHO

A. COM OS COLEGAS E O PROFESSOR, LEIA O NOME DE CADA ANIMAL EM VOZ ALTA, SEPARANDO AS SÍLABAS.
- DEPOIS, ESCREVA AS SÍLABAS NOS QUADRINHOS ABAIXO DO NOME DE CADA ANIMAL.

B. PINTE DE CORES DIFERENTES SOMENTE AS SÍLABAS INICIADAS COM A LETRA **C**.

C. UTILIZE O ALFABETO MÓVEL E FORME NOVAS PALAVRAS USANDO SOMENTE AS SÍLABAS QUE VOCÊ PINTOU NO ITEM **B**. ANOTE AS PALAVRAS ABAIXO.

5 LEIA O NOME DO QUE É MOSTRADO NAS IMAGENS. JUNTE AS SÍLABAS CIRCULADAS E ESCREVA O NOME DE DOIS ANIMAIS.

MILHO   PORCO

CAVALO   ORCA

6 OBSERVE AS ILUSTRAÇÕES E PINTE A PALAVRA QUE CORRESPONDE AO NOME DE CADA FIGURA.

CUECA   CUÍCA   MOLA   COLA

7 ESCOLHA UMA DAS PALAVRAS PARA COMPLETAR CADA PARLENDA.

DICA
PRESTE ATENÇÃO NAS RIMAS.

REI, LADRÃO,

POLÍCIA, _____,

MOÇA BONITA

DO MEU CORAÇÃO.

CAPITÃO   CABO

DOMÍNIO PÚBLICO.

CORRE _____,

NA CASA DA TIA

CORRE CIPÓ

NA CASA DA VÓ

LENCINHO NA MÃO

CAIU NO CHÃO

MOÇA BONITA

DO MEU CORAÇÃO.

CORUJA   CUTIA

DOMÍNIO PÚBLICO.

• SUBLINHE OS VERSOS IGUAIS DAS PARLENDAS ACIMA.

JOGOS E BRINCADEIRAS

ADIVINHAS

DESCUBRA A RESPOSTA DAS ADIVINHAS. PARA ISSO, COMPLETE AS PALAVRAS COM AS SÍLABAS DOS QUADRINHOS ABAIXO. DEPOIS, CRIE UM DESENHO PARA CADA RESPOSTA.

| CA | CO | CU |

O QUE É, O QUE É?

1. QUANTO MAIS CRESCE, MENOS SE VÊ.

   | ES | | RI | DÃO |

2. QUANTO MAIS SE TIRA, MAIS AUMENTA.

   | BU | RA | |

3. TEM COROA, MAS NÃO É REI, TEM ESCAMA, MAS NÃO É PEIXE.

   | A | BA | | XI |

4. DÁ UM PULO E SE VESTE DE NOIVA.

   | PI | PO | |

CAMINHOS DA LÍNGUA

LETRA D

1 ACOMPANHE A LEITURA QUE O PROFESSOR VAI FAZER DE UMA ADIVINHA.

> O QUE É, O QUE É?
> TEM COROA E NÃO É REI
> TEM RAIZ E NÃO É PLANTA
> ÀS VEZES PODE DOER
> TRABALHA MUITO NA JANTA.

DOMÍNIO PÚBLICO.

A. CIRCULE A IMAGEM QUE CORRESPONDE À RESPOSTA DESSA ADIVINHA.

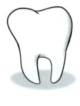

PENTE   DENTE   LENTE

B. CONTE PARA OS COLEGAS. QUE INFORMAÇÕES DA ADIVINHA AJUDARAM VOCÊ A DESCOBRIR A RESPOSTA?

C. POR QUE UMA DAS PISTAS PARA A RESPOSTA DA ADIVINHA É "TRABALHA MUITO NA JANTA"?

D. PINTE A PRIMEIRA LETRA DAS PALAVRAS ILUSTRADAS NO ITEM **A**.

E. A RESPOSTA DA ADIVINHA SE INICIA COM A LETRA ☐.

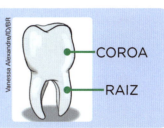

A PARTE EXTERNA DO DENTE, AQUELA QUE PODEMOS VER, É CHAMADA DE **COROA**. A PARTE QUE FICA DENTRO DO OSSO É CHAMADA DE **RAIZ**.

2 ESCREVA O NOME QUE CORRESPONDE ÀS FIGURAS.

> **DICA**
> O NOME DELAS VEM DA PALAVRA **DENTE**.

   DENTE

   _____

   _____

3 COM OS COLEGAS E O PROFESSOR, FALE O NOME DE CADA FIGURA. DEPOIS, PINTE APENAS AS FIGURAS COM NOMES INICIADOS PELA LETRA **D**.

4 ESCOLHA UMA DAS FIGURAS QUE VOCÊ PINTOU NA ATIVIDADE **3**.

A. USANDO O ALFABETO MÓVEL, FORME O NOME DA FIGURA ESCOLHIDA.

B. COPIE A PALAVRA FORMADA NA LINHA ABAIXO.

_____

124 CENTO E VINTE E QUATRO

5 COMPLETE AS PALAVRAS E LIGUE CADA UMA À SÍLABA QUE VOCÊ USOU PARA COMPLETÁ-LA.

_____ENDE   CANU_____   BAL_____

DA   DE   DI   DO   DU

6 BRINQUEDOS E BRINCADEIRAS TAMBÉM FAZEM PARTE DA CULTURA DE CADA LUGAR. COLOQUE AS SÍLABAS EM ORDEM E DESCUBRA O NOME DE DIFERENTES BRINQUEDOS. ANOTE ESSES NOMES NOS QUADROS.

DO   DA

MI   DO   NÓ

DA   COR

BO   LÔ   A   DI

7 OBSERVE AS ILUSTRAÇÕES E ESCREVA AS LETRAS QUE FALTAM PARA COMPLETAR AS PALAVRAS.

_____NOSSAURO   _____CHA

ESCA_____   RE_____

8 COMPLETE AS PALAVRAS ABAIXO. DEPOIS, LIGUE CADA PALAVRA À IMAGEM CORRESPONDENTE.

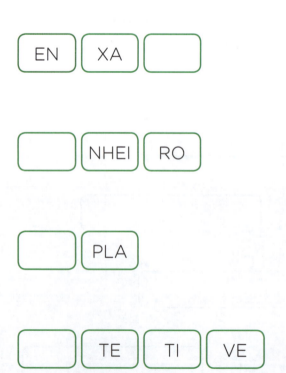

| EN | XA | □ |

| □ | NHEI | RO |

| □ | PLA |

| □ | TE | TI | VE |

9 ACOMPANHE A LEITURA QUE O PROFESSOR VAI FAZER DA CANTIGA A SEGUIR.

MARCHA, _____
CABEÇA DE PAPEL
SE NÃO MARCHAR DIREITO
VAI PRESO PRO QUARTEL.

O QUARTEL PEGOU FOGO
FRANCISCO DEU SINAL
ACODE, ACODE, ACODE
A BANDEIRA NACIONAL.

DOMÍNIO PÚBLICO.

A. ESTÁ FALTANDO UMA PALAVRA NA CANTIGA. PINTE O QUADRO EM QUE ESSA PALAVRA APARECE. DEPOIS, COMPLETE A CANTIGA COM A PALAVRA QUE FALTA.

| SOLDADO | MÉDICO | DELEGADO |

B. PINTE DE **AZUL** A PARTE DA PALAVRA **SOLDADO** QUE COMEÇA COM A LETRA **D** E DESCUBRA UMA NOVA PALAVRA. ESCREVA ESSA PALAVRA NO QUADRO E DESENHE AO LADO O QUE ELA REPRESENTA.

SOLDADO

C. AGORA, CANTE COM OS COLEGAS A CANTIGA QUE VOCÊ COMPLETOU.

NAVEGAR NA LEITURA

VOCÊ SABIA QUE A CULINÁRIA TAMBÉM FAZ PARTE DA CULTURA DE UM POVO? E QUE, ASSIM COMO AS HISTÓRIAS, A FORMA DE PREPARAR UMA COMIDA PODE SER ENSINADA DE PESSOA PARA PESSOA E TER VERSÕES DIFERENTES DE UM LUGAR PARA OUTRO?

AGORA, VOCÊ VAI DESCOBRIR COMO SE PREPARA UM PRATO MUITO APRECIADO NO MÉXICO.

- VOCÊ CONHECE UM PRATO CHAMADO GUACAMOLE? SABE QUAL É O PRINCIPAL INGREDIENTE DELE?

ACOMPANHE A LEITURA DO TEXTO QUE VAI SER FEITA PELO PROFESSOR.

GUACAMOLE

INGREDIENTES
- 2 ABACATES MADUROS
- 2 COLHERES DE SOPA DE SUCO DE LIMÃO
- MEIA PIMENTA VERMELHA SEM SEMENTES (**OPCIONAL**)
- MEIA CEBOLA GRANDE OU 1 CEBOLA MÉDIA
- 2 TOMATES MÉDIOS E MADUROS
- 2 COLHERES DE SOPA DE AZEITE
- 1 PIMENTÃO VERDE PEQUENO
- SAL A GOSTO

OPCIONAL: QUE PODE OU NÃO SER USADO NA RECEITA.

MODO DE PREPARAR

1. ABRA OS ABACATES AO MEIO E RETIRE OS CAROÇOS.
2. RETIRE A POLPA DOS ABACATES E AMASSE BEM COM UM GARFO.

3. COLOQUE OS ABACATES AMASSADOS EM UMA TIGELA E ACRESCENTE O SUCO DE LIMÃO.
4. DESCASQUE A CEBOLA E CORTE-A EM RODELAS. DEPOIS, PIQUE AS RODELAS EM PEDAÇOS MENORES.
5. CORTE OS TOMATES AO MEIO E RETIRE AS SEMENTES.
6. PIQUE OS TOMATES EM PEDAÇOS PEQUENOS.
7. ABRA O PIMENTÃO, TIRE AS SEMENTES E CORTE-O EM PEDAÇOS PEQUENOS.
8. ACRESCENTE A CEBOLA, O TOMATE E O PIMENTÃO AO ABACATE AMASSADO E TEMPERE COM AZEITE, SAL E PIMENTA VERMELHA BEM PICADINHA.
9. MISTURE BEM OS INGREDIENTES.
10. AGORA, BASTA PASSAR O GUACAMOLE EM UMA TORRADA OU EM UM PEDAÇO DE PÃO E SABOREAR!

DOMÍNIO PÚBLICO.

ATENÇÃO!
PARA PREPARAR ESSA RECEITA, VOCÊ PRECISA DA AJUDA DE UM ADULTO.

Ilustrações: Débora Mini/ID/BR

LER PARA COMPREENDER

1 QUE NOME É DADO AOS TEXTOS COMO ESSE QUE O PROFESSOR ACABOU DE LER? FAÇA UM **X** NA RESPOSTA.

☐ LISTA DE COMPRAS. ☐ RECEITA.

2 PARA QUE SERVEM ESSES TEXTOS?

3 O TEXTO ESTÁ ORGANIZADO EM DUAS PARTES. COPIE O TÍTULO DE CADA PARTE NO QUADRO A SEGUIR.

PARTE 1	PARTE 2

4 O **MODO DE PREPARAR** DÁ INSTRUÇÕES SOBRE:

☐ COMO FAZER GUACAMOLE.

☐ COMO COMPRAR GUACAMOLE.

5 OBSERVE AS ILUSTRAÇÕES A SEGUIR E ESCREVA A QUANTIDADE DE ALGUNS DOS INGREDIENTES DA RECEITA DE GUACAMOLE.

☐ TOMATES MÉDIOS E MADUROS

☐ PIMENTÃO VERDE PEQUENO

6 VOLTE AO TEXTO E OBSERVE AS ILUSTRAÇÕES. POR QUE AS IMAGENS SÃO IMPORTANTES EM UMA RECEITA?

☐ PORQUE AJUDAM A DEIXAR A RECEITA MAIS SABOROSA.

☐ PORQUE AJUDAM A ENTENDER O PREPARO DA RECEITA.

7 EM SUA OPINIÃO, PODEMOS MUDAR A ORDEM DO **MODO DE PREPARAR** EM UMA RECEITA? POR QUÊ?

8 O PROFESSOR VAI LER O RECADO QUE APARECE NO FIM DA RECEITA DE GUACAMOLE. DEPOIS, CIRCULE NO TEXTO O TRECHO LIDO.

- VOLTE AO TEXTO E OBSERVE MAIS UMA VEZ AS ILUSTRAÇÕES. ELAS ESTÃO DE ACORDO COM O RECADO QUE VOCÊ OUVIU? POR QUÊ?

9 CIRCULE APENAS AS IMAGENS QUE CORRESPONDEM AOS INGREDIENTES DO GUACAMOLE.

CEBOLA   ABACAXI   PIMENTÃO   ABACATE

OVO   TOMATE   CENOURA   PIMENTA

10 GUACAMOLE É UM PRATO TÍPICO DO MÉXICO, MAS TAMBÉM É CONHECIDO EM OUTROS PAÍSES. QUE COMIDA TÍPICA BRASILEIRA OU DE OUTRO PAÍS VOCÊ CONHECE? CONTE AOS COLEGAS.

> **RECEITAS** SÃO TEXTOS ESCRITOS PARA ENSINAR A PREPARAR UM PRATO. EM GERAL, SÃO ORGANIZADAS EM DUAS PARTES: **INGREDIENTES** E **MODO DE PREPARAR**. MUITAS PESSOAS TÊM CADERNOS E LIVROS DE RECEITAS. HOJE EM DIA, TAMBÉM É COMUM PESQUISAR RECEITAS NA INTERNET.

CAMINHOS DA LÍNGUA

LETRA T

1 OBSERVE ALGUNS DOS INGREDIENTES QUE APARECERAM NA RECEITA DE GUACAMOLE.

TOMA**T**E

ABACA**T**E

PIMEN**T**ÃO

PIMEN**T**A

A. ASSINALE A RESPOSTA CORRETA. A LETRA EM DESTAQUE NAS PALAVRAS É UMA:

☐ VOGAL. ☐ CONSOANTE.

B. QUAL DAS PALAVRAS ACIMA COMEÇA COM A LETRA **T**? COPIE ESSA PALAVRA NO QUADRO.

C. VERIFIQUE SE O NOME DE ALGUM ESTUDANTE DA TURMA TEM A LETRA **T**. ESCREVA O NOME ABAIXO E PINTE ESSA LETRA.

2 COM OS COLEGAS E O PROFESSOR, PENSEM EM OUTROS NOMES DE PESSOAS QUE TENHAM A LETRA **T**. REGISTRE ESSES NOMES A SEGUIR.

3 LEIA AS PALAVRAS DA PRIMEIRA COLUNA. DEPOIS, TROQUE A LETRA **T** PELA LETRA **D** E ESCREVA NOVAS PALAVRAS.

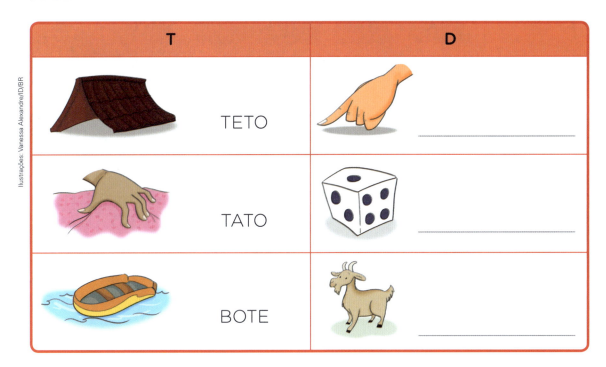

T	D
TETO	_____
TATO	_____
BOTE	_____

- A MUDANÇA DA LETRA **T** PELA LETRA **D** MODIFICOU:

  ☐ SOMENTE A ESCRITA E A PRONÚNCIA DAS PALAVRAS.

  ☐ A ESCRITA, A PRONÚNCIA E O SENTIDO DAS PALAVRAS.

4 EM DUPLA, OBSERVEM AS IMAGENS A SEGUIR.

A. CIRCULE AS FIGURAS QUE TÊM A LETRA **T** NO NOME.

B. COM O ALFABETO MÓVEL, MONTE AS PALAVRAS QUE CORRESPONDEM A NOMES DE ANIMAIS.

C. REGISTRE ABAIXO AS PALAVRAS QUE VOCÊ MONTOU.

_____

5 OBSERVE AS IMAGENS E COMPLETE CADA PALAVRA COM UMA DAS SÍLABAS DOS QUADRINHOS.

TA   TE   TI   TO   TU

MAR____LO   BICICLE____   ____JOLO

____BARÃO   VES____DO   PA____NE____

6 COM O PROFESSOR, LEIA AS PALAVRAS EM VOZ ALTA E OBSERVE O SOM FINAL DE CADA UMA.

SAPATO

ALFINETE

- DESTAQUE AS IMAGENS DA PÁGINA 297. OBSERVE O SOM FINAL DO NOME DO QUE É MOSTRADO EM CADA UMA DELAS E COLE-AS ACIMA, NOS ESPAÇOS APROPRIADOS.

7 LEIA A PARLENDA COM O PROFESSOR. DEPOIS, COMPLETE O ESPAÇO EM BRANCO COM O NOME DE UM DOS ANIMAIS ABAIXO.

ATENÇÃO! A PARLENDA DEVE RIMAR!

JOÃO CORTA O PÃO,
MARIA MEXE O ANGU,
TERESA PÕE A MESA
PARA A FESTA
DO _____.

TUCANO   TATU

DOMÍNIO PÚBLICO.

8 ESCOLHA UMA DAS LETRAS DA PRIMEIRA COLUNA PARA FORMAR NOMES DE PRATOS TÍPICOS DA CULINÁRIA BRASILEIRA.

L OU T?	BO____O DE RO____O
D OU T?	____APIOCA
T OU D?	GOIABA____A
C OU F?	PAÇO____A

CENTO E TRINTA E CINCO

DANDO ASAS À PRODUÇÃO

RECEITA

NESTE CAPÍTULO, VOCÊ CONHECEU UMA RECEITA DE UM PRATO SABOROSO FEITO COM ABACATE, O GUACAMOLE.

POR MUITO TEMPO, AS PESSOAS TIVERAM O COSTUME DE REUNIR AS RECEITAS DE QUE MAIS GOSTAVAM EM CADERNOS DE RECEITAS. É POSSÍVEL QUE ALGUÉM EM SUA CASA TENHA UM DESSES CADERNOS COM PRATOS DELICIOSOS!

ATUALMENTE, AS PESSOAS TAMBÉM ENCONTRAM RECEITAS EM *SITES*, REVISTAS E LIVROS ESPECIALIZADOS.

O QUE VOU PRODUZIR

AGORA, VOCÊ VAI ORGANIZAR A RECEITA DE UMA SALADA DE FRUTAS. ESSA RECEITA VAI SER COMPARTILHADA COM UM COLEGA DE OUTRA TURMA.

OUÇA AS ORIENTAÇÕES QUE O PROFESSOR VAI LER.

ORIENTAÇÕES PARA A PRODUÇÃO

1. DESTAQUE DA PÁGINA 293 OS DESENHOS DAS FRUTAS E AS ETAPAS DO MODO DE PREPARAR.

2. PARA REGISTRAR SUA RECEITA, DESTAQUE A PÁGINA 295.

3. ESCOLHA TRÊS FRUTAS PARA UTILIZAR EM SUA RECEITA. SE PREFERIR USAR FRUTAS DIFERENTES DAS INDICADAS, DESENHE ESSAS FRUTAS NOS QUADROS EM BRANCO DA PÁGINA 293.

4. NA FOLHA DE REGISTRO, COLE OS DESENHOS DAS FRUTAS QUE VÃO SER USADAS NO PREPARO DA SALADA DE FRUTAS. DEPOIS, INDIQUE COM NÚMEROS A QUANTIDADE DE CADA FRUTA.

5. ORGANIZE AS ETAPAS DA RECEITA NA SEQUÊNCIA CORRETA. COLE ESSAS ETAPAS NOS QUADROS CORRESPONDENTES NO MODO DE PREPARAR.

6. COM OS COLEGAS E O PROFESSOR, ESCREVA ABAIXO DAS IMAGENS O QUE SE DEVE FAZER EM CADA ETAPA DO PREPARO DA SALADA DE FRUTAS.

AVALIAÇÃO E REESCRITA

OUÇA AS PERGUNTAS QUE O PROFESSOR VAI FAZER E PINTE **SIM** OU **NÃO** PARA OS ITENS A SEGUIR.

1. COLEI AS IMAGENS DOS INGREDIENTES E INDIQUEI AS QUANTIDADES?	SIM	NÃO
2. ORGANIZEI AS IMAGENS CORRESPONDENTES AO MODO DE PREPARAR NA ORDEM CORRETA?	SIM	NÃO
3. ESCREVI O QUE DEVE SER FEITO EM CADA ETAPA DO MODO DE PREPARAR?	SIM	NÃO

CONVERSE COM O PROFESSOR E, SE NECESSÁRIO, FAÇA CORREÇÕES NO TEXTO.

CIRCULAÇÃO DO TEXTO

1. AS RECEITAS PODEM SER ANOTADAS EM UM CADERNO OU EM UMA FOLHA E PASSADAS PARA OUTRAS PESSOAS. ESCOLHA UM COLEGA DE OUTRA TURMA PARA ENTREGAR A RECEITA DE SALADA DE FRUTAS QUE VOCÊ ESCREVEU.

2. COMBINE COM O PROFESSOR E PROVIDENCIE UMA CÓPIA DA RECEITA PARA DAR A ESSE COLEGA.

JOGOS E BRINCADEIRAS

TRAVA-LÍNGUAS

OUÇA A LEITURA DE DOIS TRAVA-LÍNGUAS QUE O PROFESSOR VAI FAZER.

O DOCE PERGUNTOU PRO DOCE
QUAL É O DOCE MAIS DOCE
QUE O DOCE DE BATATA-DOCE.

O DOCE RESPONDEU PRO _____

QUE O DOCE MAIS _____ QUE
O DOCE DE BATATA-DOCE

É O _____ DE DOCE DE BATATA-DOCE.

DOMÍNIO PÚBLICO.

O TEMPO PERGUNTOU PRO TEMPO
QUANTO TEMPO O TEMPO TEM.

O TEMPO RESPONDEU PRO _____
QUE O TEMPO TEM TANTO TEMPO

QUANTO TEMPO O _____ TEM.

DOMÍNIO PÚBLICO.

1 USE O ALFABETO MÓVEL E MONTE AS PALAVRAS QUE COMPLETAM OS TRAVA-LÍNGUAS ACIMA. DEPOIS, ESCREVA ESSAS PALAVRAS NOS ESPAÇOS EM BRANCO.

2 EM CADA TRAVA-LÍNGUA, HÁ UMA PALAVRA QUE SE REPETE VÁRIAS VEZES. PINTE ESSAS PALAVRAS.

3 QUAIS CONSOANTES MAIS SE REPETEM NOS TEXTOS ACIMA?

☐ B ☐ D ☐ R ☐ T

4 TENTE REPETIR OS TRAVA-LÍNGUAS BEM RÁPIDO.

OLÁ, ORALIDADE

RODA DE ADIVINHAS

QUE TAL PARTICIPAR DE UM DESAFIO DE ADIVINHAS?

ORIENTAÇÕES PARA A PRODUÇÃO

1. PESQUISE UMA ADIVINHA E LEVE PARA A SALA DE AULA. MOSTRE-A AO PROFESSOR. ELE VAI VER SE A ADIVINHA É ADEQUADA OU SE NENHUM OUTRO COLEGA A ESCOLHEU.

2. COM O PROFESSOR, A TURMA DEVE COMBINAR:
   - QUAL SERÁ A ORDEM DE APRESENTAÇÃO?
   - QUE SINAL DEVE SER FEITO PELA PESSOA QUE DESEJA RESPONDER A ADIVINHA APRESENTADA?

PREPARAÇÃO DA FALA

1. COM O AUXÍLIO DE UM ADULTO, LEIA A ADIVINHA VÁRIAS VEZES ATÉ QUE VOCÊ CONSIGA MEMORIZÁ-LA.

2. QUANDO FOR SUA VEZ, FALE COM CLAREZA. DEMONSTRE EMPOLGAÇÃO AO APRESENTAR A ADIVINHA E AGUARDE AS RESPOSTAS.

3. QUANDO FOR A VEZ DOS OUTROS COLEGAS FALAREM A ADIVINHA, SE VOCÊ SOUBER A RESPOSTA, FAÇA O GESTO COMBINADO E ESPERE SUA VEZ PARA FALAR.

AVALIAÇÃO

RESPONDA ÀS PERGUNTAS PARA AVALIAR SUA PARTICIPAÇÃO NA ATIVIDADE.

- MEMORIZEI A ADIVINHA QUE ESCOLHI PARA O DESAFIO?
- CONSEGUI FALAR COM TOM DE VOZ ADEQUADO?
- ESPEREI A MINHA VEZ DE FALAR A ADIVINHA OU DE RESPONDER À ADIVINHA DOS COLEGAS?

DANDO ASAS À PRODUÇÃO

BILHETE

O BILHETE É UMA MENSAGEM CURTA MUITO USADA NO DIA A DIA PARA SE COMUNICAR, DEIXAR UM RECADO, MARCAR OU DESMARCAR UM COMPROMISSO, ETC.

OUÇA A LEITURA QUE O PROFESSOR VAI FAZER DO BILHETE ABAIXO.

> TERESA,
>
> NA AULA DE HOJE, A NOSSA TURMA APRENDEU A FAZER BOLO DE FUBÁ. FICOU UMA DELÍCIA! QUANDO VOCÊ MELHORAR, EU TE PASSO A RECEITA.
>
> ATÉ MAIS!
>
> DIOGO

1 DE ACORDO COM AS CORES ABAIXO, PINTE AS SEGUINTES INFORMAÇÕES NO BILHETE LIDO:

- 🟦 PARA QUEM O BILHETE FOI ESCRITO.
- 🟥 QUEM ESCREVEU O BILHETE.
- 🟨 MENSAGEM.
- 🟩 DESPEDIDA.

2 POR QUE O MENINO ESCREVEU ESSE BILHETE?

3 POR QUAIS OUTROS MOTIVOS PODEMOS ESCREVER UM BILHETE? CONVERSE COM OS COLEGAS.

4 QUE OUTRAS FORMAS DE DESPEDIDA PODERIAM SER USADAS NO BILHETE? MARQUE AS RESPOSTAS COM UM **X**.

- ☐ UM ABRAÇO.
- ☐ SAUDADES, AMIGA.
- ☐ OLÁ, TERESA!
- ☐ OI, AMIGA.

O QUE VOU PRODUZIR

VOCÊ VAI ESCREVER UM BILHETE A SEUS PAIS OU RESPONSÁVEIS. NO BILHETE, PEÇA AJUDA PARA COMPRAR OS INGREDIENTES DE UMA SALADA DE FRUTAS E COMBINE O DIA DE PREPARAR A RECEITA.

ORIENTAÇÕES PARA A PRODUÇÃO

1. RELEIA O TEXTO DA PÁGINA ANTERIOR E OBSERVE AS INFORMAÇÕES QUE DEVEM APARECER EM UM BILHETE.
2. CADA ESTUDANTE DEVERÁ ESCREVER NO CADERNO O NOME DA PESSOA OU DAS PESSOAS A QUEM VAI ENTREGAR O BILHETE.
3. A TURMA DEVERÁ DAR IDEIAS SOBRE O QUE ESCREVER NO BILHETE. O PROFESSOR FARÁ O REGISTRO NA LOUSA.
4. QUANDO O TEXTO ESTIVER PRONTO, ANOTE-O NO CADERNO.
5. ESCREVA UMA DESPEDIDA E ASSINE O BILHETE.

AVALIAÇÃO E REESCRITA

PINTE **SIM** OU **NÃO** PARA O QUE VOCÊ FEZ NO TEXTO.

1. ESCREVI O NOME DA PESSOA QUE RECEBERÁ O BILHETE?	SIM	NÃO
2. REGISTREI A MENSAGEM DA MESMA FORMA QUE O PROFESSOR FEZ NA LOUSA?	SIM	NÃO
3. ESCREVI UMA DESPEDIDA E ASSINEI O BILHETE?	SIM	NÃO

FAÇA AS CORREÇÕES NECESSÁRIAS E REESCREVA O BILHETE EM UMA FOLHA AVULSA.

CIRCULAÇÃO DO TEXTO

- ENVIE O BILHETE À PESSOA A QUEM ELE FOI ESCRITO, ENTREGANDO EM MÃOS OU DEIXANDO EM UM LOCAL ONDE ELE POSSA SER ENCONTRADO COM FACILIDADE.

PESSOAS E LUGARES

GRIÔS

NESTE CAPÍTULO, VOCÊ APRENDEU QUE AS HISTÓRIAS DA CULTURA POPULAR E AS RECEITAS PODEM SER TRANSMITIDAS DE PESSOA PARA PESSOA E IR MUDANDO COM O PASSAR DO TEMPO, POIS FAZEM PARTE DA CULTURA DE UM POVO.

EM DIVERSOS PAÍSES AFRICANOS, HÁ PESSOAS QUE PRESERVAM A MEMÓRIA DE SEU POVO E ENSINAM AOS MAIS JOVENS TODA SUA RIQUEZA CULTURAL POR MEIO DA TRADIÇÃO ORAL: OS GRIÔS.

▲ GRIÔ NO MALI, PAÍS DA ÁFRICA.

É PELA CONTAÇÃO DE HISTÓRIAS, PELA MÚSICA, PELA POESIA E POR OUTRAS MANIFESTAÇÕES QUE OS GRIÔS OU GRIOTES TRANSMITEM O QUE SABEM PARA OS MAIS JOVENS PARA QUE ESSES CONHECIMENTOS NÃO SEJAM ESQUECIDOS COM O PASSAR DO TEMPO.

◀ GRIÔ TOCANDO INSTRUMENTO EM UMA CERIMÔNIA EM KOKEMNOURE, BURKINA FASO, EM 2007.

NO BRASIL, TAMBÉM HÁ GRIÔS RESPONSÁVEIS POR PRESERVAR E TRANSMITIR OS CONHECIMENTOS DE SEU POVO POR MEIO DA TRADIÇÃO ORAL.

▲ GRIÔ CONTANDO HISTÓRIAS NA COMUNIDADE QUILOMBOLA DO SÍTIO DO MATÃO. GURINHÉM, NO ESTADO DA PARAÍBA. FOTO DE 2017.

PARA EXPLORAR

KIRIKOU: OS ANIMAIS SELVAGENS, DIRIGIDO POR MICHEL OCELOT. FRANÇA, 2005 (74 MIN).

NESSA ANIMAÇÃO, UM HOMEM SÁBIO DA MONTANHA PROIBIDA CONTA HISTÓRIAS SOBRE SEU NETO KIRIKOU QUE, APESAR DE PEQUENO, DEMONSTRA CORAGEM E INTELIGÊNCIA, SALVANDO SUA ALDEIA DE GRANDES PERIGOS.

1. DE QUE FORMA OS GRIÔS TRANSMITEM A SABEDORIA E AS TRADIÇÕES DE UM POVO PARA AS PESSOAS DE SUA COMUNIDADE?

2. OS GRIÔS SÃO CONHECIDOS COMO GRANDES CONTADORES DE HISTÓRIAS. QUE TIPO DE HISTÓRIAS VOCÊ IMAGINA QUE ELES CONTAM?

3. EM SUA OPINIÃO, AS HISTÓRIAS TAMBÉM SÃO UMA FORMA DE APRENDER?

4. VOCÊ GOSTA DE OUVIR ENSINAMENTOS DAS PESSOAS QUE JÁ VIVERAM MUITOS ANOS? O QUE ESSAS PESSOAS TÊM A ENSINAR?

VOCABULÁRIO

ESTA SEÇÃO APRESENTA O SIGNIFICADO DE ALGUMAS PALAVRAS QUE VOCÊ VIU NESTE CAPÍTULO. NOTE QUE, ÀS VEZES, A PALAVRA PODE ASSUMIR MAIS DE UM SENTIDO, DEPENDENDO DO CONTEXTO EM QUE É UTILIZADA. AGORA, ACOMPANHE A LEITURA QUE O PROFESSOR VAI FAZER.

APELAR <A.PE.LAR>
1. PEDIR SOCORRO, AJUDA PARA RESOLVER UMA PROBLEMA.
   COMO MEU CACHORRO PARECIA DOENTE, APELEI PARA UM VETERINÁRIO.
2. PEDIR REAVALIAÇÃO DE UMA SENTENÇA.
   O ADVOGADO APELOU DA DECISÃO DO JUIZ.

CAXIXI <CA.XI.XI>
INSTRUMENTO MUSICAL FORMADO POR UMA CESTINHA FECHADA, CONTENDO SEMENTES SECAS, QUE FUNCIONA COMO UM CHOCALHO.
O BERIMBAU E O CAXIXI SÃO INSTRUMENTOS MUITO UTILIZADOS NAS RODAS DE CAPOEIRA.

CUÍCA <CU.Í.CA>
INSTRUMENTO MUSICAL FORMADO POR UMA ESPÉCIE DE TAMBOR COM UMA VARETA COMPRIDA QUE APARECE NA PARTE DE DENTRO.
AQUELE MÚSICO TOCA MUITO BEM CUÍCA NA BATERIA DA ESCOLA DE SAMBA.

DIABOLÔ <DI.A.BO.LÔ>
BRINQUEDO QUE CONSISTE EM UMA ESPÉCIE DE CARRETEL QUE DEVE SER LANÇADO AO AR E, DEPOIS, APANHADO POR UM CORDÃO PRESO ÀS PONTAS DE DUAS VARAS.
MINHA PRIMA SABER FAZER VÁRIOS MALABARISMOS COM O SEU DIABOLÔ.

FERREIRO <FER.REI.RO>
AQUELE QUE FAZ OU CONSERTA OBJETOS DE FERRO, COMO PORTÕES, FERRAMENTAS, FERRADURAS E UTENSÍLIOS AGRÍCOLAS.
ANTIGAMENTE, A PROFISSÃO DE FERREIRO ERA MUITO COMUM, MAS HOJE EM DIA QUASE NÃO EXISTE MAIS.

RECO-RECO <RE.CO-RE.CO>
INSTRUMENTO MUSICAL COMPOSTO DE UM TUBO DE BAMBU OU DE METAL COM CORTES EM UM DOS LADOS, SOBRE OS QUAIS SE ESFREGA UMA VARETA PARA PRODUZIR SOM.
AMANHÃ VOU TER MINHA PRIMEIRA AULA DE RECO-RECO NA ESCOLA DE MÚSICA.

SUGESTÕES DE LEITURA

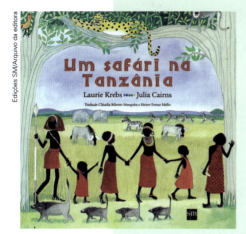

UM SAFÁRI NA TANZÂNIA, DE LAURIE KREBS E JULIA CAIRNS. EDIÇÕES SM.

NA TANZÂNIA, EM PLENA SAVANA AFRICANA, CRIANÇAS DO POVO MASSAI, GUIADAS POR UM ADULTO, OBSERVAM OS ANIMAIS QUE PASSAM E APRENDEM A CONTAR DE 1 A 10 EM SWAHILI, UMA DAS PRINCIPAIS LÍNGUAS DA COSTA LESTE DA ÁFRICA. NO FINAL DO LIVRO, HÁ INFORMAÇÕES SOBRE O DIA A DIA E OS COSTUMES DESSE POVO.

A SOPA SUPIMPA, DE ESTÊVÃO MARQUES, MARINA PITTIER E FÊ STOK. EDITORA MELHORAMENTOS.

EM VERSÃO MUSICADA, O GRUPO TRIII RECONTA "SOPA DE PEDRA", UM CONTO TRADICIONAL SOBRE UMA VELHA MUITO PÃO-DURA QUE NÃO DAVA NEM UM OSSINHO PARA O CACHORRO, MAS QUE ACABA SENDO ENVOLVIDA PELA ESPERTEZA E GENTILEZA DE PEDRO, O COZINHEIRO DA CIDADE.

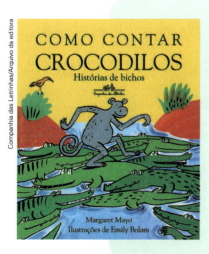

COMO CONTAR CROCODILOS: HISTÓRIAS DE BICHOS, DE MARGARET MAYO. EDITORA COMPANHIA DAS LETRINHAS.

NESSE LIVRO, A AUTORA REUNIU OITO CONTOS POPULARES, ORIGINÁRIOS DE DIFERENTES LUGARES DO MUNDO, EM QUE PERSONAGENS COMO COELHOS, LEÕES, TARTARUGAS, CORUJAS E OUTROS BICHOS OFERECEM AO LEITOR LIÇÕES DE ESPERTEZA, SABEDORIA E CONVIVÊNCIA.

APRENDER SEMPRE

1 AGORA, VOCÊ VAI CONHECER UMA RECEITA DE SUCO DE UMA FRUTA TÍPICA DO BRASIL. ACOMPANHE A LEITURA QUE O PROFESSOR VAI FAZER.

INGREDIENTES

- 7 CAJUS GRANDES
- 1 LITRO DE ÁGUA
- AÇÚCAR A GOSTO
- 1 COLHER DE SOPA DE SUCO DE LIMÃO

MODO DE PREPARAR

1. TIRE AS CASTANHAS DOS CAJUS. CORTE OS CAJUS EM PEQUENOS PEDAÇOS.
2. COLOQUE OS PEDAÇOS NO LIQUIDIFICADOR COM ÁGUA E BATA POR UM MINUTO.
3. PENEIRE O SUCO.
4. VOLTE O SUCO PARA O LIQUIDIFICADOR, ADICIONE O SUCO DE LIMÃO E O AÇÚCAR. BATA POR MAIS DOIS MINUTOS.

ATENÇÃO! ESSA RECEITA SÓ PODE SER PREPARADA COM A AJUDA DE UM ADULTO.

DOMÍNIO PÚBLICO.

A. COMPLETE O NOME DA RECEITA ACIMA: SUCO DE _____.

B. CIRCULE A PARTE DOS INGREDIENTES DA RECEITA.

C. PINTE A PARTE QUE EXPLICA COMO PREPARAR A RECEITA.

D. NA IMAGEM ABAIXO, CIRCULE OS INGREDIENTES NECESSÁRIOS PARA PREPARAR A RECEITA.

2 COLOQUE AS SÍLABAS DAS PALAVRAS ABAIXO EM ORDEM E ESCREVA O NOME DOS ALIMENTOS.

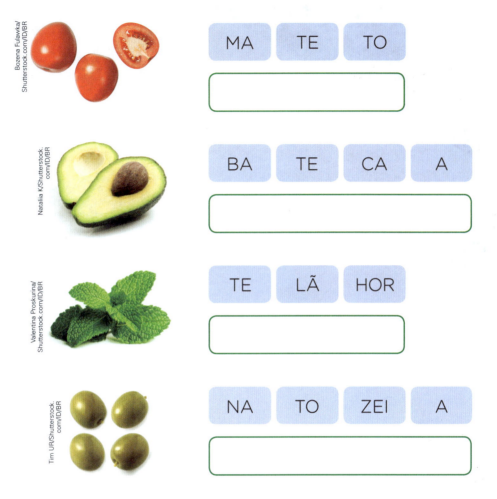

| MA | TE | TO |

| BA | TE | CA | A |

| TE | LÃ | HOR |

| NA | TO | ZEI | A |

- QUE CONSOANTE APARECE EM TODAS AS PALAVRAS QUE VOCÊ ESCREVEU?

3 OS ALIMENTOS DA ATIVIDADE ANTERIOR FAZEM PARTE DA CULINÁRIA DE DIFERENTES LUGARES. QUAIS DELES VOCÊ JÁ CONHECE? E QUAIS GOSTARIA DE PROVAR? CONVERSE COM OS COLEGAS.

- MARQUE COM UM **X** AS FRASES QUE INDICAM ATITUDES IMPORTANTES PARA QUE SE TENHA UMA ALIMENTAÇÃO SAUDÁVEL.

SABER SER

☐ BEBER BASTANTE ÁGUA.

☐ COMER DOCES E FRITURAS.

☐ COMER FRUTAS E LEGUMES.

CAPÍTULO 5

PURA DIVERSÃO

Há muitas maneiras de se divertir. Algumas pessoas gostam de estar com os amigos, jogar ou fazer brincadeiras. Outras preferem ler, praticar esportes ou pintar.

Neste capítulo, você vai descobrir diferentes modos de se divertir.

PARA COMEÇO DE CONVERSA

1. Ao observar a imagem ao lado, é possível descobrir o que as crianças estão fazendo? Se sim, comente com os colegas.

2. Em sua escola ou próximo do local onde você mora, você já viu uma atividade como a apresentada na imagem?

3. Pela expressão das crianças, você acha que elas estão se divertindo? Por quê?

4. Quando você está junto com os colegas, o que vocês fazem para se divertir?

NAVEGAR NA LEITURA

NESTE CAPÍTULO, VOCÊ VAI CONHECER UM TIPO DE HISTÓRIA CURTA E ENGRAÇADA E COM UM FINAL SURPREENDENTE. ESSAS HISTÓRIAS SÃO CRIADAS ESPECIALMENTE PARA PROVOCAR RISO E DIVERTIR AS PESSOAS.

- VOCÊ JÁ OUVIU ALGUÉM CONTAR UMA ANEDOTA OU PIADA? SE SOUBER ALGUMA, CONTE AOS COLEGAS.
- A ANEDOTA QUE O PROFESSOR VAI LER A SEGUIR É SOBRE UM BICHO DE ESTIMAÇÃO BEM DIFERENTE. QUE BICHO VOCÊ IMAGINA QUE É?

OUÇA A LEITURA DO PROFESSOR E DIVIRTA-SE!

UM SUJEITO VIVIA SOZINHO, ATÉ QUE DECIDIU QUE SUA VIDA SERIA MELHOR SE TIVESSE UM ANIMALZINHO DE ESTIMAÇÃO. ENTÃO, ELE FOI AO **PET SHOP** E FALOU AO DONO DA LOJA QUE QUERIA UM BICHINHO QUE FOSSE INCOMUM. DEPOIS DE UM TEMPO, CHEGARAM À CONCLUSÃO DE QUE ELE DEVERIA FICAR COM UMA CENTOPEIA. UM BICHO TÃO PEQUENO, COM 100 PÉS, É REALMENTE INCOMUM.

PET SHOP: TIPO DE LOJA DE PRODUTOS PARA ANIMAIS DE ESTIMAÇÃO.

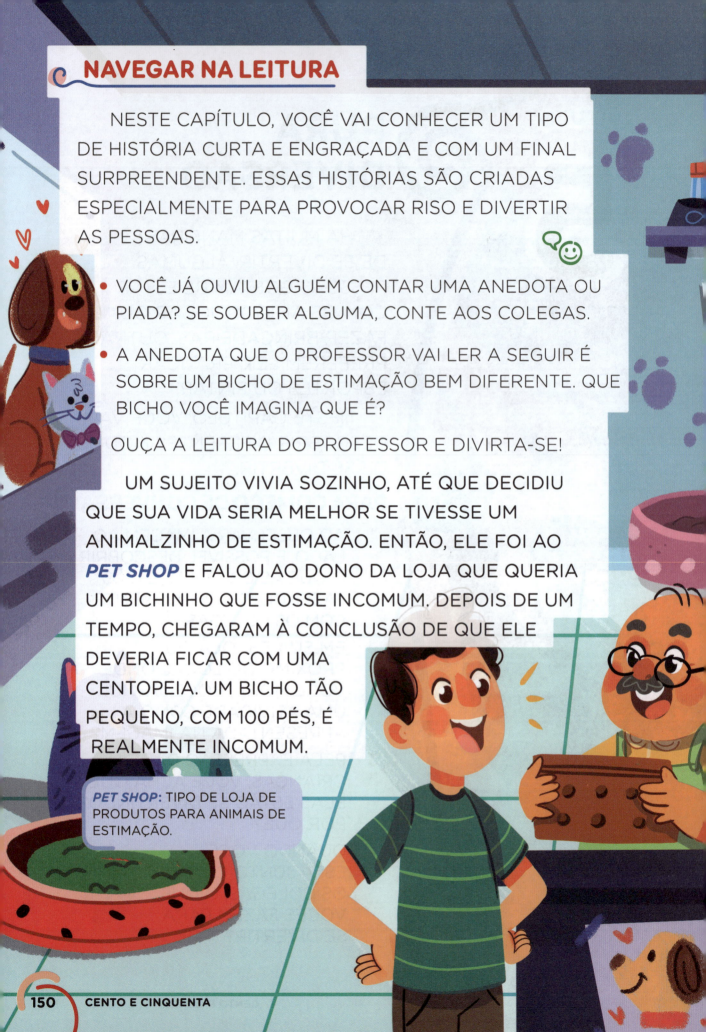

A CENTOPEIA VEIO DENTRO DE UMA CAIXINHA BRANCA, QUE SERIA USADA PARA SER A SUA CASINHA. ELE LEVOU A CAIXINHA PARA SUA CASA, ACHOU UM LUGAR PARA COLOCÁ-LA E RESOLVEU QUE O MELHOR COMEÇO PARA SUA NOVA COMPANHIA SERIA LEVÁ-LA ATÉ A LANCHONETE PARA TOMAREM UM SUCO. ELE SE APROXIMOU DA CAIXINHA E PERGUNTOU À CENTOPEIA:

— EI, VOCÊ QUER IR COMIGO À LANCHONETE?

NÃO HOUVE RESPOSTA DA SUA NOVA AMIGUINHA. ELE FICOU MEIO CHATEADO. ESPEROU UM POUCO E PERGUNTOU DE NOVO:

— QUE TAL IR COMIGO ATÉ A LANCHONETE?

DE NOVO, NADA DE RESPOSTA DA PEQUENA AMIGA. E DE NOVO ELE ESPEROU MAIS UM POUCO, PENSANDO E PENSANDO SOBRE O QUE ESTARIA ACONTECENDO. DECIDIU PERGUNTAR DE NOVO, MAS DESTA VEZ CHEGOU O ROSTO BEM MAIS PERTO DA CAIXINHA E GRITOU:

— EI, VOCÊ AÍ! QUER IR COMIGO ATÉ A LANCHONETE TOMAR UM SUCO?

UMA VOZ BEM BAIXINHA VEIO LÁ DE DENTRO:

— EI, NÃO PRECISA GRITAR TANTO! EU OUVI DESDE A PRIMEIRA VEZ. ESTOU CALÇANDO OS SAPATOS.

PAULO TADEU. *O MELHOR DO PROIBIDO PARA MAIORES*. SÃO PAULO: MATRIX, 2014. P. 22.

LER PARA COMPREENDER

1 POR QUE O HOMEM DECIDIU ADOTAR UM ANIMAL DE ESTIMAÇÃO?

2 AO CHEGAR AO *PET SHOP*, O HOMEM DISSE AO DONO DA LOJA QUE QUERIA UM BICHINHO **INCOMUM**. O QUE ELE QUIS DIZER?

☐ ELE QUERIA UM BICHO IGUAL AO DE OUTRAS PESSOAS.

☐ ELE QUERIA UM BICHO DIFERENTE DOS OUTROS.

3 O HOMEM ADOTOU UMA CENTOPEIA. O QUE ESSE BICHO TEM DE DIFERENTE DOS OUTROS ANIMAIS DE ESTIMAÇÃO?

☐ ELE TEM PERNAS GRANDES E COMPRIDAS.

☐ ELE É PEQUENO E TEM MUITAS PERNAS.

4 SE VOCÊ FOSSE PERSONAGEM DESSA ANEDOTA E PUDESSE ESCOLHER UM ANIMAL DE ESTIMAÇÃO INCOMUM, QUAL SERIA?

5 ASSIM QUE CHEGOU À SUA CASA, QUE CONVITE O HOMEM FEZ À CENTOPEIA?

6 POR QUE O HOMEM REPETIU VÁRIAS VEZES A MESMA PERGUNTA AO BICHINHO?

7 ANTES DE CONHECER O FINAL DA ANEDOTA, VOCÊ IMAGINOU O MOTIVO DE A CENTOPEIA NÃO RESPONDER NADA AO HOMEM? O QUE VOCÊ IMAGINOU?

8 ASSINALE A RESPOSTA COM UM **X**. A CENTOPEIA DEMOROU PARA RESPONDER ÀS PERGUNTAS DO HOMEM PORQUE:

- [ ] ESTAVA DORMINDO.
- [ ] ESTAVA CALÇANDO OS SAPATOS.

9 A RESPOSTA DA CENTOPEIA NO FINAL DO TEXTO MOSTRA QUE:

- [ ] ELA VAI DEMORAR PARA SAIR DA CAIXINHA, POIS PRECISA CALÇAR OS SAPATOS EM TODOS OS PÉS.
- [ ] ELA NÃO QUER IR À LANCHONETE, POIS PREFERE FICAR CALÇANDO OS SAPATOS.

10 O FINAL DA ANEDOTA FOI DIFERENTE DO QUE VOCÊ ESPERAVA? EXPLIQUE.

11 AS ANEDOTAS SÃO TEXTOS CURTOS QUE TÊM O OBJETIVO DE DIVERTIR. O QUE FAZ ESSA ANEDOTA SER ENGRAÇADA?

12 A ANEDOTA LIDA FOI RETIRADA DE UM LIVRO. OBSERVE, NO FINAL DO TEXTO, ALGUMAS INFORMAÇÕES SOBRE ELE.

A. QUAL É O NOME DO AUTOR DO LIVRO?

_____

B. QUAL É O NOME DO LIVRO?

_____

C. A PALAVRA **MAIORES** PRESENTE NO TÍTULO DO LIVRO SE REFERE:

- [ ] ÀS CRIANÇAS.
- [ ] AOS ADULTOS.

D. PELO TÍTULO DO LIVRO, É POSSÍVEL SABER A QUE PÚBLICO ELE SE DESTINA? EXPLIQUE.

CAMINHOS DA LÍNGUA

LETRA M

1 OBSERVE ABAIXO UMA TIRA DA MAGALI, PERSONAGEM DA TURMA DA MÔNICA.

MAURICIO DE SOUSA. *TURMA DA MÔNICA*, N. 7243.

A. OBSERVE A EXPRESSÃO DE MAGALI NO PRIMEIRO QUADRINHO. A EXPRESSÃO REVELA QUE:

☐ MAGALI ESTÁ PRESTES A PRATICAR UMA BOA AÇÃO PARA MÔNICA.

☐ MAGALI ESTÁ PRESTES A FAZER ALGUMA TRAVESSURA.

B. O QUE MAGALI FEZ NO SEGUNDO QUADRINHO?

_____

C. POR QUE MAGALI FEZ ISSO?

_____

D. O TERCEIRO QUADRINHO REVELA POR QUE MAGALI PREGOU UMA PEÇA EM MÔNICA. QUAL FOI O MOTIVO? QUE ELEMENTO NOS MOSTRA ISSO?

E. OBSERVE A EXPRESSÃO DA MÔNICA NO TERCEIRO QUADRINHO. ELA GOSTOU DA ATITUDE DE MAGALI? COMO PERCEBEMOS ISSO? CONVERSE COM OS COLEGAS.

2 LEIA OS NOMES DAS PERSONAGENS DA TIRA E CIRCULE A PRIMEIRA LETRA DELES.

MÔNICA   MAGALI

3 MAGALI QUERIA QUE MÔNICA COLHESSE UMA FRUTA PARA ELA.

A. MARQUE COM UM **X** O NOME DESSA FRUTA.

☐ MORANGO   ☐ MELÃO   ☐ MAÇÃ

B. PENSE EM OUTRAS DUAS FRUTAS QUE COMEÇAM COM A LETRA **M** E ILUSTRE ESSAS FRUTAS NO QUADRO. DEPOIS, ESCREVA O NOME DELAS.

4 VAMOS DESCOBRIR OUTRAS PALAVRAS QUE COMEÇAM COM A LETRA **M**? COMBINE AS LETRAS QUE ESTÃO NOS QUADROS, SEGUINDO AS DICAS, E ESCREVA AS PALAVRAS NAS LINHAS.

M L A E O T D R

DICA
FORME PALAVRAS QUE COMEÇAM COM **MA**, **ME** OU **MO**.

I M U T O A D L N R

DICA
FORME PALAVRAS QUE COMEÇAM COM **MI** OU **MU**.

5 ACOMPANHE COM ATENÇÃO A LEITURA DA ADIVINHA A SEGUIR. DEPOIS, ESCREVA SUA RESPOSTA.

DICA
A RESPOSTA DA ADIVINHA COMEÇA COM A LETRA **M**.

RESPONDA DEPRESSA
E DE UMA VEZ SÓ:
ESTÁ NO POMAR
E NO SEU PALETÓ.
O QUE É?

DOMÍNIO PÚBLICO.

6 ESCOLHA DUAS SÍLABAS DE CADA PALAVRA E FORME UMA NOVA. ESCREVA A PALAVRA QUE VOCÊ FORMOU NOS QUADRINHOS EM BRANCO.

A. MA | CA | CO

B. BI | CA | MA

C. CO | ME | TA

7 VAMOS FORMAR NOVAS PALAVRAS MUDANDO APENAS UMA LETRA? OUÇA AS PALAVRAS QUE O PROFESSOR VAI DIZER E COMPLETE OS ESPAÇOS COM AS LETRAS QUE FALTAM.

A. MALA   MA___A   MA___A

B. MOLA   ___OLA   ___OLA

C. CAMA   ___AMA   ___AMA

D. MEDO   ___EDO   ___EDO

JOGOS E BRINCADEIRAS

DIAGRAMA COM A LETRA M

LEIA ESTA PIADA E OBSERVE AS PALAVRAS DESTACADAS.

A PROFESSORA PERGUNTA AOS ESTUDANTES:
— SE EU FOR À FEIRA E COMER CINCO **MORANGOS**, SETE **AMORAS**, OITO **AMEIXAS**, DOZE **MARACUJÁS** E UMA **MELANCIA**, QUAL SERÁ O RESULTADO?
DO FUNDO DA SALA, ALGUÉM GRITA:
— UMA DOR DE BARRIGA!

DOMÍNIO PÚBLICO.

- AGORA, PROCURE NO DIAGRAMA ABAIXO AS PALAVRAS DESTACADAS NO TEXTO.

E	O	F	Ç	W	A	M	Q	U	B	E	O	P	N	E	I	G	H	L	K
T	R	O	A	M	O	R	A	S	T	R	F	E	D	G	J	N	G	J	M
H	F	E	G	H	N	V	F	J	K	W	J	Q	Ç	V	E	L	Z	U	K
R	T	J	N	T	I	Ç	L	L	N	G	R	J	N	V	Y	L	B	F	R
O	P	N	E	I	G	H	L	K	M	A	R	A	C	U	J	Á	S	I	L
F	E	D	G	J	N	G	J	M	F	Ç	W	A	M	U	B	E	O	P	N
M	E	L	A	N	C	I	A	Y	O	A	M	Z	R	S	T	R	F	E	D
W	M	Q	L	A	I	D	K	W	E	G	H	N	V	J	K	W	J	Q	Ç
G	J	N	Y	A	M	E	I	X	A	S	N	F	H	E	I	G	H	L	K
V	E	L	Z	U	O	P	N	E	I	G	A	L	K	G	J	N	G	J	M
V	Y	L	B	B	F	E	D	G	J	N	G	J	M	V	E	L	Z	U	K
U	J	O	P	J	Á	S	I	L	M	O	R	A	N	G	O	S	B	F	R
U	B	E	O	B	E	O	P	N	I	K	Y	C	E	Ç	L	A	V	R	O

CENTO E CINQUENTA E SETE

NAVEGAR NA LEITURA

VOCÊ JÁ REPAROU QUE OS JOGOS E AS BRINCADEIRAS TAMBÉM TÊM REGRAS?

- FALE O NOME DE ALGUM JOGO OU BRINCADEIRA QUE VOCÊ CONHEÇA. QUAIS SÃO AS REGRAS?

O PROFESSOR VAI LER, A SEGUIR, AS REGRAS DE UM JOGO APRECIADO POR CRIANÇAS DE VÁRIAS REGIÕES DO BRASIL.

PRESTE ATENÇÃO NA LEITURA DO PROFESSOR E APRENDA COMO JOGAR!

BANDEIRINHA*

IDADE: A PARTIR DE 7 ANOS.
LOCAL: PÁTIO OU QUADRA DE VOLEIBOL.
MATERIAL: DUAS BANDEIRAS DE CORES DIFERENTES, QUE PODEM SER GARRAFAS PET, POR EXEMPLO.
PARTICIPANTES: NO MÍNIMO QUATRO.

GARRAFA PET: GARRAFA FEITA COM UM TIPO DE PLÁSTICO.

COMO BRINCAR: O GRUPO É DIVIDIDO EM DUAS EQUIPES. CADA UMA ESCOLHE UM CAMPO E COLOCA A SUA "BANDEIRA" NO CENTRO DA LINHA DE FUNDO DO CAMPO ADVERSÁRIO. O OBJETIVO É RECUPERAR A BANDEIRA SEM SER TOCADO. QUEM FOR PEGO FICA PARADO NO LUGAR ATÉ QUE UM COLEGA DE EQUIPE SE ARRISQUE A SALVÁ-LO. PARA ISSO, BASTA TOCÁ-LO. ASSIM, ELE FICA LIVRE PARA VOLTAR AO CAMPO DE ORIGEM OU INVESTIR MAIS UMA VEZ NA RECUPERAÇÃO DA BANDEIRA. O TIME PRECISA DECIDIR A MELHOR ESTRATÉGIA, JÁ QUE SE AVANÇAR NO CAMPO ADVERSÁRIO COM MUITOS JOGADORES FICARÁ COM POUCOS PARA DEFENDER O SEU.

* A BRINCADEIRA TAMBÉM É CHAMADA DE PIQUE-BANDEIRA, BANDEIRA, ROUBA-BANDEIRA E BIMBARRA.

CRISTIANE MARANGON. DIVERSÃO DE ANTIGAMENTE QUE AINDA HOJE ENCANTA. *NOVA ESCOLA*, 1º NOV. 2017. DISPONÍVEL EM: HTTPS://NOVAESCOLA.ORG.BR/CONTEUDO/68/DIVERSAO-DE-ANTIGAMENTE-QUE-AINDA-HOJE-ENCANTA. ACESSO EM: 30 MAR. 2021.

LER PARA COMPREENDER

1 O TEXTO QUE O PROFESSOR ACABOU DE LER É CHAMADO DE "REGRA DO JOGO". PARA QUE SERVEM TEXTOS COMO ESSE? MARQUE A RESPOSTA COM UM **X**.

- [ ] PARA ENSINAR A INVENTAR UM JOGO.
- [ ] PARA ENSINAR A JOGAR UM JOGO.

2 ONDE PODEMOS ENCONTRAR TEXTOS COMO ESSE? MARQUE AS OPÇÕES CORRETAS.

- [ ] EM LIVROS DE HISTÓRIAS.
- [ ] EM FOLHETOS QUE ACOMPANHAM JOGOS.
- [ ] EM *SITES* E LIVROS COM REGRAS DE JOGOS.
- [ ] EM CADERNOS DE RECEITAS.

3 QUAL É O NOME DO JOGO EXPLICADO NO TEXTO?

_____

- CONVERSE COM OS COLEGAS E COMPARTILHE O QUE VOCÊ SABE SOBRE ESSE JOGO.

4 QUE OUTROS NOMES ESSE JOGO PODE TER?

_____

_____

_____

5 QUAL É O NÚMERO MÍNIMO DE JOGADORES PARA A BRINCADEIRA?

_____

- É POSSÍVEL JOGAR ESSE JOGO COM SEIS PESSOAS? POR QUÊ?

6 QUAIS SÃO OS MATERIAIS NECESSÁRIOS PARA JOGAR?

_____

_____

7 A PARTE "COMO BRINCAR" DO TEXTO TRAZ INSTRUÇÕES SOBRE COMO:

- ☐ FAZER UMA BANDEIRA.
- ☐ JOGAR BANDEIRINHA.
- ☐ COMPRAR O JOGO BANDEIRINHA.

8 O QUE ACONTECE QUANDO UM JOGADOR É PEGO POR ALGUÉM DO TIME ADVERSÁRIO?

- ☐ O JOGO COMEÇA NOVAMENTE.
- ☐ O JOGADOR VENCE O JOGO.
- ☐ O JOGADOR FICA PARADO ATÉ QUE ALGUÉM O SALVE.

9 COMO É POSSÍVEL SALVAR UM COLEGA QUE FOI PEGO?

_____

10 QUAL É O OBJETIVO DESSE JOGO?

- ☐ RECUPERAR A BANDEIRA DO SEU TIME SEM SER TOCADO PELO ADVERSÁRIO.
- ☐ REUNIR O MAIOR NÚMERO POSSÍVEL DE BANDEIRAS DIFERENTES.

11 LEMBRE-SE DE OUTROS JOGOS PARECIDOS COM ESSE. ESCOLHA UM DELES E EXPLIQUE AS REGRAS AOS COLEGAS PARA ENSINÁ-LOS A JOGAR.

CAMINHOS DA LÍNGUA

LETRA N

1 OBSERVE A CAPA DO FILME A SEGUIR.

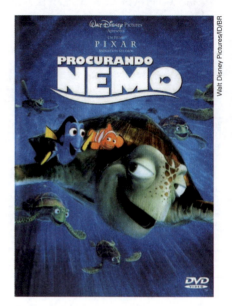

A. O QUE VOCÊ SABE SOBRE ESSE FILME? CONTE AOS COLEGAS.

B. COMPLETE O NOME DO FILME NO QUADRO A SEGUIR.

> PROCURANDO _____

C. QUAL É A PRIMEIRA LETRA DA PALAVRA QUE VOCÊ ESCREVEU?

LETRA ☐.

2 LEIA O POEMA A SEGUIR.

NOITE

A NOITE
FOI EMBORA
LÁ DO FUNDO
DO QUINTAL,
ESQUECEU
A LUA CHEIA
PENDURADA
NO VARAL.

SÉRGIO CAPPARELLI. *TIGRES NO QUINTAL*. SÃO PAULO: GLOBAL, 2008. P. 72.

A. CIRCULE NO TEXTO AS PALAVRAS QUE COMEÇAM COM A LETRA **N**.

B. SEGUNDO O POEMA, A LUA ESTAVA PENDURADA NO VARAL. COMO VOCÊ ACHA QUE ISSO É POSSÍVEL?

3 QUE OUTRAS PALAVRAS INICIADAS COM A LETRA **N** VOCÊ CONHECE? ESCREVA TRÊS DELAS.

_____

_____

4 VOCÊ CONHECE ESTAS PERSONAGENS? COMPLETE O NOME DELAS COM AS SÍLABAS QUE FALTAM.

MÔ____CA   FIO_____   SI____NHO

5 OBSERVE A CAPA DE UM FILME COM UMA PERSONAGEM MUITO CORAJOSA.

A. VOCÊ CONHECE ESSE FILME? CONVERSE COM OS COLEGAS.

B. ESCREVA O NOME DO FILME.

_____

C. CIRCULE AS LETRAS **M** E **N** NO NOME QUE VOCÊ ESCREVEU.

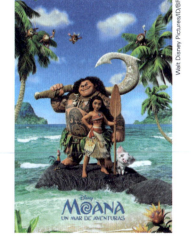

D. O QUE VOCÊ PERCEBEU COM RELAÇÃO AOS SONS DESSAS LETRAS?

☐ O SOM REPRESENTADO PELAS LETRAS **M** E **N** É IGUAL NAS SÍLABAS **MO** E **NA**.

☐ O SOM REPRESENTADO PELAS LETRAS **M** E **N** É DIFERENTE NAS SÍLABAS **MO** E **NA**.

6 LEIA AS ADIVINHAS A SEGUIR E TENTE DECIFRÁ-LAS.

DICA
A RESPOSTA DE CADA ADIVINHA COMEÇA COM A LETRA **N**.

TODO MUNDO LEVA,
TODO MUNDO TEM,
PORQUE A TODOS LHES DÃO UM
QUANDO AO MUNDO VÊM.

DOMÍNIO PÚBLICO.

UMA CASINHA
COM DUAS JANELAS.
SE OLHAS PARA ELA,
FICAS ZAROLHA.

DOMÍNIO PÚBLICO.

7 OBSERVE AS FIGURAS E ESCREVA OS NOMES QUE FALTAM.

NOITE _____ NADADORA

_____ NOTA

8 DESTAQUE AS FIGURAS DA PÁGINA 297 E COLE-AS NO QUADRO A SEGUIR DE ACORDO COM A SÍLABA INICIAL. DEPOIS, ESCREVA O NOME DESSAS FIGURAS.

NA		
NE		
NI		
NO		
NU		

9 ORDENE AS SÍLABAS E ESCREVA O NOME DAS FIGURAS.

NE   TA   CA

NE   LA   JA

_____   _____

NO   SI

ZEI   NA   TO   A

_____   _____

• PINTE OS QUADRINHOS EM QUE A SÍLABA COMEÇA COM **N**.

OLÁ, ORALIDADE

RELATO ORAL DE UMA SITUAÇÃO DIVERTIDA

O TEMA DIVERSÃO APARECEU EM VÁRIOS MOMENTOS DESTE CAPÍTULO.

NO DIA A DIA, VOCÊ CERTAMENTE JÁ PASSOU POR MUITOS ACONTECIMENTOS DIVERTIDOS: JOGANDO, BRINCANDO COM AMIGOS, OUVINDO E CONTANDO HISTÓRIAS.

O QUE VOCÊ ACHA DE RELEMBRAR ESSES MOMENTOS E COMPARTILHÁ-LOS COM OUTRAS PESSOAS? VOCÊ VAI RELATAR PARA OS COLEGAS DA TURMA UMA SITUAÇÃO ENGRAÇADA QUE VIVEU.

ORIENTAÇÕES PARA A PRODUÇÃO

TENTE SE LEMBRAR DE ALGUMA SITUAÇÃO DIVERTIDA QUE ACONTECEU COM VOCÊ E COMPONHA UM RELATO. AO COMPOR ESSE RELATO, PROCURE RECORDAR:

- O QUE ACONTECEU;
- QUEM ESTAVA COM VOCÊ;
- A SEQUÊNCIA DOS FATOS;
- O QUE FOI MAIS ENGRAÇADO NA SITUAÇÃO VIVIDA.

PREPARAÇÃO DA FALA

1. EM CASA, CONTE SEU RELATO A UMA OU MAIS PESSOAS DE SUA FAMÍLIA E VERIFIQUE SE ELAS ENTENDERAM O QUE VOCÊ CONTOU.

2. PROCURE FALAR COM NATURALIDADE, COMO SE ESTIVESSE CONVERSANDO COM UM COLEGA. CONTE OS ACONTECIMENTOS NA ORDEM EM QUE ELES OCORRERAM.

3. AJUDE A ORGANIZAR, COM O PROFESSOR, COMO SERÁ A RODA DE RELATOS DIVERTIDOS. COMBINEM LOCAL, DATA E ORDEM DE APRESENTAÇÃO DE CADA UM DA TURMA.

4. NO DIA DA APRESENTAÇÃO, QUANDO FOR A SUA VEZ DE FAZER O RELATO, LEMBRE-SE DE FALAR COM CLAREZA, PAUSADAMENTE, EXPONDO OS ACONTECIMENTOS NA ORDEM EM QUE OCORRERAM. UTILIZE UM TOM DE VOZ ADEQUADO PARA QUE TODOS POSSAM COMPREENDER.

5. OLHE PARA OS COLEGAS E, SE NECESSÁRIO, UTILIZE GESTOS PARA DAR MAIS EXPRESSÃO À SUA FALA.

6. OUÇA OS RELATOS DOS SEUS COLEGAS E DIVIRTA-SE! ESTA PODE SER UMA ÓTIMA OPORTUNIDADE PARA SE APROXIMAR MAIS DE ALGUNS DELES, ALÉM DE CONHECÊ-LOS MELHOR. LEMBRE-SE DE MANTER O SILÊNCIO QUANDO O COLEGA ESTIVER CONTANDO SEU RELATO.

AVALIAÇÃO

RESPONDA ÀS PERGUNTAS PARA AVALIAR SUA PARTICIPAÇÃO NA ATIVIDADE.

- ESCOLHI UM ACONTECIMENTO DIVERTIDO PARA RELATAR AOS COLEGAS?

- FIZ O RELATO NA ORDEM DOS ACONTECIMENTOS?

- USEI TOM DE VOZ ADEQUADO PARA QUE TODOS CONSEGUISSEM OUVIR?

- CONSEGUI RELATAR COM NATURALIDADE E DESENVOLTURA, DIVERTINDO OS OUVINTES?

CAMINHOS DA LÍNGUA

SEGMENTAÇÃO DE PALAVRAS

1 JUNTE-SE A UM COLEGA. COM O PROFESSOR, LEIAM ESTA PARLENDA DIGITADA POR UM ESTUDANTE.

LÁEMCIMADOPIANO
TEMUMCOPODEVENENO
QUEMBEBEUMORREU
OCULPADONÃOFUIEU.

DOMÍNIO PÚBLICO.

A. O QUE HÁ DE DIFERENTE NA FORMA COMO A PARLENDA FOI DIGITADA?

B. COM UM LÁPIS DE COR, PASSEM UM TRAÇO PARA SEPARAR AS PALAVRAS DO TEXTO.

C. QUANTAS PALAVRAS VOCÊS ENCONTRARAM EM CADA LINHA DA PARLENDA? ANOTEM ABAIXO.

1ª LINHA: _____   3ª LINHA: _____

2ª LINHA: _____   4ª LINHA: _____

D. AGORA, COPIEM A PARLENDA NAS LINHAS ABAIXO, DEIXANDO ESPAÇO ENTRE AS PALAVRAS.

_____
_____
_____
_____

E. QUE DICA DE ESCRITA VOCÊS DARIAM PARA O ESTUDANTE QUE ESCREVEU ESSA PARLENDA?

F. ESSA PARLENDA É USADA PARA:

☐ ESCOLHER QUEM VAI TERMINAR UMA BRINCADEIRA.

☐ ESCOLHER QUEM VAI COMEÇAR UMA BRINCADEIRA.

2 OBSERVE COMO ESTA PARLENDA DE ESCOLHER FOI ESCRITA. COM UM LÁPIS DE COR, CIRCULE AS PALAVRAS DO TEXTO.

MI NHAMÃEMAN DOU EUESCOLHER ESTEDA QUI, MASCOMO EUSOU TEIMO SO VOUES COLHER ES TEDAQUI.

DOMÍNIO PÚBLICO.

- ESCREVA A PARLENDA SEPARANDO AS PALAVRAS.

_____

_____

_____

_____

3 OBSERVE OS TÍTULOS DE OUTRAS PARLENDAS.

☐ PUXAO RABO DOTATU   ☐ OMACA COFOI ÀFEI RA

☐ HOJE É DOMINGO   ☐ CORRE COTIA

A. MARQUE COM UM **X** OS TÍTULOS EM QUE OS ESPAÇOS ENTRE AS PALAVRAS ESTÃO ADEQUADOS.

B. ESCREVA OS TÍTULOS DAS OUTRAS PARLENDAS, DEIXANDO OS ESPAÇOS NECESSÁRIOS ENTRE AS PALAVRAS.

_____

_____

CENTO E SESSENTA E NOVE

DANDO ASAS À PRODUÇÃO

REGRA DE JOGO

NESTE CAPÍTULO, VOCÊ LEU ANEDOTAS, RELATOU UMA SITUAÇÃO ENGRAÇADA E CONHECEU AS REGRAS DE UM JOGO MUITO DIVERTIDO.

PARA APRENDER UM JOGO, É PRECISO CONHECER AS REGRAS DELE. CERTOS TIPOS DE JOGO VÊM ACOMPANHADOS DE FOLHETOS COM AS REGRAS. TAMBÉM HÁ GUIAS E *SITES* ESPECIALIZADOS QUE PUBLICAM ESSAS REGRAS.

O QUE VOU PRODUZIR

AGORA, VOCÊ E OS COLEGAS VÃO ESCREVER AS REGRAS DE UM JOGO E COMPARTILHAR ESSAS REGRAS COM ESTUDANTES DE OUTRA TURMA DA ESCOLA.

ESSAS REGRAS TAMBÉM PODEM FAZER PARTE DO "DIA DE CULTURA POPULAR", QUE SERÁ ORGANIZADO NO FINAL DESTE CAPÍTULO. PRESTE ATENÇÃO NAS ORIENTAÇÕES DO PROFESSOR E BOM TRABALHO!

ORIENTAÇÕES PARA A PRODUÇÃO

1. PARA COMEÇAR, SUA TURMA DEVERÁ ESCOLHER UM JOGO PARA ENSINAR AOS COLEGAS DE OUTRA SALA.

2. COM A AJUDA DO PROFESSOR, RELEMBREM O NOME DO JOGO, OS MATERIAIS NECESSÁRIOS E AS INSTRUÇÕES.

3. FORME DUPLA COM UM COLEGA. EM UMA FOLHA, ESCREVAM O NOME DO JOGO, OS MATERIAIS NECESSÁRIOS E O NÚMERO DE PARTICIPANTES.

4. COM O PROFESSOR, FAÇAM A ESCRITA COLETIVA DAS REGRAS PARA JOGAR. VOCÊ E OS COLEGAS DIZEM AS REGRAS E O PROFESSOR ANOTA NA LOUSA. LEMBREM-SE DE EXPLICAR O OBJETIVO DO JOGO E COMO ELE TERMINA.

5. POR FIM, RELEIAM O TEXTO ESCRITO, VERIFICANDO SE AS INSTRUÇÕES FORAM APRESENTADAS DE MANEIRA CLARA.

AVALIAÇÃO E REESCRITA

APÓS A ESCRITA DO TEXTO, OUÇA AS PERGUNTAS QUE O PROFESSOR VAI FAZER E PINTE **SIM** OU **NÃO** NOS ITENS ABAIXO.

1. PARTICIPEI DA ESCRITA COLETIVA DAS INSTRUÇÕES, RELEMBRANDO AS REGRAS DO JOGO COM A TURMA?	SIM	NÃO
2. COLABOREI PARA A ESCRITA DA REGRA DE JOGO, TRABALHANDO EM PARCERIA NA MINHA DUPLA?	SIM	NÃO
3. ANOTEI TODOS OS MATERIAIS NECESSÁRIOS PARA O JOGO?	SIM	NÃO
4. DEIXEI ESPAÇO ENTRE AS PALAVRAS DO TEXTO?	SIM	NÃO

FAÇA AS ALTERAÇÕES NECESSÁRIAS NO TEXTO. DEPOIS, COPIE A REGRA DE JOGO EM UMA FOLHA AVULSA.

CIRCULAÇÃO DO TEXTO

1. COM OS COLEGAS E O PROFESSOR, ESCOLHAM UM LOCAL DA ESCOLA ONDE VOCÊS POSSAM EXPOR OS TEXTOS.

2. CONVIDEM COLEGAS DE OUTRA TURMA PARA LER A REGRA DE JOGO QUE VOCÊS ESCREVERAM. COMBINEM UMA DATA PARA JOGAR.

VAMOS COMPARTILHAR!

DIA DE CULTURA POPULAR

NOS CAPÍTULOS 3, 4 E 5, VOCÊ CONHECEU UM POUCO DA CULTURA POPULAR. AGORA, VOCÊ E OS COLEGAS VÃO REUNIR MATERIAIS QUE REPRESENTEM OU FAÇAM PARTE DA CULTURA DA REGIÃO ONDE VOCÊS MORAM. DEPOIS, VÃO ORGANIZAR UM "DIA DE CULTURA POPULAR".

ALÉM DE MONTAR UMA EXPOSIÇÃO, VOCÊS VÃO CANTAR CANTIGAS, CONTAR ANEDOTAS OU HISTÓRIAS E ENSINAR JOGOS E BRINCADEIRAS PARA OS CONVIDADOS. APROVEITEM ESSE MOMENTO E DIVIRTAM-SE!

PASSO A PASSO

1. RETOME COM OS COLEGAS O QUE VOCÊS VIRAM NOS CAPÍTULOS 3, 4 E 5 SOBRE TEMAS COMO CULTURA E DIVERSÃO.
2. COMBINEM COM O PROFESSOR A DATA DO EVENTO, EM QUE ESPAÇO SERÁ REALIZADA A EXPOSIÇÃO, QUEM SERÃO OS CONVIDADOS E COMO SERÁ FEITO O CONVITE.
3. FORMEM GRUPOS DE 4 OU 5 ESTUDANTES E DEFINAM O QUE CADA UM VAI TRAZER: ROUPAS, BRINQUEDOS, INSTRUMENTOS MUSICAIS, JOGOS OU OUTRAS COISAS QUE REPRESENTEM A CULTURA DA REGIÃO ONDE MORAM.
4. DECIDAM O QUE CADA GRUPO VAI APRESENTAR, COMO CANTIGAS, ANEDOTAS, RELATOS DE SITUAÇÕES ENGRAÇADAS, RECEITAS DE COMIDAS TÍPICAS OU ORIENTAÇÕES PARA UM JOGO.
5. ENSAIEM AS APRESENTAÇÕES. NO CASO DOS RELATOS, RELEIAM AS ORIENTAÇÕES DA SEÇÃO *OLÁ, ORALIDADE* DESTE CAPÍTULO.

6. NO DIA DO EVENTO, HAVERÁ QUATRO MOMENTOS:
   - **RECEPÇÃO DOS CONVIDADOS:** ALGUNS ESTUDANTES VÃO RECEBER E GUIAR OS VISITANTES ATÉ A EXPOSIÇÃO.
   - **EXPOSIÇÃO:** COM O PROFESSOR, ORGANIZEM OS OBJETOS NO ESPAÇO ESCOLHIDO PARA A EXPOSIÇÃO. DEIXEM OS OBJETOS EM LOCAIS ONDE OS VISITANTES POSSAM VÊ-LOS. ESCREVAM PLAQUINHAS COM O NOME DE CADA OBJETO.
   - **APRESENTAÇÃO:** REALIZEM A DECLAMAÇÃO DAS CANTIGAS, AS CONTAÇÕES DE PIADAS E DOS RELATOS ENGRAÇADOS, AS DEMONSTRAÇÕES DE JOGOS OU A DIVULGAÇÃO DE RECEITAS TÍPICAS PARA O PÚBLICO. USEM UM TOM DE VOZ ADEQUADO PARA QUE TODOS POSSAM OUVIR.
   - **ENCERRAMENTO:** SE POSSÍVEL, LEVEM PRATOS TÍPICOS DA REGIÃO ONDE MORAM E ENCERREM AS APRESENTAÇÕES COM UMA DEGUSTAÇÃO DESSES PRATOS.

AVALIAÇÃO

CONVERSE COM OS COLEGAS E O PROFESSOR SOBRE AS QUESTÕES E AVALIE SUA PARTICIPAÇÃO NA MOSTRA.
- PARTICIPEI DA ORGANIZAÇÃO DO EVENTO COM SUGESTÕES E IDEIAS?
- TROUXE OBJETOS PARA COMPOR A EXPOSIÇÃO?
- OS CONVIDADOS GOSTARAM DA PROGRAMAÇÃO?
- DO QUE MAIS GOSTEI NO EVENTO? E O QUE PODERIA TER SIDO DIFERENTE?

VOCABULÁRIO

ESTA SEÇÃO APRESENTA O SIGNIFICADO DE ALGUMAS PALAVRAS QUE VOCÊ VIU NESTE CAPÍTULO. NOTE QUE, ÀS VEZES, A PALAVRA PODE ASSUMIR MAIS DE UM SENTIDO, DEPENDENDO DO CONTEXTO EM QUE É UTILIZADA. AGORA, ACOMPANHE A LEITURA QUE O PROFESSOR VAI FAZER.

ADOTAR <A.DO.TAR>
1. ESCOLHER.
   O GAROTO ADOTOU UM NOVO CORTE DE CABELO.
2. SER RESPONSÁVEL POR ALGUÉM.
   O SONHO DELES É ADOTAR UMA CRIANÇA.
3. COLOCAR EM USO NO DIA A DIA.
   A TURMA DECIDIU ADOTAR REGRAS DE BOA CONVIVÊNCIA.

ADVERSÁRIO <AD.VER.SÁ.RI.O>
PESSOA QUE SE OPÕE A ALGUÉM.
O TIME ADVERSÁRIO ERA O FAVORITO PARA GANHAR A PARTIDA, MAS MEU TIME FOI O VENCEDOR.

CALÇAR <CAL.ÇAR>
1. COLOCAR OS PÉS EM UM CALÇADO, AS PERNAS EM UMA CALÇA OU AS MÃOS EM LUVAS.
   A GAROTA CALÇOU OS PATINS QUANDO CHEGOU AO PARQUE.
2. COBRIR COM ASFALTO UMA RUA, AVENIDA OU ESTRADA.
   A PREFEITURA VAI CALÇAR AQUELA RUA ESBURACADA.

COLHER <CO.LHER>
APANHAR FRUTOS OU FLORES.
VISITEI UM SÍTIO E APROVEITEI PARA COLHER JABUTICABAS.

POMAR <PO.MAR>
TERRENO COM ÁRVORES FRUTÍFERAS.
O POMAR ESTÁ CARREGADO DE FRUTAS.

RELATO <RE.LA.TO>
NARRAÇÃO OU DESCRIÇÃO DE ALGO QUE JÁ ACONTECEU.
NO COMEÇO DO ANO, FIZ UM RELATO CONTANDO COMO AS MINHAS FÉRIAS FORAM DIVERTIDAS.

TRAVESSURA <TRA.VES.SU.RA>
AÇÃO DE PESSOA ARTEIRA, BRINCALHONA.
MEU TIO FOI CHAMADO À ESCOLA POR CAUSA DAS TRAVESSURAS QUE MEU PRIMO APRONTOU.

ZAROLHO <ZA.RO.LHO>
AQUELE QUE É CEGO DE UM OLHO; QUEM TEM DESVIO EM UM OLHO OU NOS DOIS.
MEU GATINHO É ZAROLHO, MAS TAMBÉM É MUITO FOFO.

SUGESTÕES DE LEITURA

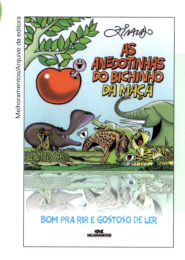

AS ANEDOTINHAS DO BICHINHO DA MAÇÃ, DE ZIRALDO. EDITORA MELHORAMENTOS.
COLETÂNEA DE PIADAS COLHIDAS E ILUSTRADAS POR ZIRALDO. NELA, O BICHINHO DA MAÇÃ NARRA PEQUENAS HISTÓRIAS MUITO DIVERTIDAS AOS COLEGAS DA FLORESTA.

RÁ, RÉ, RI, RÓ... RIA!: NOVAS PIADAS PARA CRIANÇAS, DE PAULO TADEU. EDITORA MATRIX.
SELEÇÃO DE PIADAS PARA CRIANÇAS SOBRE OS MAIS DIVERSOS ASSUNTOS.

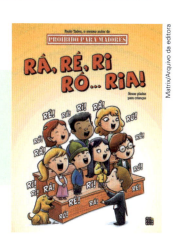

O JOGO DO VAI E VEM, DE FLÁVIA MUNIZ. EDITORA FTD.
NESSE LIVRO, HÁ UM TREM MUITO ANIMADO. NELE, EMBARCAM BICHOS VARIADOS EM DIREÇÃO A UMA ESTAÇÃO. DURANTE O PERCURSO, O LEITOR SE DEPARA COM ENIGMAS PARA SOLUCIONAR.

O GRANDE LIVRO DOS JOGOS E BRINCADEIRAS INFANTIS, DE DEBRA WISE. EDITORA MADRAS.
MAIS DE 450 BRINCADEIRAS COMPÕEM ESSE GRANDE LIVRO DE JOGOS E BRINCADEIRAS. A OBRA POSSIBILITA QUE O LEITOR SE DIVIRTA NO DIA A DIA, ALÉM DE APRENDER NOÇÕES DE COMPANHEIRISMO E RESPEITO.

APRENDER SEMPRE

1 VAMOS CONHECER UM NOVO JOGO? LEIA O TEXTO A SEGUIR E RESPONDA ÀS QUESTÕES.

PALAVRAS COM A LETRA...

IDADE: A PARTIR DE 7 ANOS

TEMPO APROXIMADO: 2 MINUTOS

JOGADORES: 2 OU MAIS

MATERIAL: NENHUM

1. ESTABELECER UMA ORDEM ENTRE OS JOGADORES. UM ANUNCIA EM VOZ ALTA UMA LETRA, DIZENDO "PALAVRAS COM A LETRA...T", POR EXEMPLO.

2. CADA JOGADOR, NA SUA VEZ, DIZ UMA PALAVRA QUE COMECE COM A LETRA ESCOLHIDA, SEM REPETIR NENHUMA.

3. O JOGO TERMINA QUANDO ALGUÉM NÃO É CAPAZ DE DIZER UMA PALAVRA NOVA OU QUANDO DISSER UMA JÁ MENCIONADA.

JOSEPH M. ALLUÉ. *O GRANDE LIVRO DOS JOGOS*: 250 JOGOS DO MUNDO INTEIRO PARA TODAS AS IDADES. SÃO PAULO: CIRANDA CULTURAL S/A, 2016. P. 67.

A. QUAL É O NOME DO JOGO?

_____

B. QUAL É O OBJETIVO DO JOGO?

☐ DIZER O MAIOR NÚMERO DE PALAVRAS DIFERENTES COM A LETRA ESCOLHIDA.

☐ DIZER O MAIOR NÚMERO DE PALAVRAS DIFERENTES COM A SÍLABA ESCOLHIDA.

2 UMA PROFESSORA DESAFIOU SUA TURMA A JOGAR "PALAVRAS COM A LETRA..." USANDO PRIMEIRO NOMES DE PESSOAS INICIADOS PELA LETRA **M** E, DEPOIS, PELA LETRA **N**. VEJA ALGUNS DOS NOMES CITADOS PELOS ESTUDANTES.

- MIGUEL
- NATÁLIA
- MELISSA
- MURILO
- NEIMAR
- NUNO
- NÚBIA
- MARIANA

A. PINTE DE **VERDE** OS NOMES QUE INICIAM COM A LETRA **M** E DE **AZUL** OS NOMES QUE INICIAM COM A LETRA **N**.

B. COPIE OS NOMES SEPARANDO-OS EM DOIS GRUPOS.

NOMES QUE INICIAM COM A LETRA M	NOMES QUE INICIAM COM A LETRA N

3 ESCREVA OUTROS NOMES DE PESSOAS QUE COMEÇAM COM A LETRA **M** OU A LETRA **N**.

4 NESTE CAPÍTULO, VOCÊ ESTUDOU ALGUMAS REGRAS DE JOGO. EM SUA OPINIÃO, POR QUE É IMPORTANTE CONHECER AS REGRAS DE UM JOGO?

- O QUE PODE ACONTECER SE ALGUÉM NÃO CUMPRE AS REGRAS?

CENTO E SETENTA E SETE

CAPÍTULO 6

NO MEIO DA FLORESTA, EU VI...

Uma das maneiras de explicar como surgiu o que existe no mundo é contar histórias. O conjunto de tradições e crenças criadas e contadas por um povo por meio de histórias fazem parte do folclore. Observe a cena ao lado.

PARA COMEÇO DE CONVERSA

1. Você conhece as personagens dessa cena? Qual é o nome delas?

2. Onde você acha que as personagens estão?

3. Para você, essas personagens fazem parte da imaginação ou da vida real? Explique.

4. Você conhece as histórias contadas sobre essas personagens? Se sim, conte aos colegas.

Ilustração: Guilherme Asthma/ID/BR
Fotografia: Shutterstock.com/ID/BR

NAVEGAR NA LEITURA

EXPLICAR OS MISTÉRIOS DA NATUREZA POR MEIO DE HISTÓRIAS É UM HÁBITO MUITO COMUM ENTRE OS POVOS INDÍGENAS BRASILEIROS. ASSIM SURGEM AS **LENDAS**.

- CONSIDERANDO ISSO, EM QUAIS ESPAÇOS VOCÊ IMAGINA QUE SE PASSAM ESSAS HISTÓRIAS?

O PROFESSOR VAI FAZER A LEITURA DE UMA LENDA CONTADA PELOS INDÍGENAS BORORO, QUE VIVEM NO ESTADO DO MATO GROSSO. ESSA LENDA REVELA QUE, NAQUELA TRIBO, OS HOMENS CAÇAVAM, PESCAVAM E GUERREAVAM. JÁ AS MULHERES FICAVAM RESPONSÁVEIS POR PREPARAR A COMIDA PARA TODOS.

COMO NASCERAM AS ESTRELAS

[...]

UMA VEZ ELAS [AS MULHERES] NOTARAM QUE FALTAVA MILHO NO CESTO PARA MOER. QUE FIZERAM AS VALENTES MULHERES?

O SEGUINTE: SEM MEDO ENFURNARAM-SE NAS MATAS, SOB UM GOSTOSO SOL AMARELO. [...] MAS SÓ ENCONTRAVAM

[...]: SINAL QUE INDICA QUE UMA PARTE DO TEXTO ORIGINAL FOI EXCLUÍDA.

ESPIGAZINHAS MURCHAS E SEM GRAÇA.

— VAMOS VOLTAR E TRAZER CONOSCO UNS CURUMINS. [...] CURUMIM DÁ SORTE.

> **CLAREIRA:** LOCAL SEM ÁRVORES NA FLORESTA.
> **VIÇOSO:** BONITO, VISTOSO.
> **TABA:** ALDEIA.
> **COLIBRI:** PASSARINHO TAMBÉM CONHECIDO COMO BEIJA-FLOR.

E DEU MESMO. OS GAROTOS PARECIAM ADIVINHAR AS COISAS: FORAM RETINHO EM FRENTE E NUMA **CLAREIRA** DA FLORESTA – EIS UM MILHARAL **VIÇOSO** CRESCENDO ALTO. AS ÍNDIAS MARAVILHADAS DISSERAM: TOCA A COLHER TANTA ESPIGA. MAS OS GAROTINHOS TAMBÉM COLHERAM MUITAS E FUGIRAM DAS MÃES VOLTANDO À **TABA** E PEDINDO À AVÓ QUE LHES FIZESSE UM BOLO DE MILHO. A AVÓ ASSIM FEZ E OS CURUMINS SE ENCHERAM DE BOLO QUE LOGO SE ACABOU. SÓ ENTÃO TIVERAM MEDO DAS MÃES QUE RECLAMARIAM POR ELES COMEREM TANTO. [...] AÍ ENTÃO CHAMARAM OS **COLIBRIS** PARA QUE AMARRASSEM UM CIPÓ NO TOPO DO CÉU. QUANDO AS ÍNDIAS VOLTARAM FICARAM ASSUSTADAS VENDO OS FILHOS SUBINDO PELO AR. RESOLVERAM, ESSAS MÃES NERVOSAS, SUBIR ATRÁS DOS MENINOS E CORTAR O CIPÓ EMBAIXO DELES.

ACONTECEU UMA COISA QUE SÓ ACONTECE QUANDO A GENTE ACREDITA: AS MÃES CAÍRAM NO CHÃO, TRANSFORMANDO-SE EM ONÇAS. QUANTO AOS CURUMINS, COMO JÁ NÃO PODIAM VOLTAR PARA A TERRA, FICARAM NO CÉU ATÉ HOJE, TRANSFORMADOS EM GORDAS ESTRELAS BRILHANTES.

[...]

CLARICE LISPECTOR. *DOZE LENDAS BRASILEIRAS*: COMO NASCERAM AS ESTRELAS. RIO DE JANEIRO: ROCCO PEQUENOS LEITORES, 2014. P. 10-13.

LER PARA COMPREENDER

1 NO INÍCIO DA HISTÓRIA, OCORREU UM PROBLEMA.

A. QUE PROBLEMA FOI ESSE?

_____
_____

B. QUAIS PERSONAGENS DA HISTÓRIA TIVERAM QUE ENFRENTAR ESSE PROBLEMA?

_____

C. O QUE ELAS FIZERAM PARA RESOLVER O PROBLEMA?

_____
_____

2 COMO AS MULHERES SÓ ENCONTRAVAM ESPIGAS MURCHAS, ELAS VOLTARAM PARA A ALDEIA.

A. QUEM ELAS FORAM CHAMAR?

_____

B. POR QUE ELAS FIZERAM ISSO?

_____
_____

3 MARQUE COM UM **X** A IMAGEM QUE MOSTRA O QUE AS MULHERES ENCONTRARAM COM A AJUDA DOS CURUMINS.

4 OS CURUMINS FICARAM COM MEDO DE AS MÃES RECLAMAREM PORQUE TINHAM COMIDO MUITO. MARQUE UM **X** NA IMAGEM QUE REPRESENTA O QUE ELES FIZERAM.

5 O QUE AS MÃES RESOLVERAM FAZER EM SEGUIDA?

☐ BALANÇAR OS CIPÓS PARA DERRUBAR OS CURUMINS.

☐ SUBIR NOS CIPÓS E CORTAR A PONTA DELES.

6 COMO TERMINOU A HISTÓRIA? EM UMA FOLHA AVULSA, FAÇA UMA ILUSTRAÇÃO QUE MOSTRE O FINAL DA LENDA.

> AS **LENDAS** SÃO HISTÓRIAS QUE PROCURAM EXPLICAR O SURGIMENTO DE UM FENÔMENO DA NATUREZA OU TRANSMITIR ALGUM ENSINAMENTO, ESPECIALMENTE ÀS CRIANÇAS E AOS JOVENS. EM GERAL, APRESENTAM ELEMENTOS MÁGICOS OU SOBRENATURAIS.

7 NA LENDA, EXISTEM ALGUMAS SITUAÇÕES SOBRENATURAIS, COISAS QUE OCORREM DE FORMA MÁGICA. ASSINALE AS ALTERNATIVAS QUE INDICAM ESSAS SITUAÇÕES.

☐ OS CURUMINS AJUDAM AS MÃES NA COLHEITA.

☐ OS COLIBRIS AMARRAM UM CIPÓ NO TOPO DO CÉU.

☐ AS MÃES SÃO TRANSFORMADAS EM ONÇAS, E OS CURUMINS SÃO TRANSFORMADOS EM ESTRELAS.

8 QUE FENÔMENO DA NATUREZA É EXPLICADO NA LENDA?

_____

9 A LENDA QUE VOCÊ LEU FOI ESCRITA POR CLARICE LISPECTOR. CONHEÇA UM POUCO SOBRE ESSA ESCRITORA.

TEXTO E CONTEXTO

CLARICE LISPECTOR NASCEU NA UCRÂNIA, EM 1920. ELA VEIO PARA O BRASIL EM 1922 E FOI NATURALIZADA BRASILEIRA. COM 11 ANOS DE IDADE, TENTOU PUBLICAR ALGUNS CONTOS NA SEÇÃO "O DIÁRIO DAS CRIANÇAS", DO JORNAL *DIÁRIO DE PERNAMBUCO*, MAS SEUS TEXTOS NÃO FORAM ACEITOS. MAIS TARDE, TORNOU-SE UMA DAS MAIS IMPORTANTES ESCRITORAS BRASILEIRAS.

- VOCÊ CONHECE OUTROS LIVROS DESSA AUTORA? CONVERSE COM OS COLEGAS E O PROFESSOR.

ENTRE NA RODA

AGORA, O PROFESSOR VAI LER A LENDA DA MANDIOCA. ESSA LENDA É CONTADA PELOS INDÍGENAS PATAXÓ.

1. ESSA LENDA CONTA A HISTÓRIA DE MANDI, QUE MORREU LOGO APÓS ADOECER. COMO ERA A MENINA MANDI?

2. QUAIS FORAM OS MOTIVOS QUE LEVARAM OS INDÍGENAS PATAXÓ A HOMENAGEAR MANDI APÓS A MORTE DELA?

3. NO LUGAR EM QUE A MENINA FOI ENTERRADA, NASCEU UMA LINDA PLANTA. QUAL FOI O NOME DADO A ESSA PLANTA? VOCÊ IMAGINA POR QUE A PLANTA RECEBEU ESSE NOME?

4. O QUE A LENDA QUE VOCÊ ACABOU DE OUVIR EXPLICA?

5. AGORA, RECONTEM A LENDA DA MANDIOCA. UM ESTUDANTE COMEÇA E OS DEMAIS CONTINUAM CONTANDO UM TRECHO CADA UM ATÉ FINALIZAR A HISTÓRIA.

CAMINHOS DA LÍNGUA

LETRA S

1 COM OS COLEGAS E O PROFESSOR, LEIA E CANTE A CANTIGA A SEGUIR.

EU MORAVA NA AREIA, SEREIA
ME MUDEI PARA O SERTÃO, SEREIA
APRENDI A NAMORAR, SEREIA
COM UM APERTO DE MÃO, Ô SEREIA

DOMÍNIO PÚBLICO.

- PINTE A PALAVRA QUE SE REPETE NO FINAL DE CADA UM DOS VERSOS.

2 COMPLETE O TEXTO A SEGUIR COM A PALAVRA QUE VOCÊ PINTOU. ACOMPANHE A LEITURA DO PROFESSOR PARA CONHECER MAIS UMA PERSONAGEM DO NOSSO FOLCLORE.

A IARA É UMA DAS PERSONAGENS DO FOLCLORE BRASILEIRO. SEGUNDO A LENDA, ELA É UMA BELA _____ COM LINDOS CABELOS NEGROS. ELA CANTA LINDAMENTE E CHAMA A ATENÇÃO DE QUEM ESTÁ PRÓXIMO.

3 COM O PROFESSOR, LEIA EM VOZ ALTA AS PALAVRAS DO QUADRO A SEGUIR.

 SACI

 SEREIA

- EM CADA PALAVRA, CIRCULE A PRIMEIRA LETRA E A VOGAL QUE A ACOMPANHA.

4 PINTE SOMENTE AS FIGURAS EM QUE O SOM REPRESENTADO PELA LETRA **S** É PARECIDO COM O SOM INICIAL DAS PALAVRAS **S**ACI E **S**EREIA.

SAPO

SOL

CASA

SINO

5 CIRCULE A SÍLABA INICIAL DO NOME DE CADA FIGURA. DEPOIS, COMPLETE AS PALAVRAS.

SA
SO
SE

_____LO

SI
SA
SU

_____COLA

SU
SO
SE

_____CO

6 PINTE AS SÍLABAS QUE FORMAM O NOME DE CADA FIGURA. DEPOIS, COLOQUE EM ORDEM AS SÍLABAS QUE FORAM PINTADAS E ESCREVA O NOME DAS FIGURAS.

TE VO SE SI

SU LA FE SO

LA MI DA SA

_____ _____ _____

7 ACOMPANHE A LEITURA QUE O PROFESSOR VAI FAZER DE CADA LINHA DO TRAVA-LÍNGUA A SEGUIR E COMPLETE COM AS PALAVRAS QUE ESTÃO FALTANDO. DEPOIS, CRIE UMA ILUSTRAÇÃO PARA O TEXTO.

OLHA O _____ DENTRO DO _____

O _____ COM O _____ DENTRO

O _____ BATENDO PAPO

E O PAPO SOLTANDO VENTO.

DOMÍNIO PÚBLICO.

8 VAMOS BRINCAR COM AS PALAVRAS MAIS UMA VEZ? LEIA AS PERGUNTAS E MARQUE A RESPOSTA CORRETA COM UM **X**.

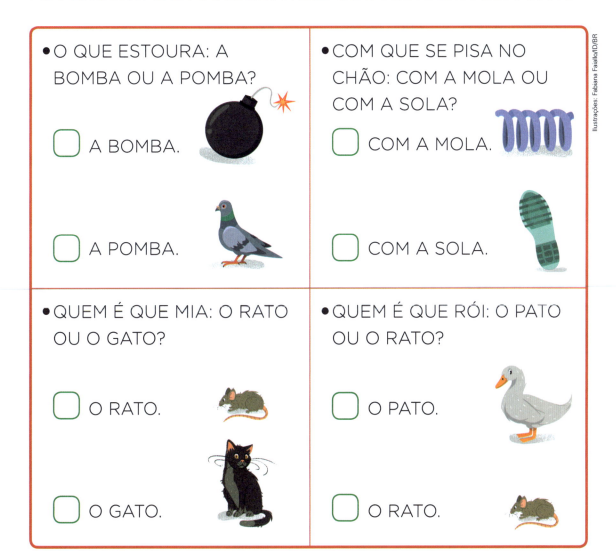

- O QUE ESTOURA: A BOMBA OU A POMBA?
  - ☐ A BOMBA.
  - ☐ A POMBA.

- COM QUE SE PISA NO CHÃO: COM A MOLA OU COM A SOLA?
  - ☐ COM A MOLA.
  - ☐ COM A SOLA.

- QUEM É QUE MIA: O RATO OU O GATO?
  - ☐ O RATO.
  - ☐ O GATO.

- QUEM É QUE RÓI: O PATO OU O RATO?
  - ☐ O PATO.
  - ☐ O RATO.

Ilustrações: Fabiana Faiallo/ID/BR

NAVEGAR NA LEITURA

SERES COMO A IARA, O SACI E O CURUPIRA SÃO PERSONAGENS DO FOLCLORE BRASILEIRO.

- VOCÊ SABE QUAL É A APARÊNCIA DE ALGUNS DESSES SERES, SEGUNDO AS HISTÓRIAS CONTADAS SOBRE ELES? COMENTE COM OS COLEGAS E O PROFESSOR.

AGORA, O PROFESSOR VAI LER UM TEXTO QUE CONTA UM POUCO SOBRE UM DESSES SERES: O CURUPIRA.

CURUPIRA

CURUPIRA É UM SER BASTANTE ESTRANHO, DIFERENTE DE TODOS OS QUE EXISTEM SOBRE A TERRA: TEM O CORPO PEQUENO E **DESENGONÇADO**, CABELOS COR DE FOGO, OLHOS VERDES... ATÉ AQUI, NADA DE MAIS, MAS OLHA SÓ: TEM DENTES VERDES – ONDE JÁ SE VIU? – E, IMAGINE, SEUS PÉS SÃO VIRADOS PARA TRÁS!

QUEM O VÊ LEVA UM SUSTO! E O PIOR É QUE, QUEM VAI NO SENTIDO CONTRÁRIO AO DE SUAS PEGADAS, EM VEZ DE

DESENGONÇADO: DESAJEITADO.

FUGIR, VAI NA SUA DIREÇÃO. É QUE OS PÉS VIRADOS PARA TRÁS DESPISTAM QUALQUER UM!

E É ISSO MESMO QUE O CURUPIRA QUER, PARA PODER PEGAR TODO CAÇADOR QUE ENTRA PELAS MATAS E LANÇA SUA FLECHA SOBRE OS ANIMAIS. CURUPIRA NÃO **ADMITE** QUE ALGUÉM MATE UM ÚNICO BICHO, E MUITO MENOS OS QUE VIVEM EM GRUPO, PORQUE SÃO MUITO UNIDOS E, QUANDO UM MORRE, TODOS OS OUTROS SOFREM MUITO, PASSAM DIAS SEM COMER, SÓ CHORANDO, COITADINHOS.

[...]

ELSA PESTANA MAGALHÃES. *LENDAS DO BRASIL*. BARUERI: GIRASSOL; MADRI: SUSAETA, 2004. P. 35.

ADMITIR: PERMITIR.

TEXTO E CONTEXTO

A LENDA DO CURUPIRA TEVE ORIGEM NA REGIÃO DA AMAZÔNIA, MAS É CONTADA EM TODO O BRASIL HÁ MUITO TEMPO. NÃO SE SABE AO CERTO QUANDO ELA SURGIU, MAS HÁ RELATOS SOBRE O CURUPIRA DA ÉPOCA EM QUE OS PORTUGUESES CHEGARAM AO BRASIL, OU SEJA, ESSA HISTÓRIA É CONTADA HÁ PELO MENOS 500 ANOS.

PARA EXPLORAR

CONTANDO E CANTANDO HISTÓRIAS, DO GRUPO PERERÊ. TRATORE, 2008.

O CD *CONTANDO E CANTANDO HISTÓRIAS*, DO GRUPO PERERÊ, TRAZ LENDAS INDÍGENAS E OUTRAS HISTÓRIAS COM PERSONAGENS FOLCLÓRICAS COMO A IARA. TAMBÉM APRESENTA CANÇÕES INSPIRADAS NESSAS PERSONAGENS.

LER PARA COMPREENDER

1 O TEXTO LIDO:
- ☐ CONTA UMA HISTÓRIA COM O CURUPIRA.
- ☐ DÁ INFORMAÇÕES SOBRE COMO É O CURUPIRA.

2 DE ACORDO COM A LEITURA DO TEXTO, O QUE O CURUPIRA FAZ PELOS ANIMAIS?

3 MARQUE COM UM **X** AS CARACTERÍSTICAS DO CURUPIRA.

CABELOS COR DE FOGO	OLHOS DE GATO	DENTES VERDES	GARRAS DE ÁGUIA
 ☐	 ☐	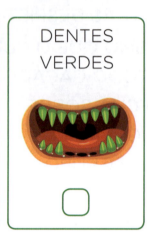 ☐	 ☐

PÉS VIRADOS PARA TRÁS	CORPO PEQUENO E DESAJEITADO	PÉS VERDES	CABELOS AZUIS
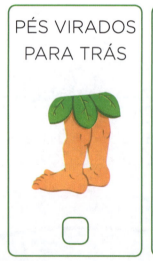 ☐	 ☐	 ☐	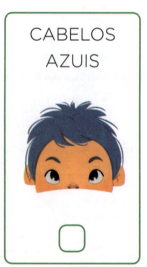 ☐

4 POR QUE O TEXTO DIZ QUE QUEM VÊ O CURUPIRA LEVA UM SUSTO?

5 SEGUNDO O TEXTO, O CURUPIRA TEM OS PÉS VIRADOS PARA TRÁS. COMO ISSO O AJUDA A PROTEGER OS ANIMAIS?

6 RELEIA ESTE TRECHO E MARQUE COM UM **X** O QUE A EXPRESSÃO "ONDE JÁ SE VIU?" DEMONSTRA.

> ATÉ AQUI, NADA DE MAIS, MAS OLHA SÓ: TEM DENTES VERDES – ONDE JÁ SE VIU? – E, IMAGINE, SEUS PÉS SÃO VIRADOS PARA TRÁS!

☐ ALEGRIA. ☐ SURPRESA. ☐ INDIGNAÇÃO.

7 RELEMBRE OUTRO TRECHO DO TEXTO.

> CURUPIRA NÃO ADMITE QUE ALGUÉM MATE UM ÚNICO BICHO, E MUITO MENOS OS QUE VIVEM EM GRUPO, PORQUE SÃO MUITO UNIDOS E, QUANDO UM MORRE, TODOS OS OUTROS SOFREM MUITO, PASSAM DIAS SEM COMER, SÓ CHORANDO, **COITADINHOS**.

A. A PALAVRA DESTACADA SE REFERE A QUEM?

B. QUE SENTIMENTO ESSA PALAVRA EXPRESSA?

☐ ALEGRIA. ☐ DÓ. ☐ INVEJA.

8 FAÇA UMA ILUSTRAÇÃO DE COMO VOCÊ IMAGINA QUE SEJA O CURUPIRA E MOSTRE AOS COLEGAS.

CAMINHOS DA LÍNGUA

LETRA C

1 AS PALAVRAS ABAIXO FORAM RETIRADAS DO TEXTO "CURUPIRA". LEIA CADA UMA DELAS COM O PROFESSOR E PINTE A PRIMEIRA LETRA DE CADA PALAVRA.

CAÇADOR

COMER

CURUPIRA

- TODAS AS PALAVRAS SÃO INICIADAS PELA LETRA ☐.

2 CIRCULE AS IMAGENS EM QUE OS NOMES COMEÇAM COM A LETRA **C**.

CARRO GATO CORUJA

GORILA CUIA SUÇUARANA

3 LEIA O TEXTO A SEGUIR COM O PROFESSOR E DESCUBRA: DE QUAL PERSONAGEM DO FOLCLORE ELE TRATA?

> ELE TEM UMA PERNA SÓ, USA UMA CARAPUÇA VERMELHA. VIVE APRONTANDO TRAVESSURAS POR ONDE PASSA. É RÁPIDO, ESPERTO E PODE FICAR INVISÍVEL OU DESAPARECER DE REPENTE.

◯ CAIPORA. ◯ BOTO. ◯ SACI-PERERÊ.

4 AGORA, LEIA AS PALAVRAS A SEGUIR EM VOZ ALTA.

| CASA | CENOURA | SACI | SACO | CUCO |

A. CONTINUE PREENCHENDO O QUADRO, SEPARANDO AS PALAVRAS EM DOIS GRUPOS DE ACORDO COM O SOM REPRESENTADO PELA LETRA **C**.

GRUPO 1	GRUPO 2
CASA	

B. COPIE AS VOGAIS QUE APARECEM DEPOIS DA LETRA **C** NAS PALAVRAS DO GRUPO 1. ◯ ◯ ◯

C. COPIE AS VOGAIS QUE APARECEM DEPOIS DA LETRA **C** NAS PALAVRAS DO GRUPO 2. ◯ ◯

D. A CONSOANTE **C** REPRESENTA SEMPRE O MESMO SOM? CONVERSE SOBRE ISSO COM OS COLEGAS.

5) PESQUISE, EM JORNAIS E REVISTAS, PALAVRAS COM A CONSOANTE **C**. RECORTE E COLE AS PALAVRAS NOS ESPAÇOS A SEGUIR, DE ACORDO COM O SOM QUE ELAS REPRESENTAM.

6) OBSERVE AS IMAGENS. AGORA, DESEMBARALHE AS LETRAS E ESCREVA O NOME DE CADA IMAGEM.

JOGOS E BRINCADEIRAS

DIAGRAMA COM A LETRA C

COMPLETE AS PALAVRAS COM A CONSOANTE **C** E COM A VOGAL QUE DEVE ACOMPANHÁ-LA. DEPOIS, PROCURE E CIRCULE NO DIAGRAMA O NOME DE CADA FIGURA.

_____GARRA

_____BIDE

_____RUPIRA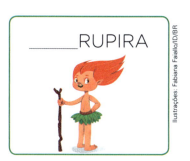

_____BRA

_____BOLA

C	I	G	A	R	R	A	W	T	C
A	F	G	T	Y	C	U	I	O	I
C	U	R	U	P	I	R	A	C	P
V	X	S	G	C	E	B	O	L	A
C	Y	T	D	K	A	W	Q	B	L
P	N	C	O	B	R	A	O	O	Ç
P	G	F	D	S	R	X	Z	L	U
D	X	Y	F	C	A	B	I	D	E

- RELEIA AS PALAVRAS EM VOZ ALTA E RESPONDA: O SOM REPRESENTADO PELA LETRA **C** NESSAS PALAVRAS É O MESMO?

OLÁ, ORALIDADE

CONTAÇÃO DE HISTÓRIAS

AS LENDAS, ASSIM COMO OS CONTOS POPULARES, SÃO HISTÓRIAS QUE FORAM TRANSMITIDAS ORALMENTE DE GERAÇÃO PARA GERAÇÃO. VOCÊ JÁ EXPERIMENTOU CONTAR UMA HISTÓRIA PARA ALGUÉM? É DESSA ATIVIDADE QUE VOCÊ VAI PARTICIPAR AGORA!

ORIENTAÇÕES PARA A PRODUÇÃO

1. O PROFESSOR VAI ORGANIZAR A TURMA EM GRUPOS, DE ACORDO COM O NÚMERO TOTAL DE ESTUDANTES DA SALA.

2. CADA GRUPO DEVERÁ PESQUISAR UMA LENDA DIFERENTE. VOCÊS PODEM CONSULTAR LIVROS, REVISTAS OU *SITES*. PEÇAM A UM FAMILIAR QUE OS AUXILIEM NA PESQUISA E ESCOLHAM A LENDA DE QUE MAIS GOSTARAM.

3. COM A AJUDA DO PROFESSOR, VOCÊS VÃO COMBINAR QUE PARTE CADA UM VAI CONTAR. PORÉM, TODOS DO GRUPO DEVEM SABER A SEQUÊNCIA COMPLETA DA HISTÓRIA.

4. NO DIA DA CONTAÇÃO, SENTEM-SE EM RODA. UM ESTUDANTE VAI INICIAR A LENDA E, AO TOCAR NO OMBRO DO COLEGA AO SEU LADO, ESTE CONTINUA CONTANDO A HISTÓRIA.

5. QUANDO O ÚLTIMO ESTUDANTE DO GRUPO CONCLUIR A CONTAÇÃO DA LENDA, TODOS DEVEM APLAUDIR O GRUPO.

6. QUEM ESTIVER OUVINDO OS COLEGAS, DEVE FICAR EM SILÊNCIO E PRESTANDO ATENÇÃO PARA APROVEITAR A ATIVIDADE.

Ilustração: Davi Augusto/ID/BR; Fotografia: Getty Images/ID/BR

PREPARAÇÃO DA FALA

1. PREPARE-SE PARA O DIA DA CONTAÇÃO DE HISTÓRIAS. COMO TODOS VÃO SE SENTAR EM RODA, NÃO SERÁ PRECISO FALAR EM UM TOM DE VOZ MUITO ALTO, MAS NÃO FALE MUITO BAIXO, PARA QUE TODOS POSSAM OUVIR VOCÊ SEM DIFICULDADE.

2. OS ACONTECIMENTOS NA HISTÓRIA PRECISAM SER CONTADOS EM UMA SEQUÊNCIA QUE TODOS COMPREENDAM. POR ISSO, PROCURE MEMORIZAR OS FATOS NA ORDEM EM QUE ELES ACONTECEM NA HISTÓRIA.

3. TREINE ANTES DA APRESENTAÇÃO, ENSAIANDO NA FRENTE DE UM ADULTO OU DE UM ESPELHO.

4. UMA BOA ESTRATÉGIA PARA PRENDER A ATENÇÃO DO PÚBLICO É FAZER VOZES DIFERENTES PARA CADA PERSONAGEM QUE FOR FALAR. FICA MUITO DIVERTIDO!

5. FAÇA GESTOS E EXPRESSÕES QUE REFORCEM OS SENTIMENTOS DAS PERSONAGENS E AS AÇÕES NARRADAS.

AVALIAÇÃO

APÓS A CONTAÇÃO, RESPONDA ÀS PERGUNTAS PARA AVALIAR SUA PARTICIPAÇÃO NA ATIVIDADE.

- EU ME PREPAREI PARA A CONTAÇÃO DE HISTÓRIAS? COMO?
- O MEU TOM DE VOZ DURANTE A APRESENTAÇÃO FOI ADEQUADO?
- DO QUE EU MAIS GOSTEI NA CONTAÇÃO?
- O QUE EU POSSO MELHORAR PARA UMA PRÓXIMA ATIVIDADE DE CONTAÇÃO DE HISTÓRIAS COM A TURMA?

DANDO ASAS À PRODUÇÃO

LENDA

NESTE CAPÍTULO, VOCÊ CONHECEU ALGUMAS LENDAS DO FOLCLORE BRASILEIRO. ESSAS HISTÓRIAS FORAM CRIADAS E CONTADAS PELOS POVOS INDÍGENAS PARA EXPLICAR ACONTECIMENTOS DA NATUREZA. SE ALGUÉM NÃO TIVESSE RESOLVIDO ESCREVER ESSAS HISTÓRIAS, PROVAVELMENTE NÃO AS CONHECERÍAMOS HOJE.

O QUE VOU PRODUZIR

VOCÊ E OS COLEGAS VÃO REESCREVER UMA LENDA DO JEITO DE VOCÊS. DEPOIS, VÃO CONTAR A HISTÓRIA QUE REESCREVERAM AOS COLEGAS DE OUTRA TURMA.

ORIENTAÇÕES PARA A PRODUÇÃO

1. COM OS COLEGAS E O PROFESSOR, ESCOLHAM A LENDA QUE VOCÊS VÃO REESCREVER. PODE SER A LENDA DA MANDIOCA, LIDA PELO PROFESSOR, OU UMA DAS CONTADAS PELOS COLEGAS NA SEÇÃO *OLÁ, ORALIDADE*. VOCÊS PODEM DIZER DE QUAIS LENDAS MAIS GOSTARAM, PARA QUE O PROFESSOR REGISTRE OS TÍTULOS PREFERIDOS NA LOUSA. DEPOIS, FAÇAM UMA VOTAÇÃO E ELEJAM A HISTÓRIA QUE SERÁ REESCRITA.

2. A HISTÓRIA SERÁ CONTADA DA SEGUINTE MANEIRA: UM ESTUDANTE COMEÇA CONTANDO. QUEM QUISER CONTINUAR A CONTAÇÃO, DEVERÁ LEVANTAR A MÃO.

3. O PROFESSOR VAI ESCREVER O TEXTO RECONTADO POR VOCÊS NA LOUSA. NA SEQUÊNCIA, VOCÊS VÃO COPIAR O TEXTO NO CADERNO.

4. DESSA FORMA, A CADA TRECHO ESCRITO PELO PROFESSOR, FAÇAM TAMBÉM O REGISTRO DAS INFORMAÇÕES NO CADERNO.

AVALIAÇÃO E REESCRITA

AVALIEM O TEXTO QUE VOCÊS ESCREVERAM PINTANDO **SIM** OU **NÃO** PARA AS PERGUNTAS A SEGUIR.

1. REGISTRAMOS O TÍTULO DA LENDA?	SIM	NÃO
2. RECONTAMOS TODAS AS PARTES DA HISTÓRIA?	SIM	NÃO
3. COPIAMOS TODOS OS TRECHOS QUE O PROFESSOR REGISTROU NA LOUSA?	SIM	NÃO

CASO SEJA NECESSÁRIO, FAÇAM CORREÇÕES OU ACRESCENTE ALGUMA PARTE QUE ESTEJA FALTANDO NO TEXTO.

PARA FINALIZAR, FAÇA UM DESENHO PARA ILUSTRAR A SUA PRODUÇÃO.

CIRCULAÇÃO DO TEXTO

1. AGORA, CONTEM A LENDA PREFERIDA DE VOCÊS PARA OUTRA TURMA DA ESCOLA. VOCÊS JÁ SABEM COMO SE PREPARAR PARA UMA CONTAÇÃO DE HISTÓRIAS. ENTÃO, COM A AJUDA DO PROFESSOR, ORGANIZEM UM DIA DE CONTAÇÃO DE LENDAS ENTRE TURMAS!

2. ALÉM DE CONTAR A LENDA AOS COLEGAS DE OUTRA TURMA, APRESENTEM A VERSÃO QUE ESCREVERAM E PEÇAM A ELES QUE CRIEM UMA ILUSTRAÇÃO PARA O TEXTO.

CAMINHOS DA LÍNGUA

LETRA MAIÚSCULA E LETRA MINÚSCULA

1 LEIA ESTA TIRA COM O PROFESSOR.

ANTONIO CEDRAZ. TURMA DO XAXADO. DISPONÍVEL EM: http://tirasemquadrinhos.blogspot.com/2010/08/turma-do-xaxado-no-correio-popular-de.html. ACESSO EM: 30 MAR. 2021.

A. COMO XAXADO SE SENTE NO PRIMEIRO QUADRINHO?

B. O SACI DIZ QUE A PREOCUPAÇÃO DE XAXADO "É O DE MENOS". O QUE ELE QUIS DIZER COM ESSA EXPRESSÃO?

C. O QUE É MAIS PREOCUPANTE DO QUE A MULA SEM CABEÇA ESTAR GRIPADA? POR QUÊ?

2 LEIA O NOME DA PERSONAGEM QUE APARECE NA TIRA.

XAXADO

Xaxado

A. O NOME DA PERSONAGEM FOI ESCRITO DUAS VEZES DO MESMO MODO? EXPLIQUE O QUE VOCÊ OBSERVOU.

B. CIRCULE A LETRA QUE FOI ESCRITA EXATAMENTE DA MESMA FORMA NOS DOIS QUADROS.

C. VOCÊ JÁ OBSERVOU O USO DE DIFERENTES TIPOS DE LETRA NO MESMO TEXTO? SE SIM, EM QUAIS SITUAÇÕES?

AS LETRAS DO ALFABETO PODEM SER MAIÚSCULAS E MINÚSCULAS.

ALFABETO – LETRAS MAIÚSCULAS

A	B	C	D	E	F	G	H	I
J	K	L	M	N	O	P	Q	R
S	T	U	V	W	X	Y	Z	

ALFABETO – LETRAS MINÚSCULAS

a	b	c	d	e	f	g	h	i
j	k	l	m	n	o	p	q	r
s	t	u	v	w	x	y	z	

3 OBSERVE UM TEXTO ESCRITO COM LETRAS MAIÚSCULAS E LETRAS MINÚSCULAS.

> O menino Xaxado parecia preocupado no início da história.

A. CIRCULE NO TEXTO AS LETRAS MAIÚSCULAS.

B. AS LETRAS MAIÚSCULAS APARECEM:

☐ NO INÍCIO DO TEXTO.

☐ NO INÍCIO DO NOME DE UMA PERSONAGEM.

☐ EM QUALQUER LUGAR DO TEXTO.

QUANDO USAMOS LETRAS **MAIÚSCULAS** E LETRAS **MINÚSCULAS** PARA ESCREVER UM TEXTO, A PRIMEIRA PALAVRA DO TEXTO E O NOME DE PERSONAGENS E DE PESSOAS DEVEM SER ESCRITOS COM LETRA INICIAL MAIÚSCULA.

4 LEIA O TÍTULO QUE APARECE NA CAPA DO LIVRO ABAIXO.

A. CIRCULE AS LETRAS MAIÚSCULAS QUE ESTÃO PRESENTES NO TÍTULO.

B. A PALAVRA **IARA** FOI ESCRITA COM LETRA INICIAL MAIÚSCULA PORQUE:

☐ É A PRIMEIRA PALAVRA DO TEXTO.

☐ É O NOME DE UMA PERSONAGEM.

C. POR QUE A PALAVRA **A** FOI ESCRITA COM MAIÚSCULA?

_____

5 LOCALIZE OS CAMINHOS CORRETOS PARA CHEGAR À ESCOLA. PARA ISSO, VOCÊ DEVE IDENTIFICAR E SEGUIR AS PLACAS COM PALAVRAS ESCRITAS EM LETRAS MAIÚSCULAS.

6 LIGUE CADA PALAVRA ESCRITA EM LETRAS MAIÚSCULAS À PALAVRA CORRESPONDENTE EM LETRAS MINÚSCULAS.

CAMINHOS DA LÍNGUA

LETRA DE IMPRENSA E LETRA CURSIVA

1 VOLTE À PÁGINA 202 E OBSERVE NOVAMENTE A CAPA DO LIVRO MOSTRADA NA ATIVIDADE 4.

A. COPIE O NOME DA PERSONAGEM QUE APARECE NA CAPA DO LIVRO.

B. COM A AJUDA DO PROFESSOR, LEIA AS PALAVRAS ESCRITAS NO QUADRO A SEGUIR.

- NESSE QUADRO:

  ☐ FORAM ESCRITOS NOMES DIFERENTES.

  ☐ FOI ESCRITO O MESMO NOME COM FORMATOS DE LETRA DIFERENTES.

2 CIRCULE AS LETRAS QUE VOCÊ CONHECE NO QUADRO A SEGUIR.

A. NESSE QUADRO, HÁ LETRAS QUE SE REPETEM? SE SIM, QUAIS?

B. VOCÊ JÁ OBSERVOU, EM LIVROS E REVISTAS, QUE EXISTEM VÁRIAS FORMAS DE REGISTRAR AS LETRAS DO ALFABETO? CONVERSE COM OS COLEGAS E O PROFESSOR SOBRE ISSO.

3 COM A AJUDA DO PROFESSOR, LEIA OS TEXTOS A SEGUIR.

TEXTO 1

TEXTO 2

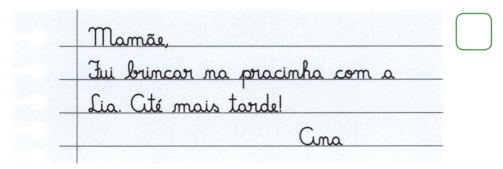

A. PINTE O QUADRINHO AO LADO DE CADA TEXTO DE ACORDO COM A LEGENDA A SEGUIR.

 MENSAGEM DE CELULAR   BILHETE

B. EM QUE SITUAÇÕES E COM QUAIS OBJETIVOS TEXTOS COMO ESSES COSTUMAM SER ESCRITOS?

C. OS TEXTOS **1** E **2** FORAM ESCRITOS EMPREGANDO FORMATOS DE LETRAS:

☐ IGUAIS.   ☐ DIFERENTES.

> A LETRA USADA PARA ESCREVER UMA MENSAGEM DE TEXTO É CHAMADA DE **LETRA DE IMPRENSA**. A LETRA USADA GERALMENTE PARA ESCREVER UM BILHETE É CHAMADA DE **LETRA CURSIVA**.

OBSERVE AS LETRAS MAIÚSCULAS E MINÚSCULAS DO ALFABETO ESCRITAS COM LETRA DE IMPRENSA E COM LETRA CURSIVA.

A a	B b	C c	D d	E e
A a	*B b*	*C c*	*D d*	*E e*
F f	G g	H h	I i	J j
F f	*G g*	*H h*	*I i*	*J j*
K k	L l	M m	N n	O o
K k	*L l*	*M m*	*N n*	*O o*
P p	Q q	R r	S s	T t
P p	*Q q*	*R r*	*S s*	*T t*
U u	V v	W w	X x	Y y	Z z
U u	*V v*	*W w*	*X x*	*Y y*	*Z z*

4 OBSERVE AS IMAGENS A SEGUIR E LEIA O NOME DOS ANIMAIS. DEPOIS, DESTAQUE AS ETIQUETAS DA PÁGINA 297 E COLE ESSAS ETIQUETAS NOS ESPAÇOS CORRESPONDENTES, COMO NO EXEMPLO.

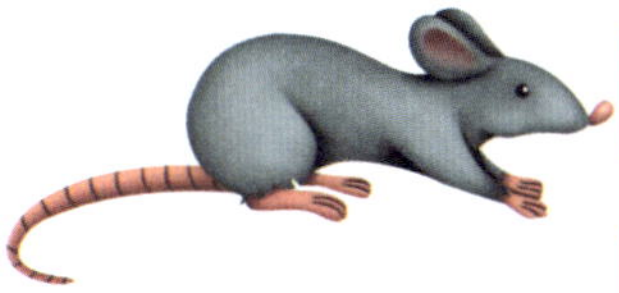

RATO

rato

rato

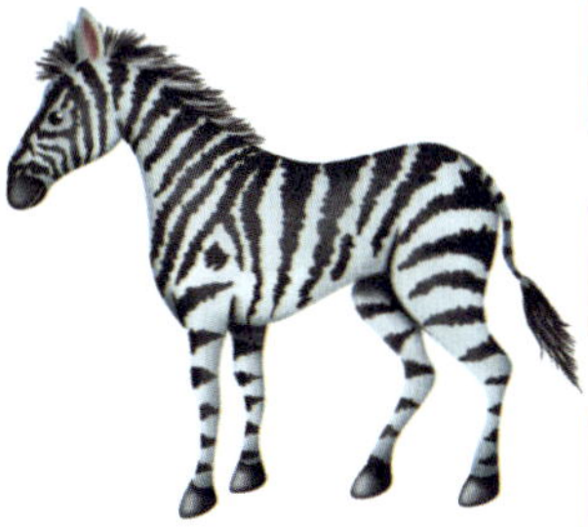

ZEBRA

Ilustrações: Bruna Ishihara/ID/BR

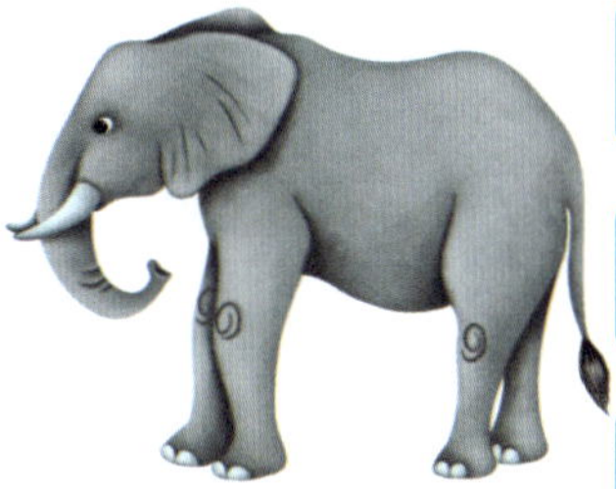

ELEFANTE

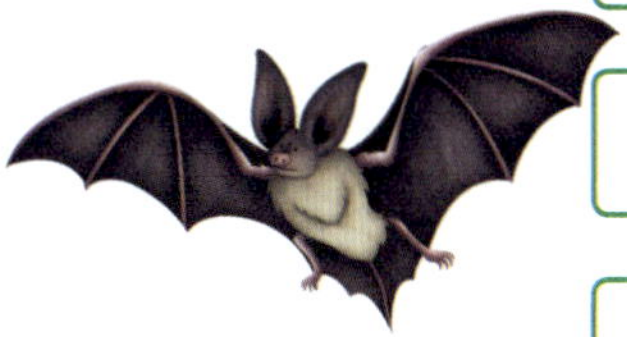

MORCEGO

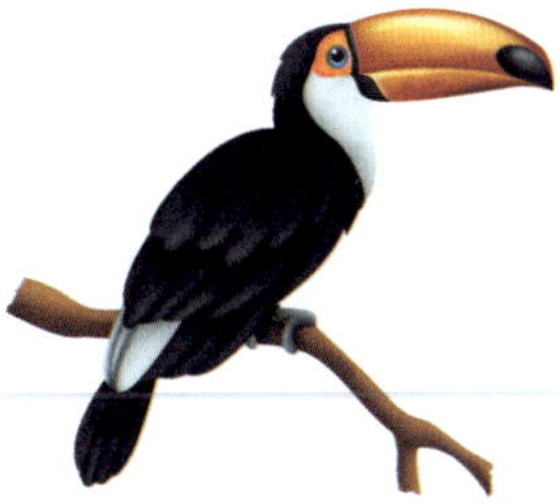

TUCANO

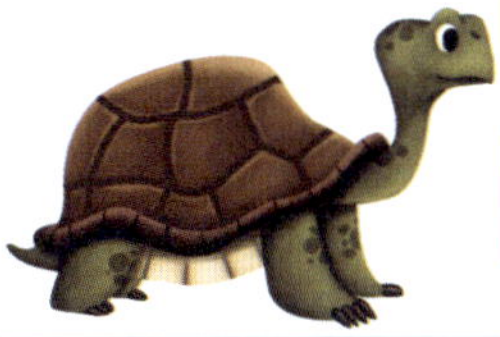

TARTARUGA

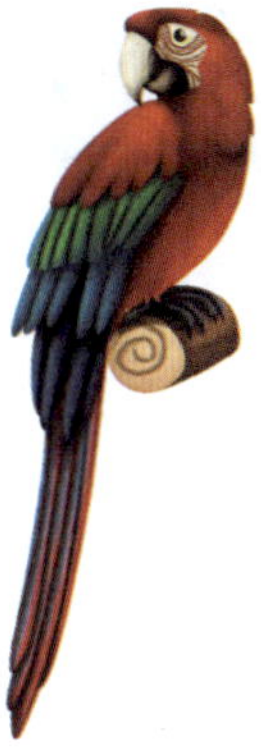

ARARA

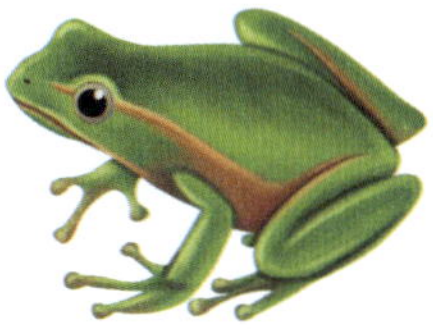

SAPO

VOCABULÁRIO

ESTA SEÇÃO APRESENTA O SIGNIFICADO DE ALGUMAS PALAVRAS QUE VOCÊ VIU NESTE CAPÍTULO. NOTE QUE, ÀS VEZES, A PALAVRA PODE ASSUMIR MAIS DE UM SENTIDO, DEPENDENDO DO CONTEXTO EM QUE É UTILIZADA. AGORA, ACOMPANHE A LEITURA QUE O PROFESSOR VAI FAZER.

ADMITIR <AD.MI.TIR>
1. ACEITAR COMO FATO, RECONHECER UMA SITUAÇÃO.
   O CANDIDATO ADMITIU QUE ERROU DURANTE A CAMPANHA.
2. ACEITAR, CONTRATAR, EMPREGAR UMA PESSOA EM DETERMINADO LUGAR.
   A EMPRESA ESTÁ ADMITINDO NOVOS FUNCIONÁRIOS.

CLAREIRA <CLA.REI.RA>
TERRENO ABERTO EM MATA OU BOSQUE, COM POUCA OU NENHUMA VEGETAÇÃO.
OS ANIMAIS FICARAM PRÓXIMOS ÀQUELA CLAREIRA.

COLIBRI <CO.LI.BRI>
ANIMAL CONHECIDO COMO BEIJA-FLOR. TEM BICO ALONGADO E FINO, LÍNGUA MUITO COMPRIDA, ASAS LONGAS, USADAS PARA VOO VELOZ, E PLUMAGEM DE CORES VARIADAS.
TODOS OS DIAS APARECE UM COLIBRI NA MINHA VARANDA.

CURUMIM <CU.RU.MIM>
RAPAZ JOVEM; GAROTO, MENINO.
AQUELE CURUMIM É MUITO ANIMADO E DIVERTIDO.

DESENGONÇADO <DE.SEN.GON.ÇA.DO>
QUE TEM AS PARTES DO CORPO FROUXAS, INDIVÍDUO DESCONJUNTADO, DESAJEITADO.
ACORDEI HOJE TODO DESENGONÇADO, POIS DORMI POUCO.

ESTRELAS <ES.TRE.LAS>
1. CORPO CELESTE CINTILANTE, COM ENERGIA E LUZ PRÓPRIAS.
   O CÉU ESTÁ CHEIO DE ESTRELAS HOJE.
2. PESSOA FAMOSA QUE TEM MUITO PRESTÍGIO DIANTE DO PÚBLICO.
   ASSISTI AO FILME CENTRAL DO BRASIL, QUE TEM PARTICIPAÇÃO DA ESTRELA FERNANDA MONTENEGRO.

TABA <TA.BA>
CONJUNTO DE HABITAÇÃO COMUM DOS INDÍGENAS.
DURANTE A VISITA À ALDEIA INDÍGENA, NÓS VIMOS UMA TABA MUITO GRANDE.

VIÇOSO <VI.ÇO.SO>
QUE TEM MUITA ENERGIA, ESTÁ EM PLENO VIGOR, MANIFESTA MUITA BELEZA E EXUBERÂNCIA.
AS ÁRVORES DAQUELE LOCAL SÃO MUITO VIÇOSAS.

SUGESTÕES DE LEITURA

***DOZE LENDAS BRASILEIRAS: COMO NASCERAM AS ESTRELAS*, DE CLARICE LISPECTOR. EDITORA ROCCO JOVENS LEITORES.**

ESSE LIVRO REÚNE HISTÓRIAS DO FOLCLORE NACIONAL, UMA PARA CADA MÊS DO ANO, RECONTADAS POR UMA DAS MAIORES ESCRITORAS BRASILEIRAS. COM DELICADEZA E SENSIBILIDADE, CLARICE LISPECTOR DESTACA O QUE HÁ DE MAIS BELO NAS LENDAS DO NOSSO FOLCLORE.

***SACI: A ORIGEM*, DE ILAN BRENMAN. EDITORA COMPANHIA DAS LETRINHAS.**

TODO MUNDO JÁ OUVIU FALAR DO MENINO DE UMA PERNA SÓ QUE ANDA POR AÍ COM SEU GORRO VERMELHO E UM CACHIMBO, PREGANDO PEÇAS. MAS COMO FOI QUE O SACI-PERERÊ SURGIU? NESSE LIVRO, ILAN BRENMAN CONTA A ORIGEM DESSA FIGURA FOLCLÓRICA TÃO QUERIDA ENTRE OS BRASILEIROS E DESAFIA UM ILUSTRADOR QUE VEIO DE OUTRO PAÍS A FAZER A SUA PRÓPRIA VERSÃO DO SACI!

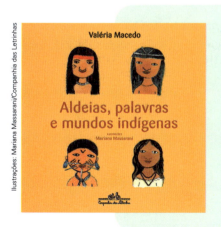

***ALDEIAS, PALAVRAS E MUNDOS INDÍGENAS*, DE VALÉRIA MACEDO. EDITORA COMPANHIA DAS LETRINHAS.**

COM ILUSTRAÇÕES DE MARIANA MASSARANI, ESSE LIVRO PROPORCIONA AO LEITOR UMA VIAGEM IMAGINÁRIA ÀS ALDEIAS DE QUATRO DIFERENTES POVOS INDÍGENAS BRASILEIROS: OS YANOMAMI, OS KRAHÔ, OS KUIKURO E OS GUARANI MBYA.

APRENDER SEMPRE

1 COM O PROFESSOR, LEIA A LENDA A SEGUIR.

O UIRAPURU

CERTA VEZ UM JOVEM GUERREIRO APAIXONOU-SE PELA ESPOSA DO GRANDE **CACIQUE**, MAS NÃO PODIA APROXIMAR-SE DELA. ENTÃO PEDIU A **TUPÃ** QUE O TRANSFORMASSE NUM PÁSSARO. TUPÃ FEZ DELE UM PÁSSARO DE COR **VERMELHO-TELHA**. TODA NOITE IA CANTAR PARA SUA AMADA. MAS FOI O CACIQUE QUE NOTOU SEU CANTO. TÃO LINDO E **FASCINANTE** ERA O SEU CANTO QUE O CACIQUE PERSEGUIU A AVE PARA PRENDÊ-LA, SÓ PARA ELE.

O UIRAPURU VOOU PARA BEM DISTANTE DA FLORESTA E O CACIQUE QUE O PERSEGUIA PERDEU-SE DENTRO DAS MATAS E **IGARAPÉS** E NUNCA MAIS VOLTOU. O LINDO PÁSSARO VOLTA SEMPRE, CANTA PARA A SUA AMADA E VAI EMBORA, ESPERANDO QUE UM DIA ELA DESCUBRA O SEU CANTO E SEU ENCANTO.

▲ PÁSSARO UIRAPURU.

CACIQUE: CHEFE DE UMA ALDEIA INDÍGENA.
TUPÃ: TROVÃO, NA LÍNGUA TUPI, CULTUADO POR ALGUNS POVOS INDÍGENAS.
VERMELHO-TELHA: VERMELHO AMARRONZADO, COR DA TELHA DE BARRO.
FASCINANTE: ENCANTADOR, MARAVILHOSO.
IGARAPÉ: PEQUENO RIO.

REGINA COELI VIEIRA MACHADO. *LENDAS INDÍGENAS*. PESQUISA ESCOLAR *ON-LINE*, FUNDAÇÃO JOAQUIM NABUCO, RECIFE. DISPONÍVEL EM: HTTPS://PESQUISAESCOLAR.FUNDAJ.GOV.BR/PT-BR/ARTIGO/LENDAS-INDIGENAS/. ACESSO EM: 03 JUL. 2021.

A. POR QUE O JOVEM GUERREIRO PEDIU A TUPÃ QUE O TRANSFORMASSE EM UM PÁSSARO?

_____

_____

B. O QUE ACONTECEU POR CAUSA DO LINDO CANTO DO UIRAPURU? MARQUE A RESPOSTA CORRETA COM UM **X**.

C. COMO TERMINA A LENDA DO UIRAPURU?

D. VOCÊ GOSTOU DESSE FINAL? POR QUÊ?

E. VOCÊ ACHA CORRETA A ATITUDE DO CACIQUE, QUE TENTOU PRENDER A AVE POR ELA TER UM BELO CANTO?

2 LEIA A PALAVRA DO QUADRO A SEGUIR.

CACIQUE

A. ESCREVA AS SÍLABAS QUE FORMAM ESSA PALAVRA.

B. PINTE DE CORES DIFERENTES AS SÍLABAS INICIADAS PELA CONSOANTE **C**.

C. NAS SÍLABAS QUE VOCÊ PINTOU ANTERIORMENTE, A LETRA **C** REPRESENTA SONS:

☐ IGUAIS.   ☐ DIFERENTES.

DUZENTOS E ONZE

CAPÍTULO 7

CURIOSO, EU?

A curiosidade nos leva a descobrir coisas novas. Neste capítulo, você vai conhecer curiosidades sobre vários animais.

PARA COMEÇO DE CONVERSA

1. Na imagem ao lado, o que a menina está fazendo? Que sensação a expressão de seu rosto transmite?

2. Você gosta de conhecer curiosidades sobre a vida dos animais? Tem algo que gostaria de saber? O quê?

3. Você se considera uma criança curiosa? Quais assuntos despertam mais seu interesse?

4. O que você faz quando tem curiosidade sobre um assunto? Como se sente quando sua curiosidade é satisfeita? E quando não é?

SABER SER

DUZENTOS E TREZE

NAVEGAR NA LEITURA

VOCÊ JÁ OUVIU FALAR DO JACARÉ-DO-PANTANAL?

A SEGUIR, VOCÊ VAI CONHECER UMA CANÇÃO FEITA PELO GRUPO NHAMBUZIM EM HOMENAGEM A ESSE ANIMAL.

- EM QUE LUGAR DO BRASIL VOCÊ IMAGINA QUE VIVE O JACARÉ-DO-PANTANAL?

OUÇA A LEITURA QUE O PROFESSOR VAI FAZER DA CANÇÃO.

CHAMAMÉ DO JACARÉ

JACARÉ-DO-PANTANAL
JÁ SAIU PARA JANTAR
JACARÉ DE COURO GROSSO
ENCONTROU CORUMBATÁ

"NÃO, JACARÉ. NÃO, JACARÉ
NÃO SOU BOM PRO SEU JANTAR
POIS EU TENHO ESPINHA GRANDE
VOCÊ PODE ENGASGAR"

JACARÉ-DO-PANTANAL
JÁ SAIU PARA JANTAR
JACARÉ DE CAUDA LONGA
TUIUIÚ FOI ENCONTRAR

"NÃO, JACARÉ. NÃO, JACARÉ
NÃO SOU BOM PRO SEU JANTAR
POIS MEU BICO É AFIADO
VOCÊ PODE SE FURAR"

> **CHAMAMÉ:** RITMO MUSICAL POPULAR NO RIO GRANDE DO SUL E NO PANTANAL, E QUE É DANÇADO AO SOM DE SANFONA E DE VIOLÃO.

JACARÉ-DO-PANTANAL
JÁ SAIU PARA JANTAR
JACARÉ DE BOCA GRANDE
ENCONTROU TAMANDUÁ

"NÃO, JACARÉ. NÃO, JACARÉ
NÃO SOU BOM PRO SEU JANTAR
MEU SABOR É DE FORMIGA
VOCÊ PODE NÃO GOSTAR"

JACARÉ-DO-PANTANAL
JÁ SAIU PARA JANTAR
JACARÉ DE OLHAR ESPERTO
UMA PIRANHA FOI PESCAR

"NÃO, JACARÉ. NÃO, JACARÉ
NÃO SOU BOM PRO SEU JANTAR
SOU UM PEIXE TÃO BONZINHO
TÔ AQUI PRA TE AJUDAR"

JACARÉ PENSOU:
QUE PIRANHA MAIS FINGIDA!
JACARÉ SEM DÓ
E A PIRANHA VIROU COMIDA!

JACARÉ-DO-PANTANAL
JÁ SAIU PARA JANTAR
JACARÉ-DO-PANTANAL
JÁ SAIU PARA JANTAR

EDSON PENA E XAVIER BARTABURU.
BICHOS DE CÁ. SÃO PAULO:
BAMBOOZINHO, 2015.

LER PARA COMPREENDER

1 QUAL É O TÍTULO DA LETRA DE CANÇÃO LIDA? CIRCULE O TÍTULO NO TEXTO E COPIE-O NA LINHA ABAIXO.

_____

2 ONDE PODEMOS ENCONTRAR TEXTOS COMO ESSE? MARQUE AS RESPOSTAS ADEQUADAS COM UM **X**.

☐ EM ÁLBUNS DE CDS E DVDS.

☐ EM DICIONÁRIOS.

☐ EM LIVROS DE MÚSICA.

☐ EM MANUAIS DE INSTRUÇÃO.

3 ESSA LETRA DE CANÇÃO CONTA A HISTÓRIA DE UM JACARÉ QUE SAI PARA JANTAR E ENCONTRA VÁRIOS ANIMAIS.

A. ESCREVA O NOME DE CADA ANIMAL EMBAIXO DA IMAGEM CORRESPONDENTE.

B. NUMERE OS ANIMAIS NA ORDEM EM QUE ELES APARECEM NO TEXTO.

4 O PROFESSOR VAI LER NOVAMENTE A LETRA DA CANÇÃO. PRESTE ATENÇÃO E, EM SEGUIDA, ESCREVA NO QUADRO AS DIFERENTES CARACTERÍSTICAS DO JACARÉ QUE SÃO APRESENTADAS NO TEXTO.

JACARÉ DE
_____
JACARÉ DE
_____
JACARÉ DE
_____
JACARÉ DE
_____

5 NA LETRA DA CANÇÃO, OS ANIMAIS APRESENTAM SEMPRE UMA DESCULPA PARA NÃO SEREM COMIDOS PELO JACARÉ. LIGUE CADA ANIMAL A SUA FALA NO TEXTO.

CORUMBATÁ — "SOU UM PEIXE TÃO BONZINHO TÔ AQUI PRA TE AJUDAR"

TUIUIÚ — "MEU SABOR É DE FORMIGA VOCÊ PODE NÃO GOSTAR"

TAMANDUÁ — "POIS EU TENHO ESPINHA GRANDE VOCÊ PODE ENGASGAR"

PIRANHA — "POIS MEU BICO É AFIADO VOCÊ PODE SE FURAR"

6 MESMO NÃO CONHECENDO O TUIUIÚ, É POSSÍVEL PERCEBER QUE SE TRATA DE UMA AVE PELA PISTA DADA NO TEXTO. COPIE O VERSO QUE DÁ ESSA PISTA.

_____

7 POR QUE O JACARÉ DESCONFIOU DA RESPOSTA DADA PELA PIRANHA?

☐ PORQUE ELA SE FINGIU DE BOAZINHA, MAS É UM ANIMAL MUITO AGRESSIVO.

☐ PORQUE A PIRANHA NUNCA AJUDOU O JACARÉ ANTES.

8 O QUE ACONTECE COM A PIRANHA NO FINAL DA LETRA DA CANÇÃO?

_____

9 ASSIM COMO OS POEMAS, AS LETRAS DE CANÇÃO TAMBÉM SÃO ORGANIZADAS EM VERSOS.

A. QUANTOS VERSOS TEM ESSA LETRA DE CANÇÃO?

_____

B. ESSA LETRA DE CANÇÃO ESTÁ ORGANIZADA EM QUANTOS GRUPOS DE VERSOS?

_____

10 VOCÊ CONHECE OUTRAS LETRAS DE CANÇÃO COMO ESSA, QUE FALAM DE ANIMAIS BRASILEIROS? CONTE AOS COLEGAS.

PARA EXPLORAR

BICHOS DE CÁ, DO GRUPO NHAMBUZIM.

NESSE CD, VOCÊ PODE OUVIR A CANÇÃO "CHAMAMÉ DO JACARÉ". APRENDA A MELODIA E CANTE COM OS COLEGAS!

CAMINHOS DA LÍNGUA

LETRA J

1 LEIA COM O PROFESSOR O TRAVA-LÍNGUA ABAIXO.

O JANTAR DO JABUTI

O JABUTI CHAMOU A JURITI PARA JANTAREM JUNTOS.
ELES COMERAM CAJU, JACA, JENIPAPO E JATOBÁ.
DEPOIS DISSERAM:
— JANTAR COMO ESSE, NÃO HÁ!

JURITI: POMBA.

DOMÍNIO PÚBLICO.

A. QUE ANIMAL O JABUTI CONVIDOU PARA JANTAR?

_____

B. ESCREVA O NOME DAS FRUTAS QUE ELES COMERAM DURANTE A REFEIÇÃO.

_____

C. MUITAS PALAVRAS DO TEXTO COMEÇAM COM A MESMA LETRA. QUAL É ESSA LETRA?

_____

D. CIRCULE TODAS AS PALAVRAS DO TRAVA-LÍNGUA QUE COMEÇAM COM A LETRA **J**.

E. EM QUE OUTRA PALAVRA DO TEXTO ESSA LETRA TAMBÉM APARECE? SUBLINHE ESSA PALAVRA.

2 VOCÊ CONHECE OUTRAS PALAVRAS QUE COMEÇAM COM A LETRA **J**? QUAIS?

_____

3 NO JANTAR, O JABUTI E A JURITI COMERAM CAJU, JACA, JENIPAPO E JATOBÁ. PINTE OS QUADROS COM OUTROS NOMES DE ALIMENTOS QUE TÊM A LETRA **J**.

MELANCIA	JILÓ	CAJÁ	BANANA
JAMELÃO	UVA	JABUTICABA	JURUBEBA
MANGA	JAMBO	MORANGO	AMEIXA

4 AS PALAVRAS **JABUTI** E **JURITI** COMEÇAM COM A LETRA **J**. OBSERVE AS IMAGENS A SEGUIR E, COM A AJUDA DO PROFESSOR, ESCREVA OS NOMES DESTES ANIMAIS, QUE COMEÇAM COM ESSA MESMA LETRA.

5 COLOQUE AS SÍLABAS EM ORDEM E DESCUBRA OUTROS ANIMAIS QUE TÊM A LETRA **J** NO NOME.

6 OBSERVE AS ILUSTRAÇÕES E LIGUE CADA PALAVRA À SÍLABA QUE FALTA. DEPOIS, COMPLETE A PALAVRA COM ESSA SÍLABA.

7 ENTRE AS FIGURAS A SEGUIR, HÁ ALGUMAS QUE TÊM A LETRA **J** NO INÍCIO OU NO MEIO DO NOME. ENCONTRE E CIRCULE ESSAS FIGURAS.

- AGORA, ESCREVA O QUE ESTÁ REPRESENTADO NAS FIGURAS QUE VOCÊ CIRCULOU.

_____

NAVEGAR NA LEITURA

VOCÊ VAI LER COM O PROFESSOR UM TEXTO DE CURIOSIDADES. OBSERVE QUE O TÍTULO TRAZ UMA PERGUNTA, QUE DEVE SER RESPONDIDA NO TEXTO.

POR QUE OS HIPOPÓTAMOS SÓ FICAM DENTRO D'ÁGUA?

OS HIPOPÓTAMOS VIVEM PRÓXIMOS DA ÁGUA E DEPENDEM MUITO DELA. SÃO TÃO ADAPTADOS QUE OS OLHOS, ORELHAS E NARINAS SÃO BEM SALTADOS NA CABEÇA, PODENDO FICAR ASSIM **SUBMERSOS** SOMENTE COM ESSES ÓRGÃOS FORA D'ÁGUA. CONSEGUEM FICAR ATÉ 5 MINUTOS EMBAIXO D'ÁGUA SEM RESPIRAR. ELES CORREM SUPERBEM, ATINGINDO 50 KM/H, E NADAM COM EFICIÊNCIA, ÀS VEZES ANDANDO NO FUNDO DOS RIOS. POR ISSO SEU NOME GREGO, *HIPPOPÓTAMOS*, SIGNIFICA "CAVALO DO RIO". DURANTE O DIA ELES FICAM NA ÁGUA PARA PROTEGER A PELE DOS RAIOS DO SOL, JÁ QUE NÃO POSSUEM MUITOS PELOS. SOMENTE DURANTE O COMEÇO DA TARDE E À NOITE É QUE SAEM PARA PASTAR NAS MARGENS DOS RIOS E LAGOS.

▲ HIPOPÓTAMO ANDANDO EMBAIXO DA ÁGUA. QUÊNIA, 2013.

DIZ A LENDA QUE, SE O HIPOPÓTAMO FICAR MUITO TEMPO FORA D'ÁGUA, SUA PELE VAI RACHAR E ELE VAI SANGRAR. A VERDADE É QUE OS HIPOPÓTAMOS, QUANDO ESTÃO NO SOL, **EXPELEM** UMA SUBSTÂNCIA AVERMELHADA NA PELE PARA PROTEGÊ-LA – UM PROTETOR SOLAR NATURAL.

GUILHERME DOMENICHELLI. *GIRAFA TEM TORCICOLO? E OUTRAS PERGUNTAS DIVERTIDAS DO MUNDO ANIMAL.* SÃO PAULO: PANDA BOOKS, 2008. P. 38.

SUBMERSO: COBERTO POR ÁGUA.
EXPELIR: PÔR PARA FORA.

LER PARA COMPREENDER

1 O TEXTO QUE VOCÊ ACABOU DE LER TRAZ CURIOSIDADES SOBRE QUAL ANIMAL?

_____

2 RELEIA O TÍTULO DO TEXTO.

> **POR QUE OS HIPOPÓTAMOS SÓ FICAM DENTRO D'ÁGUA?**

- EM SUA OPINIÃO, POR QUE O TEXTO COMEÇA COM UMA PERGUNTA? CONVERSE COM OS COLEGAS.

3 ONDE PODEMOS ENCONTRAR TEXTOS COMO ESSE? MARQUE COM UM ✗ AS RESPOSTAS ADEQUADAS.

- ☐ LIVROS DE RECEITAS.
- ☐ LIVROS DE CURIOSIDADES.
- ☐ REVISTAS.
- ☐ LETRAS DE CANÇÃO.
- ☐ *SITES* SOBRE ANIMAIS.
- ☐ LIVROS DE POEMAS.
- ☐ ENCICLOPÉDIAS.

4 DE ACORDO COM O TEXTO, POR QUE OS HIPOPÓTAMOS PASSAM MUITO TEMPO DENTRO DA ÁGUA?

- ☐ PORQUE ASSIM PROTEGEM A PELE DOS RAIOS DO SOL.
- ☐ PORQUE SÓ CONSEGUEM RESPIRAR DENTRO DA ÁGUA.

5 POR QUANTO TEMPO OS HIPOPÓTAMOS CONSEGUEM FICAR EMBAIXO DA ÁGUA SEM RESPIRAR?

_____

6 COMO ESSES ANIMAIS PROTEGEM SUA PELE DO SOL QUANDO ESTÃO FORA DA ÁGUA?

☐ JOGANDO ÁGUA GELADA SOBRE O CORPO, QUE SERVE DE PROTETOR SOLAR NATURAL.

☐ LIBERANDO NA PELE UMA SUBSTÂNCIA AVERMELHADA QUE SERVE DE PROTETOR SOLAR NATURAL.

7 OS HIPOPÓTAMOS TÊM OLHOS, ORELHAS E NARINAS BEM SALTADOS NA CABEÇA. COMO ESSAS CARACTERÍSTICAS AJUDAM ESSES ANIMAIS?

_____

_____

8 SEGUNDO O TEXTO, O NOME **HIPOPÓTAMO** VEM DO GREGO *HIPPOPÓTAMOS* E QUER DIZER "CAVALO DO RIO". ASSINALE A ALTERNATIVA QUE EXPLICA POR QUE ESSE ANIMAL RECEBEU ESSE NOME.

☐ PORQUE TOMA SOL DURANTE O DIA.

☐ PORQUE CORRE COMO UM CAVALO E NADA NOS RIOS.

☐ PORQUE TEM ORELHAS PARECIDAS COM AS ORELHAS DOS CAVALOS.

9 QUANDO OS HIPOPÓTAMOS SAEM PARA PASTAR?

_____

_____

10 COM A LEITURA DO TEXTO, VOCÊ DESCOBRIU MUITAS INFORMAÇÕES INTERESSANTES SOBRE OS HIPOPÓTAMOS. QUAL DELAS VOCÊ CONSIDERA MAIS CURIOSA? POR QUÊ?

CAMINHOS DA LÍNGUA

SINAIS DE PONTUAÇÃO . ! ?

1 O PROFESSOR VAI LER UM TEXTO DE CURIOSIDADES SOBRE GOLFINHOS. ACOMPANHE A LEITURA COM ATENÇÃO.

> **POR QUE AS PESSOAS DIZEM QUE OS GOLFINHOS SÃO INTELIGENTES?**
>
> PRIMEIRO PORQUE CONSEGUEM APRENDER MUITAS COISAS! ELES SÃO TAMBÉM ANIMAIS SOCIÁVEIS: NADAM EM GRUPO, BRINCAM E SE COMUNICAM, FAZENDO INÚMEROS SONS. OS GOLFINHOS SÃO CAPAZES DE SE AJUDAR QUANDO UM DELES ESTÁ DOENTE OU FERIDO.

MEU PRIMEIRO LAROUSSE DOS PORQUÊS. SÃO PAULO: LAROUSSE DO BRASIL, 2004. P. 81.

A. QUAL É O ASSUNTO PRINCIPAL DO TEXTO? MARQUE UM **X** NA ALTERNATIVA CORRETA.

- ☐ A ALIMENTAÇÃO DIÁRIA DOS GOLFINHOS.
- ☐ AS BRINCADEIRAS EM GRUPO DOS GOLFINHOS.
- ☐ O GRAU DE INTELIGÊNCIA DOS GOLFINHOS.

B. DE QUE MANEIRA ESSE ASSUNTO É APRESENTADO NO TEXTO LIDO?

C. DE ACORDO COM O TEXTO, POR QUE OS GOLFINHOS SÃO CONSIDERADOS INTELIGENTES?

_____

D. SUBLINHE O SINAL QUE APARECE AO FINAL DA PERGUNTA FEITA NO TÍTULO. DEPOIS, PINTE O NOME DESSE SINAL.

| PONTO DE INTERROGAÇÃO | PONTO DE EXCLAMAÇÃO |

| PONTO-FINAL |

2 AGORA, RELEIA UMA FRASE DO TEXTO.

> PRIMEIRO PORQUE CONSEGUEM APRENDER MUITAS COISAS!

A. CIRCULE O SINAL DE PONTUAÇÃO AO FINAL DA FRASE.

B. ASSINALE A ALTERNATIVA CORRETA. ESSA FRASE:

☐ APRESENTA UMA CURIOSIDADE SOBRE OS GOLFINHOS.

☐ APRESENTA UMA PERGUNTA SOBRE OS GOLFINHOS.

3 RELEIA MAIS UM TRECHO DO TEXTO.

> NADAM EM GRUPO, BRINCAM E SE COMUNICAM, FAZENDO INÚMEROS SONS. OS GOLFINHOS SÃO CAPAZES DE SE AJUDAR QUANDO UM DELES ESTÁ DOENTE OU FERIDO.

A. CIRCULE OS PONTOS-FINAIS.

B. ONDE O PONTO-FINAL FOI UTILIZADO?

☐ NO INÍCIO DAS FRASES.   ☐ NO FINAL DAS FRASES.

C. SE VOCÊ TROCAR UM DOS PONTOS-FINAIS POR UM PONTO DE INTERROGAÇÃO, O SENTIDO DO TEXTO VAI CONTINUAR O MESMO? POR QUÊ?

☐ SIM. PORQUE A PONTUAÇÃO NÃO ALTERA O SENTIDO DO TEXTO.

☐ NÃO. PORQUE A FRASE SE TRANSFORMARÁ EM UMA PERGUNTA.

OS SINAIS QUE VOCÊ ESTUDOU SÃO CHAMADOS DE **SINAIS DE PONTUAÇÃO**. ELES AJUDAM A CONSTRUIR UM TEXTO. VEJA O NOME DELES.

- **.** PONTO-FINAL
- **?** PONTO DE INTERROGAÇÃO
- **!** PONTO DE EXCLAMAÇÃO

DANDO ASAS À PRODUÇÃO

TEXTO DE CURIOSIDADE

NESTE CAPÍTULO, VOCÊ LEU TEXTOS SOBRE ALGUNS ANIMAIS. AGORA É A SUA VEZ DE ESCREVER CURIOSIDADES SOBRE UM ANIMAL DE QUE GOSTE.

O QUE VOU PRODUZIR

EM DUPLA, VOCÊ E UM COLEGA VÃO PESQUISAR E ESCREVER UMA CURIOSIDADE SOBRE UM ANIMAL PARA MONTAR UM MURAL DE CURIOSIDADES NA SALA DE AULA.

ORIENTAÇÕES PARA A PRODUÇÃO

1. PARA COMEÇAR, O PROFESSOR VAI ORGANIZAR A CLASSE EM DUPLAS.

2. COM A AJUDA DO PROFESSOR, ESCOLHAM UM ANIMAL QUE GOSTARIAM DE PESQUISAR. ATENÇÃO: OS DOIS INTEGRANTES DA DUPLA VÃO PESQUISAR O MESMO ANIMAL.

3. CONSULTEM LIVROS, REVISTAS OU *SITES* QUE TENHAM INFORMAÇÕES SOBRE O ANIMAL ESCOLHIDO. O PROFESSOR VAI FORNECER ALGUMAS INDICAÇÕES.

4. PEÇAM A AJUDA DE ALGUÉM PARA LER COM VOCÊS OS TEXTOS PESQUISADOS. PRESTEM ATENÇÃO NA LEITURA. QUANDO OUVIREM UMA INFORMAÇÃO INTERESSANTE, PEÇAM À PESSOA QUE LEIA NOVAMENTE O TRECHO QUE LHES CHAMOU MAIS ATENÇÃO. COM UM PEDAÇO DE PAPEL, MARQUEM A PÁGINA DO LIVRO EM QUE CONSTA A INFORMAÇÃO. SE FOR UM *SITE*, ANOTEM O ENDEREÇO DA PÁGINA.

5. EM SEGUIDA, ESCOLHAM A INFORMAÇÃO QUE VOCÊS GOSTARIAM DE COMPARTILHAR COM OS COLEGAS.

6. JUNTOS, ESCREVAM NO CADERNO A INFORMAÇÃO MAIS CURIOSA SOBRE O ANIMAL ESCOLHIDO. VOCÊS PODERÃO REALIZAR A TAREFA DO SEGUINTE MODO: UM ESTUDANTE DITA O TEXTO ENQUANTO O OUTRO ESCREVE E, DEPOIS, VOCÊS INVERTEM OS PAPÉIS.

7. ESCREVAM O TÍTULO DO TEXTO EM FORMA DE PERGUNTA PARA DESPERTAR A CURIOSIDADE DO LEITOR.

8. LEMBREM-SE: O NOME DO ANIMAL DEVE APARECER NO TEXTO.

AVALIAÇÃO E REESCRITA

LEIAM O TEXTO PRODUZIDO POR VOCÊS E VEJAM SE ESTÁ COMPREENSÍVEL PARA QUALQUER LEITOR.

OUÇAM AS PERGUNTAS QUE O PROFESSOR VAI FAZER E PINTEM **SIM** OU **NÃO** PARA O QUE VOCÊ E SEU COLEGA FIZERAM NO TEXTO.

1. VOCÊ E SEU COLEGA LERAM DIFERENTES TEXTOS SOBRE O ANIMAL ESCOLHIDO E SELECIONARAM INFORMAÇÕES SOBRE ELE?	SIM	NÃO
2. O TEXTO QUE VOCÊS ESCREVERAM TROUXE UMA INFORMAÇÃO INTERESSANTE PARA O LEITOR?	SIM	NÃO
3. VOCÊS ESCREVERAM O NOME DO ANIMAL NO TEXTO?	SIM	NÃO
4. O TEXTO ESTÁ ESCRITO DE MANEIRA CLARA E COMPREENSÍVEL PARA QUALQUER LEITOR?	SIM	NÃO

VERIFIQUEM SE HÁ CORREÇÕES A SEREM FEITAS NO TEXTO. DEPOIS, PASSEM O TEXTO A LIMPO EM UMA FOLHA AVULSA.

CIRCULAÇÃO DO TEXTO

- COM A AJUDA DO PROFESSOR, VOCÊ E OS COLEGAS VÃO MONTAR NA ESCOLA UM MURAL DE CURIOSIDADES SOBRE OS ANIMAIS PESQUISADOS.

CAMINHOS DA LÍNGUA

LETRA R

1 LEIA COM O PROFESSOR A SEGUINTE QUADRINHA.

OS RATOS MORREM DE RISO,
AO ROER O QUEIJO DO PRATO.
MAS PARA QUE TANTO RISO?
QUEM RI POR ÚLTIMO É O GATO.

MARIO QUINTANA. *O BATALHÃO DAS LETRAS*.
SÃO PAULO: COMPANHIA DAS LETRINHAS, 2009. P. 25.

A. O QUE SIGNIFICA A EXPRESSÃO "MORRER DE RISO"?

_____

B. O QUE OS RATOS ESTAVAM FAZENDO? MARQUE COM UM **X** A RESPOSTA CERTA.

☐ ROENDO O QUEIJO.   ☐ ROENDO O PRATO.

C. CONVERSE COM OS COLEGAS: POR QUE O GATO É QUEM RI POR ÚLTIMO?

D. QUAL É A LETRA QUE MAIS SE REPETE NESSA QUADRINHA?

☐ P   ☐ R   ☐ T

E. PRESTE ATENÇÃO NA REPETIÇÃO DO SOM REPRESENTADO POR ESSA LETRA. ESSA REPETIÇÃO SUGERE:

☐ O SOM DOS RATOS CORRENDO.

☐ O SOM DOS RATOS ROENDO O QUEIJO.

☐ O SOM DO GATO SE APROXIMANDO.

F. QUAIS PALAVRAS DESSE POEMA COMEÇAM COM A LETRA IDENTIFICADA NO ITEM **D**?

_____

2 AGORA, LEIA EM VOZ ALTA COM O PROFESSOR A CANTIGA DE RODA ABAIXO.

SAPO-CURURU
NA **BEIRA** DO **RIO**
QUANDO O SAPO CANTA, Ó MANINHA,
É QUE ESTÁ COM FRIO.
A MULHER DO SAPO
DEVE ESTAR LÁ DENTRO
FAZENDO RENDINHA, Ó MANINHA,
PARA O CASAMENTO.

DOMÍNIO PÚBLICO.

A. O SOM REPRESENTADO PELA LETRA **R** NA PALAVRA **BEIRA** É IGUAL OU DIFERENTE DO SOM REPRESENTADO POR ESSA LETRA NA PALAVRA **RIO**?

_____

B. EM QUAL PALAVRA O SOM REPRESENTADO PELA LETRA **R** É FRACO COMO O SOM DESSA LETRA NA PALAVRA **BEIRA**?

☐ RENDINHA. ☐ CURURU.

C. EM QUAL PALAVRA O SOM REPRESENTADO PELA LETRA **R** É FORTE COMO O SOM DESSA LETRA NA PALAVRA **RIO**?

☐ RENDINHA. ☐ CURURU.

3 ESCREVA O NOME DAS FIGURAS ABAIXO DELAS.

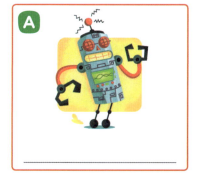

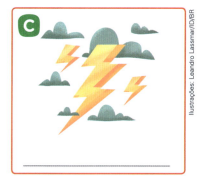

- O QUE ESSES NOMES TÊM EM COMUM?

_____

4 LEIA O NOME DE ALGUNS ANIMAIS EM QUE APARECE A LETRA **R**.

| ARARA | CORUJA | RÃ | ROUXINOL |

A. SEPARE O NOME DOS ANIMAIS DE ACORDO COM O SOM REPRESENTADO PELA LETRA **R** EM CADA PALAVRA.

R REPRESENTANDO SOM FRACO	R REPRESENTANDO SOM FORTE

B. OBSERVE A POSIÇÃO DA LETRA **R** NAS PALAVRAS ACIMA. COMPLETE AS FRASES USANDO OS TERMOS **FORTE** E **FRACO**.

- A LETRA **R** NO INÍCIO DAS PALAVRAS TEM SOM _____.
- A LETRA **R** ENTRE VOGAIS NO MEIO DAS PALAVRAS TEM SOM _____.

5 ENCONTRE NO DIAGRAMA SETE PALAVRAS COM A LETRA **R**.

DICA
AS FIGURAS REPRESENTAM ESSAS PALAVRAS.

```
R A I N H A E Q W H T U C V B N J I O K L P C
K G F H Í G E L A D E I R A V B N M J H G F E
P Z D F G B R V C X Z S M R T W Q R L U P A N
I L A N C G H T R E F C V B N G T R F D C V O
R A Q U Á R I O X C B N M K J H G T F B V H U
U A C V B C F G B H N J U T R A F S C Á F T R
L Z X S C V G T É Z R E W D C V B H G T Y I A
I X C V G F D W Z T S B C F D F R O S A X M Z
T Z D O H J K R O L H A R F G B H T U J N R D
O C F G T E S N Z U P B Q U C I P D A S C S A
```

6 CIRCULE AS FIGURAS CUJO NOME APRESENTA A LETRA **R**.

- AGORA, ESCREVA O NOME DAS FIGURAS QUE VOCÊ CIRCULOU NO QUADRO.

_____

_____

7 COMPLETE O QUADRO ABAIXO, ESCREVENDO PALAVRAS COM A LETRA **R** SEGUIDA DAS VOGAIS **A**, **E**, **I**, **O**, **U**.

ATENÇÃO!
A LETRA **R** PODE APARECER NO **INÍCIO** E TAMBÉM NO **MEIO** DAS PALAVRAS.

RA			
RE			
RI			
RO			
RU			

DUZENTOS E TRINTA E TRÊS

JOGOS E BRINCADEIRAS

STOP DE ANIMAIS

NESTE CAPÍTULO, VOCÊ CONHECEU ALGUNS BICHOS QUE TÊM A LETRA **J** NO NOME E OUTROS QUE TÊM A LETRA **R**. QUE TAL DESAFIAR OS COLEGAS PARA UM *STOP* DE ANIMAIS?

- QUANDO O PROFESSOR DISSER "JÁ", VOCÊ E OS COLEGAS DEVERÃO MARCAR COM UM **X**, NA CARTELA ABAIXO, OS DEZ BICHOS QUE TÊM UMA DESSAS LETRAS NO NOME.
- QUEM ACHAR TODOS, DEVE GRITAR "*STOP*".
- VENCE O JOGO O PRIMEIRO JOGADOR QUE MARCAR OS DEZ BICHOS CORRETAMENTE.

STOP DE ANIMAIS			
JABUTI	LEOA	PEIXE	JIBOIA
TOURO	GATO	URUBU	RATO
CANGURU	ARANHA	JOANINHA	LOBO
GALINHA	JUMENTO	TATU	GIRAFA

CAMINHOS DA LÍNGUA

ANTÔNIMOS E SINÔNIMOS

1 LEIA COM O PROFESSOR UMA CURIOSIDADE SOBRE OS URSOS-POLARES.

OS URSOS-POLARES FICAM COM FRIO NA ÁGUA GELADA?

PROTEGIDOS POR SUA PELE COBERTA DE PELOS E, SOBRETUDO, POR UMA ESPESSA CAMADA DE GORDURA POR BAIXO DA PELE, OS URSOS NÃO TÊM MEDO DE NADAR NA ÁGUA GELADA. ESPECIALMENTE SE FOR PARA CAÇAR UMA FOCA.

▲ URSO-POLAR NADANDO EM ÁGUAS GELADAS.

MEU PRIMEIRO LAROUSSE DOS PORQUÊS. SÃO PAULO: LAROUSSE DO BRASIL, 2004. P. 90.

A. O QUE SIGNIFICA DIZER QUE POR BAIXO DA PELE DO URSO HÁ UMA **ESPESSA** CAMADA DE GORDURA?

_____

_____

B. LOCALIZE E CIRCULE ESTAS PALAVRAS NO TEXTO.

ESPESSA   MEDO   GELADA

C. LIGUE CADA UMA DESSAS PALAVRAS A OUTRA QUE TENHA SENTIDO OPOSTO AO DELA.

ESPESSA	QUENTE
MEDO	FINA
GELADA	CORAGEM

D. RELEIA A PRIMEIRA FRASE DO TEXTO.

> PROTEGIDOS POR SUA PELE COBERTA DE PELOS E, SOBRETUDO, POR UMA ESPESSA CAMADA DE GORDURA POR **BAIXO** DA PELE, OS URSOS NÃO TÊM MEDO DE NADAR NA ÁGUA GELADA.

- SE A PALAVRA **BAIXO** FOSSE TROCADA POR OUTRA COM SIGNIFICADO OPOSTO, QUAL SERIA A MAIS ADEQUADA?

  ☐ ALTO.   ☐ CIMA.

2 ESCREVA O OPOSTO DE CADA PALAVRA ABAIXO.

A. CLARO _____   **C.** DEVAGAR _____

B. DENTRO _____   **D.** GRANDE _____

> AS PALAVRAS QUE TÊM SIGNIFICADO CONTRÁRIO AO DE OUTRAS PALAVRAS SÃO CHAMADAS DE **ANTÔNIMOS**.

3 QUE TAL BRINCAR DO JOGO DO CONTRÁRIO COM OS COLEGAS? PARA ISSO, SIGA ESTAS INSTRUÇÕES.

JEITO DE BRINCAR

UMA CRIANÇA É ESCOLHIDA NO GRUPO POR FÓRMULA DE ESCOLHA. ELA TEM QUE DAR ORDENS QUE AS OUTRAS VÃO SEGUIR SEMPRE AO CONTRÁRIO. POR EXEMPLO: QUANDO ELA DIZ "ANDEM PARA A FRENTE", TODOS ANDAM PARA TRÁS.

QUEM ERRAR SAI DA BRINCADEIRA. O ÚLTIMO QUE FICAR SERÁ O CHEFE DA BRINCADEIRA NA PRÓXIMA RODADA.

MAPA DO BRINCAR. DISPONÍVEL EM: HTTP://MAPADOBRINCAR.FOLHA.COM.BR/BRINCADEIRAS/JOGOSDESALAO/343-CONTRARIO. ACESSO EM: 29 JUN. 2021.

4 LEIA O TEXTO A SEGUIR COM O PROFESSOR.

O GUEPARDO É MESMO O MAMÍFERO MAIS RÁPIDO DO MUNDO?

SIM, UM GUEPARDO QUE ESTÁ ATRÁS DE UMA GAZELA PODE CORRER MAIS QUE UM CARRO: ELE VAI A MAIS DE 100 QUILÔMETROS POR HORA! MAS TAMBÉM SE CANSA RÁPIDO: SE ELE NÃO CONSEGUIR AGARRAR A SUA PRESA EM UM MINUTO, PRECISA DESISTIR DA IDEIA.

▲ GUEPARDO CORRENDO EM SAVANA NO QUÊNIA.

MEU PRIMEIRO LAROUSSE DOS PORQUÊS. SÃO PAULO: LAROUSSE DO BRASIL, 2004. P. 85.

A. DE ACORDO COM O TEXTO, QUAL É A VELOCIDADE ATINGIDA POR UM GUEPARDO AO CORRER ATRÁS DE SUA PRESA?

_____

B. LEIA NOVAMENTE O TÍTULO DO TEXTO. QUAL PALAVRA PODE SUBSTITUIR **RÁPIDO** SEM MUDAR O SENTIDO DA FRASE?

☐ LENTO.   ☐ VELOZ.   ☐ INTELIGENTE.

> AS PALAVRAS QUE TÊM SIGNIFICADO IGUAL OU SEMELHANTE AO DE OUTRAS PALAVRAS SÃO CHAMADAS DE **SINÔNIMOS**.

5 PINTE DA MESMA COR AS PALAVRAS QUE TÊM SIGNIFICADO IGUAL OU SEMELHANTE ENTRE SI.

PERTO	ESPERTO	DEVAGAR
ILUMINADO	GROSSO	CLARO
INTELIGENTE	ESPESSO	LENTO
LONGE	PRÓXIMO	DISTANTE

DANDO ASAS À PRODUÇÃO

LEGENDA

NA SEÇÃO *DANDO ASAS À PRODUÇÃO* DA PÁGINA 228, VOCÊ E UM COLEGA FIZERAM UMA PESQUISA SOBRE ANIMAIS. PROVAVELMENTE, VOCÊS ENCONTRARAM IMAGENS DE ANIMAIS ACOMPANHADAS DE PEQUENOS TEXTOS, COMO NESTE EXEMPLO.

◀ O MORCEGO-COR-DE-PALHA SE ALIMENTA DE FIGOS DURANTE A NOITE.

OS TEXTOS QUE COSTUMAM ACOMPANHAR AS IMAGENS DE LIVROS, JORNAIS E REVISTAS SÃO CHAMADOS DE **LEGENDAS**.

O QUE VOU PRODUZIR

REÚNA-SE COM O MESMO COLEGA COM QUEM VOCÊ ESCREVEU O TEXTO DE CURIOSIDADE DA PÁGINA 228. VOCÊS VÃO PESQUISAR DUAS IMAGENS DO ANIMAL ESCOLHIDO E ESCREVER UMA LEGENDA PARA CADA UMA DELAS.

ORIENTAÇÕES PARA A PRODUÇÃO

1. PROCUREM IMAGENS DO ANIMAL PESQUISADO POR VOCÊS. CADA INTEGRANTE DA DUPLA DEVE ESCOLHER UMA IMAGEM E FAZER UMA CÓPIA DELA.

2. VERIFIQUEM O QUE AS IMAGENS RETRATAM, O QUE O ANIMAL ESTÁ FAZENDO E ONDE ELE ESTÁ. TENTEM SE LEMBRAR DE ALGUMA INFORMAÇÃO PESQUISADA POR VOCÊS QUE AJUDE A COMPREENDER A IMAGEM.

3. DEFINAM AS INFORMAÇÕES QUE GOSTARIAM DE ESCREVER NA LEGENDA DE CADA UMA DAS IMAGENS.

4. EM SEGUIDA, ESCREVAM NO CADERNO A LEGENDA PARA AS IMAGENS ESCOLHIDAS. ATENÇÃO: CADA INTEGRANTE DA DUPLA DEVERÁ ESCREVER A LEGENDA PARA A IMAGEM QUE ESCOLHEU.

AVALIAÇÃO E REESCRITA

LEIA A LEGENDA ESCRITA PELO COLEGA. VEJA SE CONSEGUE COMPREENDÊ-LA E SE A INFORMAÇÃO APRESENTADA É INTERESSANTE E ESTÁ RELACIONADA À IMAGEM ESCOLHIDA.

AVALIE TAMBÉM A LEGENDA QUE VOCÊ PRODUZIU DE ACORDO COM AS PERGUNTAS ABAIXO. PINTE **SIM** OU **NÃO** PARA O QUE FOI FEITO.

1. VOCÊ SELECIONOU UMA IMAGEM INTERESSANTE SOBRE O ANIMAL PESQUISADO?	SIM	NÃO
2. A LEGENDA QUE VOCÊ ESCREVEU APRESENTA INFORMAÇÕES CURIOSAS?	SIM	NÃO
3. O TEXTO DA LEGENDA ESTÁ ADEQUADO À IMAGEM ESCOLHIDA?	SIM	NÃO
4. O TEXTO DA LEGENDA ESTÁ COMPREENSÍVEL?	SIM	NÃO

FAÇAM AS CORREÇÕES QUE CONSIDERAREM NECESSÁRIAS. DEPOIS, COLEM AS FOTOS NA FOLHA EM QUE ESCREVERAM A CURIOSIDADE E COPIEM AS LEGENDAS EMBAIXO DAS FOTOS.

CIRCULAÇÃO DO TEXTO

- EXPONHAM NOVAMENTE NO MURAL ORGANIZADO PELA TURMA A CURIOSIDADE QUE VOCÊS ESCREVERAM, DESTA VEZ ACOMPANHADA DAS FOTOS E DAS LEGENDAS.

OLÁ, ORALIDADE

EXPOSIÇÃO ORAL

UMA DAS MANEIRAS DE LEVAR INFORMAÇÃO A OUTRAS PESSOAS É EXPOR EM VOZ ALTA O QUE PESQUISAMOS.

QUE TAL CONTAR AOS COLEGAS O QUE VOCÊ PESQUISOU SOBRE ANIMAIS NAS SEÇÕES ANTERIORES?

ORIENTAÇÕES PARA A PRODUÇÃO

1. COM O COLEGA DE DUPLA, RETOMEM OS MATERIAIS DE PESQUISA QUE VOCÊS UTILIZARAM PARA PRODUZIR A CURIOSIDADE E A LEGENDA. RELEIAM OS TEXTOS, COM A AJUDA DO PROFESSOR, E SELECIONEM ALGUMAS INFORMAÇÕES INTERESSANTES QUE GOSTARIAM DE CONTAR AOS COLEGAS.

2. COPIEM AS INFORMAÇÕES NO CADERNO E SE PREPAREM PARA EXPÔ-LAS PARA OS COLEGAS. NÃO É PRECISO MEMORIZÁ-LAS.

3. DECIDAM O QUE CADA INTEGRANTE DA DUPLA VAI FALAR.

4. COMO APOIO À EXPOSIÇÃO ORAL, PREPAREM UM CARTAZ COM A IMAGEM DO ANIMAL SOBRE O QUAL VÃO FALAR. VOCÊS TAMBÉM PODEM LEVAR QUALQUER OBJETO RELACIONADO A ELE.

5. VERIFIQUEM OS RECURSOS DISPONÍVEIS PARA GRAVAR AS APRESENTAÇÕES DE TODOS NO DIA COMBINADO.

6. DEFINAM COM O PROFESSOR:
    - A ORDEM DE APRESENTAÇÃO;
    - O LOCAL E A DATA.

PREPARAÇÃO DA FALA

1. ENSAIEM VÁRIAS VEZES E PERGUNTEM A QUEM ESTIVER ACOMPANHANDO O ENSAIO SE O TOM DE VOZ ESTÁ ADEQUADO E SE É POSSÍVEL COMPREENDER O QUE VOCÊS ESTÃO EXPLICANDO.

2. NO DIA COMBINADO E COM A AJUDA DO PROFESSOR, GRAVEM AS APRESENTAÇÕES.

3. DURANTE A APRESENTAÇÃO, EXPONHAM AS INFORMAÇÕES PESQUISADAS DE FORMA CLARA E TRANQUILA E COM UM TOM DE VOZ QUE POSSA SER OUVIDO POR TODOS. LEMBREM-SE DE MOSTRAR O CARTAZ QUE VOCÊS FIZERAM.

4. O OBJETIVO DESTA ATIVIDADE É EXPOR INFORMAÇÕES CURIOSAS SOBRE DIFERENTES ANIMAIS. POR ISSO, PROCUREM FALAR COM EMPOLGAÇÃO.

5. AO FINAL DA APRESENTAÇÃO, AGRADEÇAM AOS COLEGAS.

6. É IMPORTANTE QUE TODOS OS ESTUDANTES FAÇAM SILÊNCIO PARA OUVIR A EXPOSIÇÃO. VOCÊS TAMBÉM PODEM FAZER COMENTÁRIOS SOBRE AS APRESENTAÇÕES DE CADA DUPLA E ESCLARECER DÚVIDAS.

7. COM O PROFESSOR, COMBINEM UMA FORMA DE DIVULGAR A GRAVAÇÃO DAS APRESENTAÇÕES PARA QUE COLEGAS DE OUTRAS TURMAS POSSAM ASSISTIR TAMBÉM.

AVALIAÇÃO

RESPONDA ÀS PERGUNTAS A SEGUIR PARA AVALIAR SUA PARTICIPAÇÃO NA ATIVIDADE.

- SELECIONEI INFORMAÇÕES CURIOSAS E INTERESSANTES SOBRE O ANIMAL ESCOLHIDO?
- PREPAREI-ME PARA A APRESENTAÇÃO, ENSAIANDO E ESTUDANDO MINHA FALA?
- DURANTE A EXPOSIÇÃO, USEI UM TOM DE VOZ ADEQUADO PARA QUE TODOS COMPREENDESSEM AS INFORMAÇÕES?
- CONTRIBUÍ DE ALGUMA FORMA PARA A GRAVAÇÃO DAS APRESENTAÇÕES?
- CONSEGUI APRESENTAR AS INFORMAÇÕES, DESPERTANDO O INTERESSE DOS OUVINTES?

VAMOS LER IMAGENS!

CARTAZ

VOCÊ SABIA QUE OS CARTAZES TAMBÉM SÃO UM ÓTIMO RECURSO PARA TRANSMITIR INFORMAÇÕES IMPORTANTES PARA O PÚBLICO?

NELES, É POSSÍVEL UNIR TEXTO E IMAGEM PARA COMUNICAR DIFERENTES ASSUNTOS DE MANEIRA RÁPIDA E DIRETA, ESCLARECENDO DÚVIDAS E APRESENTANDO CURIOSIDADES SOBRE UM DETERMINADO TEMA.

OBSERVE O CARTAZ A SEGUIR.

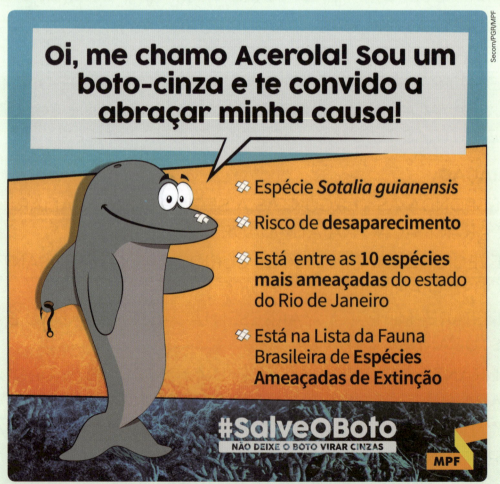

CARTAZ DE UMA CAMPANHA REALIZADA PELO MINISTÉRIO PÚBLICO FEDERAL CONTRA A EXTINÇÃO DO BOTO-CINZA.

1 QUE ANIMAL É RETRATADO NO CARTAZ APRESENTADO?

_____

▲ BOTO-CINZA NADANDO NO MAR.

2 NO CARTAZ, O BOTO FOI DESENHADO DE PÉ, APRESENTANDO-SE E FAZENDO UM CONVITE AO LEITOR. CIRCULE A FALA DO BOTO NO CARTAZ.

3 O BOTO SE APRESENTA COM UM NOME. QUE NOME É ESSE?

_____

4 O QUE SIGNIFICA A EXPRESSÃO "ABRAÇAR MINHA CAUSA"?

☐ SIGNIFICA QUE O BOTO PRECISA DE NOSSO ABRAÇO.

☐ SIGNIFICA QUE O BOTO PRECISA DE NOSSA AJUDA.

5 SEGUNDO O CARTAZ, OS BOTOS-CINZA ESTÃO DESAPARECENDO DOS MARES DO RIO DE JANEIRO E, POR ISSO, CORREM O RISCO DE SEREM EXTINTOS. QUAIS DETALHES NA ILUSTRAÇÃO SIMBOLIZAM A AGRESSÃO QUE ESSE ANIMAL VEM SOFRENDO?

☐ A COR DO BOTO.

☐ O CURATIVO NA PONTA DO FOCINHO.

☐ A POSIÇÃO DE SUAS NADADEIRAS.

☐ O ANZOL PRESO NA NADADEIRA.

6 O QUE QUER DIZER A FRASE "NÃO DEIXE O BOTO VIRAR CINZAS"?

☐ QUE NÃO É PARA DEIXAR O BOTO DESAPARECER.

☐ QUE NÃO É PARA DEIXAR O BOTO AINDA MAIS ESCURO.

☐ QUE NÃO É PARA DEIXAR O BOTO MUDAR DE COR.

VOCABULÁRIO

ESTA SEÇÃO APRESENTA O SIGNIFICADO DE ALGUMAS PALAVRAS QUE VOCÊ VIU NESTE CAPÍTULO. NOTE QUE, ÀS VEZES, A PALAVRA PODE ASSUMIR MAIS DE UM SENTIDO, DEPENDENDO DO CONTEXTO EM QUE É UTILIZADA. AGORA, ACOMPANHE A LEITURA QUE O PROFESSOR VAI FAZER.

CHAMAMÉ <CHA.MA.MÉ>
ESTILO DE MÚSICA E DE DANÇA MUITO APRECIADO NOS ESTADOS DO RIO GRANDE DO SUL E DO MATO GROSSO DO SUL. OS PRINCIPAIS INSTRUMENTOS USADOS NO CHAMAMÉ SÃO VIOLÃO E SANFONA.
NO PRÓXIMO SÁBADO, COMEÇA O FESTIVAL DE CHAMAMÉ AQUI DA REGIÃO.

EXPELIR <EX.PE.LIR>
FAZER ALGO SAIR DE UM LUGAR, EXPULSAR.
O VULCÃO ENTROU EM ATIVIDADE E ESTÁ EXPELINDO LAVA POR TODA REGIÃO.

JABUTI <JA.BU.TI>
ANIMAL QUE TEM CASCO ALTO E ARREDONDADO E SE PARECE COM UMA TARTARUGA; COSTUMA SE ALIMENTAR DE PLANTAS.
O JABUTI RECOLHE AS PATAS, A CABEÇA E O RABO PARA DENTRO DO CASCO QUANDO SE SENTE AMEAÇADO.

JIBOIA <JI.BOI.A>
COBRA GRANDE, DE COR MARROM, AMARELA OU CINZA, COM MANCHAS REDONDAS. NÃO É VENENOSA E SE ALIMENTA DE PEQUENOS ANIMAIS.
A JIBOIA IA ATACAR O LAGARTO, MAS ELE FOI MAIS RÁPIDO E CONSEGUIU ESCAPAR.

ROUXINOL <ROU.XI.NOL>
PÁSSARO PEQUENO, DE CORPO MARROM E BARRIGA E PEITO BRANCOS. É FAMOSO POR SEU CANTO.
QUANDO ENTRAMOS NA MATA, LOGO OUVIMOS O CANTO ENCANTADOR DO ROUXINOL.

SUBMERSO <SUB.MER.SO>
1. QUE ESTÁ DEBAIXO DE ÁGUA OU COBERTO DE ÁGUA.
   A FORTE CHUVA DE ONTEM DEIXOU VÁRIOS CARROS SUBMERSOS NA CIDADE.
2. QUE ESTÁ DESATENTO AO QUE ACONTECE AO SEU REDOR; QUE ESTÁ VOLTADO A SEUS PRÓPRIOS PENSAMENTOS E SENSAÇÕES.
   SUBMERSO EM SEUS PENSAMENTOS, NÃO OUVIU A CAMPAINHA TOCAR.

SUGESTÕES DE LEITURA

TEM UM TIGRE NO JARDIM, DE LIZZY STEWART. EDITORA SALAMANDRA.
ESSA HISTÓRIA COMEÇA QUANDO NORA VAI VISITAR A AVÓ. MESMO RODEADA DE VÁRIOS BRINQUEDOS, COMO A AMIGA GIRAFA JEFF, A MENINA AINDA PROCURA POR MAIS DIVERSÃO. NESSE MOMENTO, A AVÓ DECIDE LEVÁ-LA ATÉ O JARDIM PARA BRINCAR E PROCURAR UM TIGRE QUE HAVIA APARECIDO ALI. AGORA, NORA VAI VIVENCIAR NOVAS EMOÇÕES.

SERÁ QUE VOCÊ SABE? ANIMAIS, DE SIMON TUDHOPE E OUTROS. EDIÇÕES USBORNE.
COM MAIS DE QUINHENTAS PERGUNTAS E RESPOSTAS, ESSA OBRA APRESENTA MUITAS INFORMAÇÕES SOBRE ANIMAIS DE TODO O MUNDO. ELA POSSIBILITA AO LEITOR ADQUIRIR NOVOS CONHECIMENTOS QUE PODEM TAMBÉM SER COMPARTILHADOS COM OS COLEGAS.

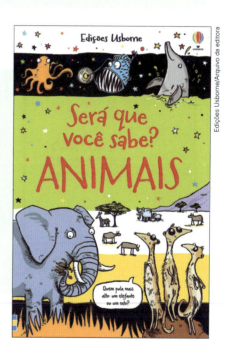

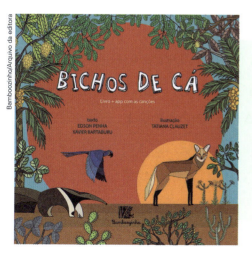

BICHOS DE CÁ, DE EDSON PENHA E XAVIER BARTABURU. EDITORA BAMBOOZINHO.
JABUTI, TATU, ARARA, LOBO-GUARÁ... ALGUNS DOS ANIMAIS MAIS QUERIDOS DO BRASIL SÃO CELEBRADOS NESSE LIVRO EM CANÇÕES CHEIAS DE RITMO PARA CANTAR E DANÇAR.

APRENDER SEMPRE

1 LEIA A TIRA A SEGUIR.

ALEXANDRE BECK. *ARMANDINHO DOIS*. FLORIANÓPOLIS: A. C. BECK, 2014. P. 46.

A. AGORA, COMPLETE AS LACUNAS DA TIRA ABAIXO COM ANTÔNIMOS, OU SEJA, COM PALAVRAS QUE TENHAM O SENTIDO OPOSTO DAQUELAS USADAS NA TIRA ORIGINAL.

B. CONVERSE COM OS COLEGAS: APÓS PREENCHER AS LACUNAS, O QUE MUDOU NO TEXTO?

2 COMPLETE A CRUZADINHA COM PALAVRAS QUE TENHAM SIGNIFICADO SEMELHANTE AO DAS PALAVRAS A SEGUIR. ALGUMAS LETRAS JÁ ESTÃO PREENCHIDAS, FORMANDO O NOME DA PERSONAGEM DA TIRA DA ATIVIDADE **1**.

- **A.** SALTAR
- **B.** GIRAR
- **C.** ENGANAR
- **D.** PÔR
- **E.** VER
- **F.** FALAR
- **G.** ESCAPAR
- **H.** ACHAR
- **I.** ANDAR
- **J.** ESCUTAR

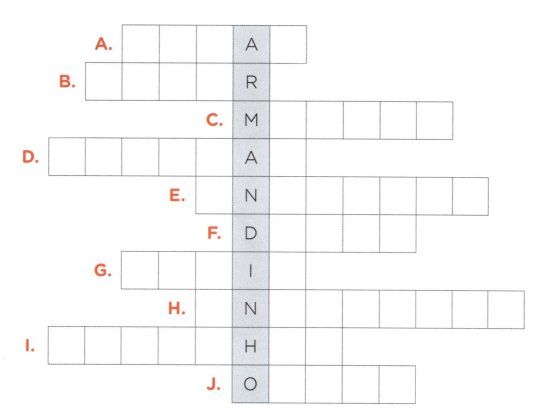

3 LIGUE CADA PALAVRA À SÍLABA QUE FALTA NELA. DEPOIS, COMPLETE A PALAVRA COM A SÍLABA CORRETA.

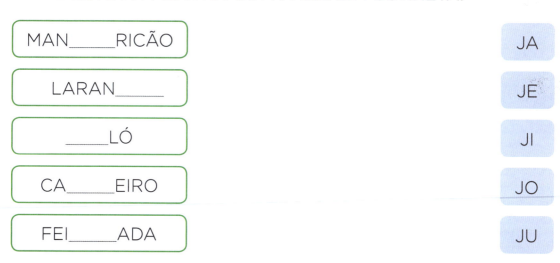

4 NESTE CAPÍTULO, VOCÊ LEU DIFERENTES TEXTOS E APRENDEU CURIOSIDADES SOBRE VÁRIOS ANIMAIS.

A. VOCÊ GOSTA DE ANIMAIS? TEM ALGUM ANIMAL DE ESTIMAÇÃO?

B. CASO TENHA, VOCÊ AJUDA A CUIDAR DO SEU ANIMAL? QUAIS CUIDADOS VOCÊ COSTUMA TER COM ELE?

CAPÍTULO 8

ERA UMA VEZ UM MUNDO ENCANTADO...

VOCÊ JÁ DEVE TER LIDO E OUVIDO VÁRIAS HISTÓRIAS QUE COMEÇAM COM "ERA UMA VEZ" E QUE TERMINAM COM AS PERSONAGENS VIVENDO "FELIZES PARA SEMPRE".

PARA COMEÇO DE CONVERSA

1. OBSERVE A CENA AO LADO. O QUE MAIS CHAMOU SUA ATENÇÃO NELA?

2. PARA VOCÊ, POR QUE HÁ PERSONAGENS APARECENDO AO REDOR DA CRIANÇA?

3. NA CENA, QUAIS PERSONAGENS DE CONTOS DE ENCANTAMENTO VOCÊ CONSEGUE IDENTIFICAR?

4. QUAIS CONTOS DE ENCANTAMENTO VOCÊ CONHECE? VOCÊ GOSTA DE CONTOS COMO ESSES? POR QUÊ? CONTE AOS COLEGAS.

NAVEGAR NA LEITURA

ALÉM DE FADAS, BRUXAS, PRÍNCIPES E PRINCESAS, HÁ OUTRA PERSONAGEM QUE APARECE EM ALGUNS CONTOS DE ENCANTAMENTO. É O GIGANTE!

- QUE PODERES MÁGICOS VOCÊ IMAGINA QUE UM GIGANTE PODE TER?
- VOCÊ ACHA QUE O GIGANTE É SEMPRE MAU NAS HISTÓRIAS?

ACOMPANHE A LEITURA QUE O PROFESSOR VAI FAZER E SE SURPREENDA COM A ATITUDE DESTE GIGANTE!

O GIGANTE EGOÍSTA

ERA UMA VEZ UM GIGANTE NEM UM POUCO SIMPÁTICO. UM DIA ELE FOI VISITAR UM AMIGO E SÓ VOLTOU SETE ANOS DEPOIS. ENQUANTO ESTAVA LONGE, AS CRIANÇAS DAS REDONDEZAS IAM BRINCAR NO LINDO JARDIM DA CASA DELE. E ESTAVAM TÃO FELIZES QUE ATÉ ESQUECERAM QUE ELE EXISTIA.

ENTÃO O GIGANTE VOLTOU. "O QUE VOCÊS ESTÃO FAZENDO AQUI?", ELE BERROU. E A CRIANÇADA SAIU CORRENDO.

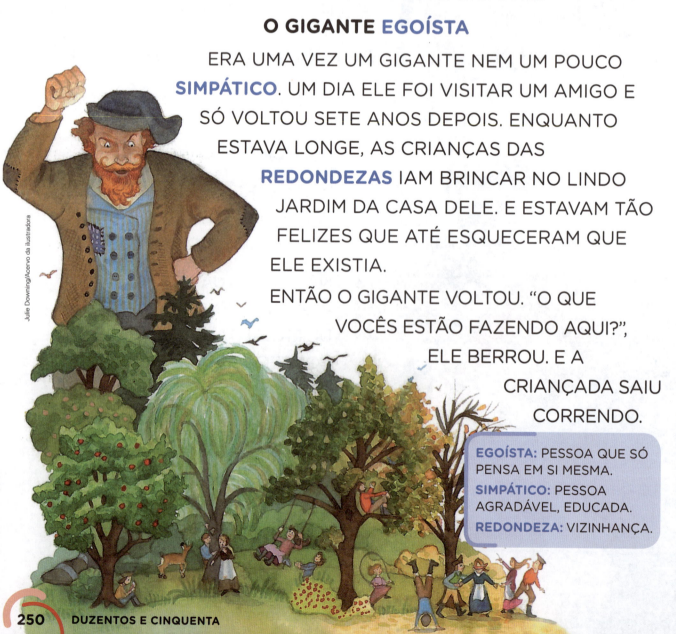

EGOÍSTA: PESSOA QUE SÓ PENSA EM SI MESMA.
SIMPÁTICO: PESSOA AGRADÁVEL, EDUCADA.
REDONDEZA: VIZINHANÇA.

O GIGANTE CONSTRUIU UM MURO ALTO E COLOCOU UMA PLACA PROIBINDO A ENTRADA DAS CRIANÇAS. NO COMEÇO ELE FICOU CONTENTE COM A SOLUÇÃO. MAS DEPOIS PERCEBEU QUE OS PASSARINHOS JÁ NÃO IAM CANTAR EM SEU JARDIM. E, O QUE ERA PIOR, O INVERNO NÃO ACABAVA NUNCA. ENTÃO O GIGANTE FICOU TRISTE.

UM DIA, O GIGANTE ACORDOU COM O CANTO DE UM PÁSSARO. OLHOU PELA JANELA E VIU QUE AS CRIANÇAS TINHAM VOLTADO. ELAS ENTRARAM POR UM BURACO QUE HAVIA NO MURO, E AGORA O JARDIM ESTAVA CHEIO DE FLORES E PASSARINHOS.

O GIGANTE DERRUBOU O MURO E PROMETEU QUE NUNCA MAIS SERIA EGOÍSTA.

MARY HOFFMAN. *MEU PRIMEIRO LIVRO DE CONTOS DE FADAS.* SÃO PAULO: COMPANHIA DAS LETRINHAS, 2003. P. 14-15.

LER PARA COMPREENDER

1 O CONTO "O GIGANTE EGOÍSTA", ASSIM COMO MUITAS OUTRAS HISTÓRIAS, COMEÇA COM A EXPRESSÃO "ERA UMA VEZ".

A. FAÇA UM **X** NA ALTERNATIVA QUE PODERIA SUBSTITUIR ESSA EXPRESSÃO NO TEXTO.

◯ HÁ MUITO TEMPO...

◯ NO ANO PASSADO...

B. A EXPRESSÃO "ERA UMA VEZ" INDICA QUE:

◯ A DATA EM QUE A HISTÓRIA ACONTECEU É CONHECIDA.

◯ A HISTÓRIA ACONTECEU HÁ MUITO TEMPO, MAS NÃO SE SABE QUANDO.

2 EM QUE LUGAR OCORREM OS ACONTECIMENTOS DO CONTO?

_____

> NOS CONTOS DE ENCANTAMENTO, O TEMPO GERALMENTE É INDICADO POR EXPRESSÕES COMO "ERA UMA VEZ" E "HÁ MUITOS E MUITOS ANOS". OS LUGARES ONDE AS HISTÓRIAS ACONTECEM COSTUMAM SER CASTELOS, LUGARES MÁGICOS, ENTRE OUTROS.

3 ONDE ESTAVA O GIGANTE QUANDO AS CRIANÇAS COMEÇARAM A BRINCAR NO JARDIM DELE?

_____

4 QUAL FOI A REAÇÃO DO GIGANTE AO VOLTAR PARA CASA E VER AS CRIANÇAS EM SEU JARDIM?

_____

_____

5 COMO AS CRIANÇAS ENTRARAM NOVAMENTE NO JARDIM?

☐ ELAS DERRUBARAM O MURO.

☐ ELAS ENTRARAM POR UM BURACO NO MURO.

6 COMO FICOU O JARDIM APÓS AS CRIANÇAS VOLTAREM?

_____

7 QUAL FOI A ATITUDE DO GIGANTE APÓS A VOLTA DAS CRIANÇAS? POR QUE ISSO ACONTECEU?

8 OBSERVE A ILUSTRAÇÃO DA PÁGINA 250 E A DO FINAL DA PÁGINA 251.

A. QUAL É A POSTURA DO GIGANTE EM RELAÇÃO ÀS CRIANÇAS NA PRIMEIRA ILUSTRAÇÃO?

B. QUE TRECHO DO TEXTO SE RELACIONA COM ESSA ILUSTRAÇÃO?

C. OBSERVANDO A SEGUNDA ILUSTRAÇÃO, COMO VOCÊ DESCREVERIA A CONVIVÊNCIA ENTRE O GIGANTE E AS CRIANÇAS DEPOIS QUE ELE DERRUBOU O MURO?

ENTRE NA RODA

OUÇA A LEITURA QUE O PROFESSOR VAI FAZER DE UM FAMOSO CONTO DE ENCANTAMENTO CHAMADO "A BELA E A FERA". DEPOIS, CONVERSE COM OS COLEGAS SOBRE AS QUESTÕES A SEGUIR.

1. NO CONTO, COMO A BELA E A FERA SE CONHECERAM?
2. COMO A FERA TRATAVA A BELA NO PALÁCIO?
3. COMO A FERA FICOU QUANDO BELA FOI VISITAR O PAI?
4. BELA FICOU ASSUSTADA AO VOLTAR AO CASTELO E ENCONTRAR A FERA DOENTE. O QUE ELA PERCEBEU NESSE MOMENTO DA HISTÓRIA?
5. COMO O CONTO TERMINA?

CAMINHOS DA LÍNGUA

LETRA L

1 LEIA OS NOMES DESTAS PERSONAGENS DE CONTOS DE FADAS.

LOBO MAU   CINDERELA   POLEGARZINHA

A. QUE CONSOANTE SE REPETE EM TODOS OS NOMES?

B. EM CADA NOME, CIRCULE ESSA CONSOANTE E A VOGAL QUE VEM DEPOIS DELA.

C. COM OS COLEGAS E O PROFESSOR, LEMBRE-SE DE OUTROS NOMES DE PERSONAGENS OU PESSOAS EM QUE A LETRA **L** APAREÇA SEGUIDA POR UMA VOGAL. DEPOIS, ESCREVA-OS.

_____

_____

2 OBSERVE AS IMAGENS E DEPOIS COMPLETE CADA ESPAÇO EM BRANCO COM UMA DAS PALAVRAS DO QUADRO.

BOLA   TIGELA   GALINHA   CASTELO

_____ DOS OVOS DE OURO   _____ ENCANTADO   _____ DE MINGAU   _____ DE OURO

3 LEIA AS PALAVRAS E CIRCULE O NOME DE CADA FIGURA.

MIOLO
TOLO
BOLO

LEÃO
MELÃO
LEITÃO

GOLA
MOLA
COLA

4 JUNTE AS SÍLABAS DO QUADRO E ESCREVA O NOME DAS FIGURAS ABAIXO.

| LA | BU | LÃO | A | LU | BA | LE | TA |

5 AGORA É VOCÊ QUEM VAI FAZER UM ENCANTAMENTO! USE SUA VARINHA MÁGICA DE FAZ DE CONTA E CRIE NOVAS PALAVRAS ACRESCENTANDO A LETRA **L** NO INÍCIO DAS PALAVRAS ABAIXO.

SEM L	COM L
AÇO	____AÇO
AMA	____AMA
EMA	____EMA
OURO	____OURO
UVA	____UVA
EVA	____EVA

NAVEGAR NA LEITURA

QUANDO QUEREMOS REUNIR OS AMIGOS PARA UMA COMEMORAÇÃO, SEJA PARA CELEBRAR UM ANIVERSÁRIO, UM CASAMENTO OU QUALQUER OUTRO ACONTECIMENTO IMPORTANTE, COSTUMAMOS ENVIAR UM CONVITE.

- VOCÊ JÁ RECEBEU UM CONVITE POR ESCRITO? EM QUE SITUAÇÃO ISSO ACONTECEU?

- VOCÊ CONHECE A PERSONAGEM DO CONVITE ABAIXO? QUEM É ELA?

LEIA COM O PROFESSOR OS CONVITES A SEGUIR.

TEXTO 1

MUITAS CRIANÇAS OU SEUS RESPONSÁVEIS ESCOLHEM A TEMÁTICA DE CONTOS DE ENCANTAMENTO PARA AS FESTAS DE ANIVERSÁRIO. ATÉ OS CONVITES SEGUEM A TEMÁTICA.

NOS CONTOS DE ENCANTAMENTO, AS PERSONAGENS, ÀS VEZES, TAMBÉM ENVIAM CONVITES.

NO LIVRO *A VERDADEIRA HISTÓRIA DE CHAPEUZINHO VERMELHO*, O LOBO ESCREVE À CHAPEUZINHO PEDINDO A ELA QUE O ENSINE A SER BOM, E ELA FICA MUITO ANIMADA. MAS, QUANDO O LOBO SE TORNA BONZINHO E FICA FAMOSO NA FLORESTA, A MENINA, COM CIÚME, PENSA EM UM PLANO PARA MUDAR A SITUAÇÃO E ENVIA UM CONVITE AO LOBO. VEJA SÓ.

TEXTO 2

Para Lobo

Querido Lobo,
por favor,
venha à minha
festinha especial,
amanhã à tarde.
Vai ter um monte
de comida gostosa.
Com carinho,
Chapeuzinho Vermelho
P.S. - Não falte!

AGNESE BARUZZI E SANDRO NATALINI. *A VERDADEIRA HISTÓRIA DE CHAPEUZINHO VERMELHO*. SÃO PAULO: BRINQUE-BOOK, 2010.

LER PARA COMPREENDER

1 VOCÊ LEU DOIS CONVITES DIFERENTES. O PRIMEIRO APRESENTA UMA SITUAÇÃO REAL, E O SEGUNDO FOI RETIRADO DE UMA HISTÓRIA. OBSERVE AS INFORMAÇÕES APRESENTADAS EM CADA CONVITE E RESPONDA ÀS QUESTÕES A SEGUIR.

A. COM OS COLEGAS E O PROFESSOR, PREENCHA O QUADRO.

	TEXTO 1	TEXTO 2
QUE EVENTO É ANUNCIADO NO CONVITE?		
QUANDO OCORRERÁ O EVENTO?		
QUAL É O LOCAL DO EVENTO?		

B. POR QUE UM CONVITE PRECISA APRESENTAR TODAS ESSAS INFORMAÇÕES?

C. NO TEXTO **2**, O LOCAL DO EVENTO NÃO É INFORMADO. ONDE VOCÊ ACHA QUE A FESTA VAI ACONTECER?

_____

_____

2 SEGUNDO OS CONVITES, O QUE SERÁ OFERECIDO AOS CONVIDADOS EM CADA FESTA?

_____

_____

_____

_____

3 VOLTE AO TEXTO **1** E IDENTIFIQUE O NOME QUE APARECE NO CONVITE. AGORA, COPIE ESSE NOME NO QUADRO ABAIXO.

- ESSE NOME IDENTIFICA:
  - ☐ QUEM É O CONVIDADO.
  - ☐ QUEM É O ANIVERSARIANTE.

4 LEIA ALGUMAS SITUAÇÕES PARA AS QUAIS AS PESSOAS COSTUMAM SER CONVIDADAS.

- IR A UMA FORMATURA.
- IR ALMOÇAR, JANTAR OU LANCHAR COM AMIGOS.
- IR A UMA FESTA DE CASAMENTO.
- BRINCAR COM OS COLEGAS.

- PINTE AS SITUAÇÕES ACIMA EM QUE OS CONVITES COSTUMAM SER FEITOS POR MENSAGEM ESCRITA.

5 RELEMBRE A FALA DA PERSONAGEM DO TEXTO **1**.

ESPELHO, ESPELHO MEU, EXISTE ALGUÉM MAIS SAPECA DO QUE EU?

Bruna Assis Brasil/ID/BR

A. QUE PERSONAGEM DE CONTO DE ENCANTAMENTO FALA ALGO MUITO PARECIDO?

B. VOCÊ ACHOU ESSA BRINCADEIRA DO CONVITE DIVERTIDA?

6 RELEIA O TEXTO **2** E LEMBRE O MOTIVO QUE FEZ CHAPEUZINHO ENVIAR O CONVITE AO LOBO. CONVERSE COM OS COLEGAS: O QUE VOCÊ ACHA QUE ACONTECEU NA FESTA?

CAMINHOS DA LÍNGUA

LETRA G

1 LEIA O NOME QUE APARECE NO PRIMEIRO CONVITE E OUTROS DOIS NOMES INICIADOS PELA MESMA LETRA.

| GABRIELA | GODOFREDO | GUTO |

A. EM CADA NOME, PINTE A CONSOANTE **G** E A VOGAL QUE A ACOMPANHA.

B. LEIA EM VOZ ALTA AS SÍLABAS QUE VOCÊ PINTOU.

C. VOCÊ SE LEMBRA DE OUTRAS PALAVRAS EM QUE A LETRA **G** REPRESENTA SONS PARECIDOS COM ESSES? CONTE AOS COLEGAS E AO PROFESSOR.

2 ANIMAIS FALANTES OU COM PODERES MÁGICOS SÃO MUITO COMUNS NOS CONTOS DE ENCANTAMENTO. A PERSONAGEM AO LADO É UM DESSES ANIMAIS QUE FAZEM PARTE DO MUNDO ENCANTADO. LEIA O NOME DESSA PERSONAGEM.

GATO DE BOTAS

A. CIRCULE A SÍLABA INICIAL DO NOME QUE VOCÊ ACABOU DE LER.

B. AGORA, COMPLETE OS NOMES DOS ANIMAIS ABAIXO COM **GA**, **GO** OU **GU**.

____RILA   PAPA____IO   MORCE____   CAN____RU

3 DESEMBARALHE AS LETRAS E FORME O NOME DE CADA FIGURA.

 B I O / A G A _____

 L A G / O I A _____

 B G E / I D O _____

 A G / É U _____

4 PINTE AS FIGURAS QUE APRESENTAM A LETRA **G** NO NOME.

- ESCREVA OS NOMES DAS FIGURAS QUE VOCÊ PINTOU.

5 LEIA A ADIVINHA E CIRCULE A FIGURA QUE CORRESPONDE À RESPOSTA. DEPOIS, ESCREVA A RESPOSTA ENCONTRADA NA LINHA ABAIXO.

O QUE É, O QUE É:
NÃO É SEGREDO MAS QUEBRA
TEM UM PALMO DE PESCOÇO
TEM BOCA E VIVE CALADA
TEM BARRIGA E NÃO TEM OSSO?

DOMÍNIO PÚBLICO.

DANDO ASAS À PRODUÇÃO

CONVITE

NA SEÇÃO *OLÁ, ORALIDADE* DA PÁGINA 265, VOCÊ E OS COLEGAS VÃO PREPARAR A ENCENAÇÃO DE UM CONTO DE ENCANTAMENTO. AGORA, QUE TAL CONVIDAR ESTUDANTES DE OUTRA TURMA PARA ASSISTIR?

O QUE VOU PRODUZIR

NESTA SEÇÃO, VOCÊ VAI PREPARAR UM CONVITE PARA UM ESTUDANTE DE OUTRA SALA, CHAMANDO-O PARA ASSISTIR À APRESENTAÇÃO DE SUA TURMA.

ORIENTAÇÕES PARA A PRODUÇÃO

1. ESCREVA UM PEQUENO TEXTO, CONVIDANDO UM COLEGA DE OUTRA CLASSE PARA ASSISTIR À ENCENAÇÃO DO CONTO DE ENCANTAMENTO QUE SERÁ REALIZADA PELA SUA TURMA.

2. NO CONVITE, ESCREVA O NOME DO CONVIDADO.

3. LEMBRE-SE DE INDICAR O DIA, O HORÁRIO E O LOCAL EM QUE A ENCENAÇÃO VAI ACONTECER.

4. ASSINE O CONVITE, COLOCANDO SEU NOME NO FINAL DO TEXTO, À DIREITA.

5. UTILIZE A MOLDURA A SEGUIR PARA FAZER SEU RASCUNHO.

AVALIAÇÃO E REESCRITA

ACOMPANHE A LEITURA DO PROFESSOR E PINTE **SIM** OU **NÃO** PARA CADA ITEM DO QUADRO A SEGUIR. SE NECESSÁRIO, FAÇA ALTERAÇÕES EM SEU TEXTO.

1. ESCREVI, NO INÍCIO DO CONVITE, O NOME DA PESSOA PARA QUEM ELE SERÁ ENTREGUE?	SIM	NÃO
2. ESCREVI O TEXTO INFORMANDO QUAL SERÁ O EVENTO E DEIXANDO CLARO QUE ESTOU CONVIDANDO A PESSOA QUE RECEBERÁ O CONVITE?	SIM	NÃO
3. INFORMEI O DIA, A HORA E O LOCAL EM QUE O EVENTO VAI ACONTECER?	SIM	NÃO
4. ESCREVI MEU NOME NO FINAL DO CONVITE?	SIM	NÃO

APÓS A REVISÃO DO TEXTO, PASSE-O A LIMPO. COMBINE COM OS COLEGAS O TIPO DE PAPEL QUE VOCÊS VÃO UTILIZAR, O TAMANHO E O FORMATO DO CONVITE, SE HAVERÁ ALGUMA ILUSTRAÇÃO, ENTRE OUTRAS COISAS.

CIRCULAÇÃO DO TEXTO

- OS CONVITES SERÃO RECOLHIDOS PELO PROFESSOR, COLOCADOS EM UMA CAIXA OU EM UM ENVELOPE E ENTREGUES AO PROFESSOR DA OUTRA CLASSE, QUE VAI DISTRIBUÍ-LOS AOS ESTUDANTES DA TURMA DELE. AGUARDE O QUE VAI ACONTECER!

OLÁ, ORALIDADE

CONVITE ORAL

HOJE EM DIA, É COMUM AS PESSOAS ENVIAREM CONVITES ORAIS. ESSES CONVITES NÃO SÃO ESCRITOS; ELES SÃO FALADOS.

VOCÊS VÃO ENVIAR UM CONVITE ORAL. POR MEIO DE MENSAGEM DE VOZ, VOCÊS VÃO CONVIDAR SUAS FAMÍLIAS PARA A DRAMATIZAÇÃO DO CONTO DE ENCANTAMENTO.

ORIENTAÇÕES PARA A PRODUÇÃO

1. NUMEREM AS INFORMAÇÕES A SEGUIR DE ACORDO COM A SEQUÊNCIA EM QUE ELAS DEVEM APARECER NO CONVITE.

    ☐ DESPEDIDA.　　☐ DIA, HORÁRIO E LOCAL.

    ☐ CUMPRIMENTO INICIAL.　　☐ MOTIVO DO CONVITE.

2. COM O PROFESSOR, PREPAREM O TEXTO DO CONVITE.

3. O PROFESSOR VAI ORGANIZAR A TURMA EM QUATRO GRUPOS. CADA GRUPO VAI FALAR UM TRECHO DO TEXTO. QUANDO TODOS ESTIVEREM PREPARADOS, O PROFESSOR VAI GRAVAR O CONVITE.

PREPARAÇÃO DA FALA

1. TREINEM A FALA DO TRECHO DEFINIDO PARA SEU GRUPO, USANDO TOM DE VOZ ADEQUADO.

2. NO MOMENTO DA GRAVAÇÃO DO CONVITE, PRESTEM ATENÇÃO NOS OUTROS GRUPOS PARA SABER O MOMENTO CERTO DE FALAR.

3. ANTES DE ENVIAR O CONVITE ORAL, OUÇAM A GRAVAÇÃO E VERIFIQUEM SE A MENSAGEM FICOU CLARA.

AVALIAÇÃO

AVALIEM A PARTICIPAÇÃO DA TURMA NA ATIVIDADE.

- TODOS CONSEGUIRAM FALAR NO MOMENTO CERTO E TRANSMITIR A MENSAGEM DE MANEIRA CLARA?

OLÁ, ORALIDADE

DRAMATIZAÇÃO DE CONTO DE ENCANTAMENTO

VOCÊ JÁ ASSISTIU A UMA DRAMATIZAÇÃO OU PEÇA TEATRAL? A DRAMATIZAÇÃO É UMA FORMA DIFERENTE DE NARRAR UMA HISTÓRIA, POIS, EM VEZ DE OS ACONTECIMENTOS SEREM LIDOS OU CONTADOS, ELES SÃO REPRESENTADOS.

O QUE VOCÊ ACHA DE DRAMATIZAR UM CONTO DE ENCANTAMENTO? ESSE SERÁ O DESAFIO DA TURMA AGORA!

ORIENTAÇÕES PARA A PRODUÇÃO

1. PRIMEIRO, ESCOLHAM QUAL CONTO DE ENCANTAMENTO SERÁ DRAMATIZADO. VOCÊS PODEM LISTAR OS CONTOS QUE CONHECEM E FAZER UMA VOTAÇÃO OU UM SORTEIO PARA DEFINIR.

2. APÓS ESCOLHIDO O CONTO, RELEMBREM O QUE ACONTECE NA HISTÓRIA E DECIDAM SE VÃO DRAMATIZAR ALGUMAS CENAS MARCANTES OU A HISTÓRIA COMPLETA.

3. COM O PROFESSOR, DEFINAM OS PAPÉIS, OU SEJA, QUAL PERSONAGEM CADA UM VAI REPRESENTAR.

4. O PROFESSOR SERÁ O NARRADOR DA HISTÓRIA E, JUNTOS, VOCÊS VÃO DEFINIR AS FALAS DE CADA PERSONAGEM NAS CENAS QUE SERÃO REPRESENTADAS.

5. ENSAIEM A DRAMATIZAÇÃO VÁRIAS VEZES ATÉ QUE SE SINTAM SEGUROS PARA APRESENTAR.

6. NO DIA DA APRESENTAÇÃO, PROCUREM REALIZAR TUDO CONFORME O COMBINADO NOS ENSAIOS.

PREPARAÇÃO DA FALA

1. TREINE AS FALAS DA PERSONAGEM QUE VOCÊ VAI REPRESENTAR ATÉ CONSEGUIR MEMORIZÁ-LAS. SE, NO DIA DO ESPETÁCULO, VOCÊ ESQUECER UMA FALA, IMPROVISE! POR ISSO, É IMPORTANTE SABER A SEQUÊNCIA DA HISTÓRIA.

2. PROCURE PRONUNCIAR AS PALAVRAS COM CLAREZA E EM TOM DE VOZ ADEQUADO, DE ACORDO COM O AMBIENTE DA APRESENTAÇÃO.

3. FAÇA GESTOS E EXPRESSÕES QUE REPRESENTEM AS EMOÇÕES E OS SENTIMENTOS DA PERSONAGEM.

4. AO FALAR, PROCURE SE MANTER DE FRENTE PARA O PÚBLICO. DESSA FORMA, TODOS PODERÃO OUVIR MELHOR VOCÊ E OBSERVAR OS GESTOS E AS EXPRESSÕES COM MAIS FACILIDADE.

AVALIAÇÃO

APÓS A DRAMATIZAÇÃO, PENSE NO QUE FOI FEITO E RESPONDA ÀS PERGUNTAS.

- O QUE FOI MAIS INTERESSANTE DURANTE A MONTAGEM DA DRAMATIZAÇÃO? POR QUÊ?
- PARTICIPEI ATIVAMENTE DOS ENSAIOS?
- O QUE FOI MAIS FÁCIL E O QUE FOI MAIS DIFÍCIL FAZER NESSA ATIVIDADE?

NAVEGAR NA LEITURA

AS BRUXAS SÃO PERSONAGENS QUE APARECEM EM GRANDE PARTE DOS CONTOS DE ENCANTAMENTO.

- COMO SÃO AS BRUXAS DAS HISTÓRIAS DE ENCANTAMENTO QUE VOCÊ CONHECE?

A HISTÓRIA A SEGUIR É CONTADA POR MEIO DE DESENHOS. NELA, VOCÊ VAI CONHECER UMA BRUXINHA E SEU GATO.

EVA FURNARI. *O AMIGO DA BRUXINHA*. SÃO PAULO: MODERNA, 1993. P. 2-3.

LER PARA COMPREENDER

1 A HISTÓRIA QUE VOCÊ LEU FOI CONTADA POR MEIO DE DESENHOS. QUAIS ELEMENTOS FAZEM PARTE DESSA HISTÓRIA? MARQUE COM UM **X** AS RESPOSTAS CERTAS.

- ☐ CENÁRIO.
- ☐ GESTOS DAS PERSONAGENS.
- ☐ CONVERSA ENTRE AS PERSONAGENS.
- ☐ EXPRESSÃO DO ROSTO DAS PERSONAGENS.
- ☐ EXPLICAÇÃO POR MEIO DE PALAVRAS.

2 NO PRIMEIRO QUADRINHO, APARECEM A BRUXINHA, O GATO E DOIS OBJETOS NA MESINHA. QUE OBJETOS SÃO ESSES?

_____

3 QUAL FOI A MÁGICA FEITA PELO GATO DEPOIS DE PEGAR A VARINHA DA BRUXINHA?

_____

_____

4 O QUE O GATO FEZ COM OS OBJETOS TRANSFORMADOS?

_____

5 OBSERVE NOVAMENTE O ÚLTIMO QUADRINHO DA HISTÓRIA.

A. COPIE NO QUADRO ABAIXO A PALAVRA QUE APARECE NO ÚLTIMO QUADRINHO.

B. ESSA PALAVRA REPRESENTA:
- ☐ O RONCO DA BARRIGA DO GATO.
- ☐ O SOM DO TELEFONE TOCANDO.

C. POR QUE A BRUXINHA ACORDOU NO ÚLTIMO QUADRINHO?
_____

D. COMO O GATO PARECE SE SENTIR NESSE QUADRINHO?
_____
_____

E. POR QUE ELE FICOU ASSIM?
_____

6 VOLTE AO TEXTO E CIRCULE O QUE SE PEDE DE ACORDO COM A LEGENDA.

- 🟨 TÍTULO DO TEXTO.
- 🟥 NOME DA AUTORA.
- 🟦 TÍTULO DO LIVRO.

7 COM UM COLEGA, REVEJAM A HISTÓRIA "O TELEFONE" E FAÇAM A ATIVIDADE DAS PÁGINAS 289 E 291.

> AS **NARRATIVAS VISUAIS**, COMO AS HISTÓRIAS EM QUADRINHOS E OS LIVROS DE IMAGENS, SÃO HISTÓRIAS CONTADAS COMPLETAMENTE OU QUASE COMPLETAMENTE POR MEIO DE DESENHOS. PARA COMPREENDER A HISTÓRIA, É NECESSÁRIO PRESTAR ATENÇÃO AOS DETALHES DO CENÁRIO, AOS GESTOS E ÀS EXPRESSÕES FACIAIS DAS PERSONAGENS.

CAMINHOS DA LÍNGUA

LETRA X

1 LEIA O POEMA A SEGUIR COM OS COLEGAS E O PROFESSOR.

O CALDEIRÃO DA BRUXA

GATO
SAPO
RATO
E CORDÃO DE SAPATO –
TUDO NA MESMA PANELA.
PÓ DE CAFÉ
BOTÃO DE BONÉ
E UNHA DE DEDÃO DE PÉ.
MEXE COM FÉ
E JOGA TEMPERO NELA.
JOGA TEMPERO NELA!
JOGA TEMPERO NELA!

COMIDA DE BRUXA
É UM LUXO!

PARA O BRUXO...

GLÁUCIA LEMOS. *O CÃO AZUL E OUTROS POEMAS*. BELO HORIZONTE: FORMATO, 2010.

A. O QUE A BRUXA ESTÁ PREPARANDO EM SEU CALDEIRÃO?

_____

B. SUBLINHE NO POEMA OS INGREDIENTES QUE A BRUXA USA NA RECEITA.

C. DURANTE O PREPARO DA RECEITA, O QUE A BRUXA FAZ VÁRIAS VEZES?

_____

D. DE ACORDO COM O POEMA, PARA QUEM A COMIDA DA BRUXA É UMA DELÍCIA?

____

E. AGORA, CIRCULE NO POEMA AS PALAVRAS NAS QUAIS A LETRA **X** APARECE.

2 ESCREVA, NO CALDEIRÃO DA BRUXA, OUTRAS PALAVRAS COM A LETRA **X**.

Bruna Assis Brasil/ID/BR

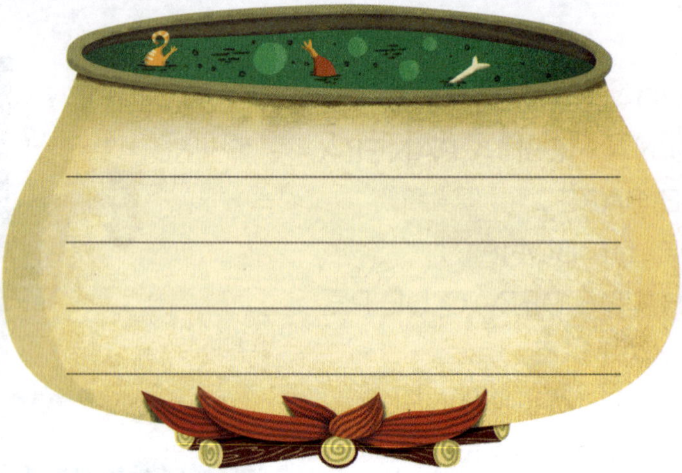

3 DESAFIO! DESCUBRA AS RESPOSTAS DAS CHARADAS A SEGUIR.

DICA
TODAS AS RESPOSTAS SÃO PALAVRAS QUE COMEÇAM COM A LETRA **X**.

A. REMÉDIO GERALMENTE INDICADO PARA QUEM ESTÁ COM TOSSE.

☐☐☐☐☐☐

B. PEÇA DE LOUÇA PEQUENA E FRÁGIL USADA PARA TOMAR CAFÉ, LEITE OU CHÁ.

☐☐☐☐☐☐

C. PESSOA QUE TEM O MESMO NOME QUE OUTRA PESSOA.

☐☐☐☐

D. NA HORA DO BANHO, USAMOS PARA LAVAR O CABELO.

☐☐☐☐☐

JOGOS E BRINCADEIRAS

DIAGRAMA COM A LETRA X

OBSERVE AS FIGURAS E ENCONTRE NO DIAGRAMA AS PALAVRAS QUE REPRESENTAM ESSAS FIGURAS.

ATENÇÃO! TODAS AS PALAVRAS TÊM A LETRA **X**.

F	B	E	S	G	R	A	P	E	Z
X	Q	A	D	X	F	E	E	K	C
L	I	X	O	L	T	D	I	B	A
E	D	U	A	B	S	U	X	E	I
L	O	X	Q	X	A	D	E	J	X
R	T	A	S	B	R	U	X	A	A
T	Y	L	C	I	T	S	U	G	A
U	O	E	X	E	N	X	A	D	A
I	P	X	Q	T	O	S	E	A	F
F	M	E	X	E	R	I	C	A	S

PESSOAS E LUGARES

DIFERENTES CULTURAS, DIFERENTES VERSÕES

OS CONTOS DE ENCANTAMENTO SÃO NARRADOS HÁ SÉCULOS NO MUNDO TODO. DEPENDENDO DA CULTURA DO POVO EM QUE A HISTÓRIA É CONTADA, ALGUNS DETALHES SÃO MODIFICADOS PARA QUE ELA FAÇA SENTIDO PARA AS PESSOAS DAQUELE LUGAR.

VEJA A IMAGEM QUE ILUSTRA O CONTO "A BELA E A FERA".

▲ ILUSTRAÇÃO DE WALTER CRANE FEITA PARA A OBRA "A BELA E A FERA", PUBLICADA EM PARIS POR VOLTA DE 1900.

ESSA HISTÓRIA FOI NARRADA PELA PRIMEIRA VEZ EM 1740 EM UMA COLETÂNEA ESCRITA PELA FRANCESA GABRIELLE--SUZANNE BARBOT GALLON DE VILLENEUVE. HÁ MAIS DE DUZENTOS ANOS, ESSA HISTÓRIA VEM SE ESPALHANDO POR TODO O MUNDO, SENDO CONTADA DE MODOS DIFERENTES.

LEIA A SEGUIR UM TRECHO DE REPORTAGEM SOBRE UMA VERSÃO DESSA HISTÓRIA, CONTADA NA ÁFRICA DO SUL.

EM UMA VERSÃO SUL-AFRICANA, QUE LEVA O TÍTULO DE "A COBRA DE CINCO CABEÇAS", A FILHA MAIS NOVA DE UM HOMEM, MUITO MAIS HUMILDE E TRABALHADORA QUE A MAIS VELHA, SE CASA COM UMA SERPENTE DE CINCO CABEÇAS. A MOÇA, PORÉM, LIBERTA O GUERREIRO APRISIONADO EM FEITIÇO QUANDO SEGUE AS INSTRUÇÕES PARA COZINHAR BOLOS AO MARIDO, MOSTRANDO QUE NÃO EXISTE ORGULHO OU VAIDADE EM SEU CORAÇÃO.

AS DIFERENTES VERSÕES DO CONTO DE FADAS "A BELA E A FERA". REVISTA *GALILEU*. DISPONÍVEL EM: HTTP://REVISTAGALILEU.GLOBO.COM/CULTURA/NOTICIA/2017/03/DIFERENTES-VERSOES-DO-CONTO-DE-FADAS-BELA-E-FERA.HTML. ACESSO EM: 31 MAR. 2021.

▲ ILUSTRAÇÃO DE HELEN JACOBS PARA O LIVRO *CONTOS DE FADAS NATIVOS DA ÁFRICA DO SUL*, DE ETHEL L. MCPHERSON, PUBLICADO EM 1919.

1. OBSERVE A IMAGEM DA PÁGINA 274, FEITA PARA UMA EDIÇÃO FRANCESA DO CONTO "A BELA E A FERA".

    A. VOCÊ SABE QUE ANIMAL ESTÁ REPRESENTANDO A FERA?

    B. ELE SE PARECE COM A FERA DAS VERSÕES ATUAIS DO CONTO?

2. EM SUA OPINIÃO, POR QUE, NA VERSÃO SUL-AFRICANA, O ANIMAL ESCOLHIDO PARA REPRESENTAR A FERA É UMA SERPENTE?

3. EM SUA OPINIÃO, QUE ANIMAL PODERIA SER A FERA EM UMA VERSÃO BRASILEIRA DO CONTO?

VAMOS COMPARTILHAR!

CADERNO DE ESCRITOS

DURANTE O ANO, A TURMA PRODUZIU VÁRIOS TEXTOS. AGORA, CHEGOU A HORA DE VOCÊS REUNIREM ALGUNS DELES E MONTAR UM CADERNO COLETIVO DE ESCRITOS.

PASSO A PASSO

1. PARA A SELEÇÃO DOS TEXTOS QUE VÃO FAZER PARTE DO CADERNO DE ESCRITOS, CADA ESTUDANTE VAI ESCOLHER UM DOS TEXTOS QUE PRODUZIU DURANTE O ANO E CONVERSAR COM O PROFESSOR SOBRE SUA ESCOLHA.

2. A PRÓXIMA ETAPA É PASSAR O TEXTO A LIMPO EM UMA FOLHA AVULSA. PRESTE ATENÇÃO NA ORTOGRAFIA E NA PONTUAÇÃO. LEMBRE-SE DE ASSINAR SEU NOME AO FINAL.

3. DEPOIS DE PASSAR O TEXTO A LIMPO, CRIE UMA ILUSTRAÇÃO BEM BONITA PARA ELE. A ILUSTRAÇÃO DEVERÁ TER COMO BASE O TEXTO ESCOLHIDO.

4. EM DUPLAS, NA FOLHA ENTREGUE PELO PROFESSOR, CRIEM PROPOSTAS DE CAPA PARA O CADERNO DE ESCRITOS, COM TÍTULO E UMA ILUSTRAÇÃO RELACIONADA AO TRABALHO. DEPOIS, FAÇAM UMA VOTAÇÃO PARA ESCOLHER A CAPA DO CADERNO DE ESCRITOS DA TURMA.

5. APÓS SELECIONAR A CAPA, VOCÊS VÃO ORGANIZAR A SEQUÊNCIA DOS TEXTOS. PARA ISSO, COMBINEM SE SEGUIRÃO A ORDEM ALFABÉTICA DOS NOMES DOS ESTUDANTES OU A DATA DE PRODUÇÃO DOS TEXTOS, POR EXEMPLO. QUANDO O MATERIAL ESTIVER ORGANIZADO, O PROFESSOR FICARÁ RESPONSÁVEL POR COLOCAR A CAPA.

6. QUANDO O CADERNO ESTIVER PRONTO, MARQUEM UM DIA PARA O LANÇAMENTO.

   - PREPAREM CONVITES, PARA SEREM ENTREGUES EM MÃOS, OU CARTAZES COM INFORMAÇÕES SOBRE O EVENTO, QUE PODEM SER AFIXADOS EM LOCAIS DE DESTAQUE NA ESCOLA.

   - NO DIA DO LANÇAMENTO, VOCÊS PODEM LER ALGUMAS DAS PRODUÇÕES PARA OS COLEGAS DE OUTRAS TURMAS E DEMAIS CONVIDADOS.

7. ENTREGUEM UMA CÓPIA DO CADERNO DE ESCRITOS NA SALA DE LEITURA OU NA BIBLIOTECA DA ESCOLA OU DO BAIRRO. ASSIM, A MEMÓRIA DA SUA TURMA FICARÁ REGISTRADA POR MUITO TEMPO!

AVALIAÇÃO

- A TURMA CONSEGUIU SE ORGANIZAR BEM PARA PRODUZIR O TRABALHO COLETIVO?
- O QUE VOCÊ ACHOU DO RESULTADO FINAL DA PRODUÇÃO DO CADERNO DE ESCRITOS?

VOCABULÁRIO

ESTA SEÇÃO APRESENTA O SIGNIFICADO DE ALGUMAS PALAVRAS QUE VOCÊ VIU NESTE CAPÍTULO. NOTE QUE, ÀS VEZES, A PALAVRA PODE ASSUMIR MAIS DE UM SENTIDO, DEPENDENDO DO CONTEXTO EM QUE É UTILIZADA. AGORA, ACOMPANHE A LEITURA QUE O PROFESSOR VAI FAZER.

BERRAR <BER.RAR>
FALAR OU CHORAR GRITANDO.
TIVE QUE BERRAR, CHAMANDO MEU CACHORRO.

CHARADA <CHA.RA.DA>
1. ADIVINHA.
EU GANHEI DO MEU AVÔ UM LIVRO DE CHARADAS.
2. SITUAÇÃO DIFÍCIL DE RESOLVER.
PARA GANHAR O JOGO DE DETETIVES, É PRECISO RESOLVER A CHARADA.

EGOÍSTA <E.GO.ÍS.TA>
PESSOA QUE SÓ PENSA EM SEUS PRÓPRIOS INTERESSES.
AS PESSOAS EGOÍSTAS NÃO PENSAM NOS OUTROS.

EXPRESSÃO <EX.PRES.SÃO>
1. QUALQUER FRASE OU PALAVRA.
A EXPRESSÃO "ERA UMA VEZ" ESTÁ PRESENTE EM CONTOS DE ENCANTAMENTO.
2. DEMONSTRAÇÃO DE SENTIMENTO POR MEIO DO ROSTO, DA VOZ OU DE GESTOS.
A EXPRESSÃO DELE ERA DE MUITA ALEGRIA.

FORMATURA <FOR.MA.TU.RA>
FESTA OU CERIMÔNIA PARA COMEMORAR A CONCLUSÃO DE UM CURSO.
ONTEM FOI A FORMATURA DO MEU IRMÃO.

RONCO <RON.CO>
1. SOM GRAVE PRODUZIDO POR ALGUMAS PESSOAS DURANTE O SONO.
EU SEMPRE ESCUTO O RONCO DO MEU PAI QUANDO ELE ESTÁ DORMINDO.
2. SOM QUE O GATO FAZ AO RECEBER CARINHO. ROM-ROM.
O RONCO DO MEU GATO É MUITO FOFINHO.
3. SOM PRODUZIDO NO ESTÔMAGO, QUE PODE INDICAR FOME.
ESTOU COM MUITA FOME. VOCÊ CONSEGUE OUVIR O RONCO DO MEU ESTÔMAGO?

SOLUÇÃO <SO.LU.ÇÃO>
RESPOSTA PARA UMA DIFICULDADE OU PROBLEMA.
A SOLUÇÃO QUE O GIGANTE ENCONTROU FOI QUEBRAR O MURO PARA AS CRIANÇAS BRINCAREM NO JARDIM.

SUGESTÕES DE LEITURA

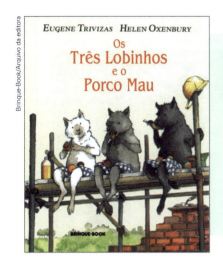

OS TRÊS LOBINHOS E O PORCO MAU, DE EUGENE TRIVIZAS E HELEN OXENBURY. EDITORA BRINQUE-BOOK.

INVERTENDO OS CONHECIDOS PAPÉIS DO LOBO MAU E DOS PORQUINHOS, O AUTOR SURPREENDE OS LEITORES AO UTILIZAR ELEMENTOS ATUAIS PARA REINVENTAR A HISTÓRIA ORIGINAL.

CONTOS DE FADA ILUSTRADOS, DE ROSIE DICKINS E SARAH COURTAULD. EDIÇÕES USBORNE.

ESSA COLETÂNEA REÚNE DEZ CONTOS CLÁSSICOS INFANTIS DOS IRMÃOS GRIMM, DE HANS CHRISTIAN ANDERSEN E DE OUTROS AUTORES. OS CONTOS SÃO ACOMPANHADOS DE ILUSTRAÇÕES QUE DEIXAM AS HISTÓRIAS AINDA MAIS ENCANTADORAS.

PRÍNCIPE CINDERELO, DE BABETTE COLE. EDITORA MARTINS FONTES.

O PRÍNCIPE CINDERELO ESTAVA SEMPRE LIMPANDO A CASA, ESFREGANDO O CHÃO E CUIDANDO DE SEUS TRÊS IRMÃOS. ISSO FAZ VOCÊ SE LEMBRAR DE ALGUMA HISTÓRIA CONHECIDA? MAS, UM DIA, UMA FADA MUITO SUJINHA CAIU PELA CHAMINÉ E PROMETEU REALIZAR TODOS OS DESEJOS DO PRÍNCIPE!

APRENDER SEMPRE

1 LEIA O CONVITE A SEGUIR.

PARA COMEMORAR O NOSSO 7º ANIVERSÁRIO, VENHA PASSAR UMA TARDE CHEIA DE BRINCADEIRAS E COMIDINHAS DELICIOSAS!

QUANDO: 8 DE DEZEMBRO, ÀS 16H.
ONDE: AVENIDA DA FLORESTA, 1001.

ESPERAMOS VOCÊ!

OLÍVIA E LUCAS

ESTE ANO GOSTARÍAMOS DE PROPOR UMA COISA DIFERENTE: EM VEZ DE PRESENTES, TRAGA PACOTES DE FRALDA DESCARTÁVEL PARA DOARMOS A UMA INSTITUIÇÃO DE CRIANÇAS CARENTES.

A. QUE TIPO DE EVENTO O CONVITE ANUNCIA?

☐ UM ANIVERSÁRIO.   ☐ UMA FORMATURA.

☐ UM CASAMENTO.

B. EM QUE DIA E HORÁRIO O EVENTO ACONTECERÁ?

_____

C. ONDE SERÁ A FESTA?

_____

D. LEIA NOVAMENTE O RECADO DOS ANIVERSARIANTES AO FINAL DO CONVITE.

- VOCÊ JÁ RECEBEU UM CONVITE ASSIM?
- O QUE VOCÊ ACHOU DESSA ATITUDE?
- VOCÊ FARIA O MESMO? POR QUÊ?

E. O QUE VOCÊ ACHA QUE DEVEMOS FAZER QUANDO SOMOS CONVIDADOS PARA UMA FESTA E NÃO PODEMOS IR?

2 LIGUE CADA NOME À FIGURA CORRESPONDENTE.

NOVELO   LEQUE   LUPA   LIMÃO

3 ESCREVA O NOME DE CADA FIGURA A SEGUIR.

A. LEIA ESSES NOMES EM VOZ ALTA, SEPARANDO-OS EM SÍLABAS. PINTE DE **AMARELO** AS SÍLABAS INICIADAS POR **G** E DE **AZUL** AS SÍLABAS INICIADAS POR **L**.

B. JUNTE DUAS DAS SÍLABAS PINTADAS E FORME OUTRA PALAVRA. ESCREVA A PALAVRA FORMADA NO QUADRO.

4 ORDENE AS SÍLABAS E ESCREVA O NOME DE CADA FIGURA.

RO PE XA

RO LEI GO

VO GAI TA

CA A XI BA

DUZENTOS E OITENTA E UM 281

ATÉ BREVE!

NESTE ANO, VOCÊ E SEUS COLEGAS VIVENCIARAM NOVOS DESAFIOS E AMPLIARAM SEUS CONHECIMENTOS. AS ATIVIDADES A SEGUIR VÃO AJUDÁ-LO A AVALIAR ALGUNS DOS CONHECIMENTOS QUE VOCÊ ADQUIRIU.

1 LEIA A PARLENDA A SEGUIR.

MACACA FOLIA

MEIO-DIA,
MACACO ASSOBIA,
PANELA NO FOGO,
BARRIGA VAZIA.

MEIO-DIA,
MACACA FOLIA,
FAZENDO CARETA
PRA DONA MARIA.

DOMÍNIO PÚBLICO.

- O QUE O MACACO E A MACACA FAZEM AO MEIO-DIA?

_____

2 NA PARLENDA, QUE PALAVRAS RIMAM ENTRE SI?

_____

3 MARQUE COM **X** A PALAVRA QUE NÃO RIMA COM **PANELA**.

- [ ] VELA
- [ ] TIGELA
- [ ] TAGARELA
- [ ] TOMATE

4 NA PARLENDA, APARECEM DOIS NOMES DE ANIMAIS: **MACACO** E **MACACA**.

A. COM QUE SÍLABA ESSES NOMES COMEÇAM?

_____

B. ESCREVA UMA PALAVRA QUE COMEÇA COM ESSA SÍLABA.

C. ESCREVA UMA PALAVRA COM A SÍLABA FINAL DE **MACACO**. ELA PODE ESTAR NO INÍCIO, NO MEIO OU NO FINAL DA PALAVRA.

_____

5 ESCOLHA DUAS SÍLABAS DE CADA PALAVRA A SEGUIR E FORME UMA NOVA. ESCREVA AS PALAVRAS ABAIXO.

A. MACACO [   ]   **B.** CARETA [   ]

6 VEJA A FIGURA E LEIA A PALAVRA ABAIXO DELA.

- MARQUE A ALTERNATIVA EM QUE ESSA PALAVRA APARECE ESCRITA COM LETRA CURSIVA.

PANELA

☐ Janela   ☐ Canela   ☐ Panela   ☐ Flanela

7 LEIA O TEXTO E RESPONDA À PERGUNTA.

VITAMINA DE AÇAÍ

INGREDIENTES:
2 BANDEJAS DE MORANGO
2 XÍCARAS DE IOGURTE NATURAL DESNATADO
1 XÍCARA DE LEITE
3 COLHERES DE SOPA DE SUCO DE LIMÃO
4 BANANAS-MAÇÃ
2 XÍCARAS DE POLPA DE AÇAÍ CONGELADA

MODO DE FAZER:
LAVE E PIQUE OS MORANGOS E COLOQUE-OS NO LIQUIDIFICADOR. JUNTE OS OUTROS INGREDIENTES DA RECEITA E BATA TUDO POR DOIS MINUTOS. SIRVA IMEDIATAMENTE. COLOQUE GELO, SE DESEJAR.
RENDIMENTO: 6 COPOS

DOMÍNIO PÚBLICO.

- O QUE O TEXTO ENSINA A FAZER?

_____

8 A RECEITA ESTÁ ORGANIZADA EM:

☐ INGREDIENTES, MODO DE FAZER E RENDIMENTO.

☐ INGREDIENTES, MODO DE FAZER E TEMPO DE PREPARO.

9 PARA QUE SERVEM TEXTOS COMO O QUE VOCÊ LEU?

☐ PARA ENSINAR COMO JOGAR.

☐ PARA ENSINAR A PREPARAR UM ALIMENTO.

10 QUE FIGURA ACOMPANHA A RECEITA?

_____

11 PARA FAZER A VITAMINA, SÃO NECESSÁRIOS MORANGO, IOGURTE, LEITE, LIMÃO, BANANA-MAÇÃ E AÇAÍ.

A. QUAIS DESSES INGREDIENTES COMEÇAM COM VOGAL?

_____

B. SEPARE EM SÍLABAS OS NOMES DOS INGREDIENTES QUE COMEÇAM COM VOGAL.

_____

C. AGORA, ESCREVA O NOME DOS INGREDIENTES DA RECEITA NA ORDEM ALFABÉTICA.

1. _____   4. _____

2. _____   5. _____

3. _____   6. _____

12 NA RECEITA, FORAM EMPREGADAS PALAVRAS ESCRITAS COM **C**, COMO **XÍCARA** E **SUCO**. MARQUE A PALAVRA EM QUE O **C** É PRONUNCIADO DA MESMA FORMA QUE NESSAS PALAVRAS.

☐ CENOURA   ☐ INFÂNCIA

☐ CINEMA   ☐ COLHER

13 MARQUE A PALAVRA EM QUE A LETRA **R** NÃO É PRONUNCIADA COMO EM **MORANGO**.

- [ ] NATURAL
- [ ] XÍCARA
- [ ] RECEITA
- [ ] PAREDE

14 OS NOMES DE DOIS INGREDIENTES USADOS NA RECEITA COMEÇAM COM A LETRA **L**: **L**EITE E **L**IMÃO. COMBINE AS LETRAS QUE ESTÃO NO QUADRO E FORME TRÊS PALAVRAS QUE COMECEM COM **L**.

L A T D O U M I E

> **DICA**
> VALE REPETIR LETRA PARA FORMAR AS PALAVRAS.

_____

_____

15 NO TRECHO "LAVE E PIQUE OS MORANGOS E COLOQUE-OS NO LIQUIDIFICADOR", A PALAVRA **PIQUE** SIGNIFICA:

- [ ] JUNTE.
- [ ] BATA.
- [ ] CORTE.
- [ ] SIRVA.

16 LEIA AS PALAVRAS ABAIXO.

LAVAR   JUNTAR

- EM QUAL ALTERNATIVA AS PALAVRAS INDICAM O CONTRÁRIO DAS PALAVRAS ACIMA?
  - [ ] SUJAR, UNIR
  - [ ] SUJAR, SEPARAR
  - [ ] LIMPAR, REUNIR
  - [ ] BANHAR, ESPALHAR

17 ESCREVA O NOME DE UMA COMIDA DE QUE VOCÊ GOSTE E LISTE OS INGREDIENTES QUE SÃO USADOS PARA PREPARÁ-LA.

_____

_____

BIBLIOGRAFIA COMENTADA

Adams, Marilyn Jager; Foorman, Barbara R.; Lundberg, Ingvar; Beeler, Terri. *Consciência fonológica em crianças pequenas*. Porto Alegre: Artmed, 2006.
O livro traz fundamentos teóricos e atividades práticas para trabalhar a consciência fonológica em jogos de linguagem, jogos de escuta, rimas, consciência de palavras e frases, e consciências silábica e fonêmica. Também apresenta instrumentos de avaliação.

Bakhtin, Mikhail. *Estética da criação verbal*. Tradução de Paulo Bezerra. 6. ed. São Paulo: WMF Martins Fontes, 2011.
Obra canônica da área de linguagem, composta de ensaios relacionados à compreensão dialógica da língua. O livro é um dos pilares teóricos para a concepção do trabalho com os gêneros textuais.

Bechara, Evanildo. *Moderna gramática portuguesa*. 37. ed. Rio de Janeiro: Lucerna, 1999.
Obra que enfoca a abordagem normativa da língua portuguesa, considerando aspectos linguísticos e pesquisas sobre o uso do idioma.

Brasil. Ministério da Educação. Secretaria de Alfabetização. *Política Nacional de Alfabetização*. Brasília: MEC/Sealf, 2019.
Com base em estudos da ciência cognitiva da leitura, a Política Nacional de Alfabetização apresenta a literacia e a numeracia como processos fundamentais para o desenvolvimento das capacidades e competências envolvidas no processo de alfabetização. Além disso, destaca os seis pilares nos quais se devem apoiar os currículos e as práticas de alfabetização: consciência fonêmica, instrução fônica sistemática, fluência em leitura oral, desenvolvimento de vocabulário, compreensão de textos e produção de escrita.

Brasil. Ministério da Educação. Secretaria de Alfabetização. *Relatório nacional de alfabetização baseada em evidências*. Brasília: MEC/Sealf, 2020. Disponível em: https://www.gov.br/mec/pt-br/media/acesso_informacacao/pdf/RENABE_web.pdf. Acesso em: 6 maio 2021.
Principal produto da I Conferência Nacional de Alfabetização Baseada em Evidências (Conabe), o relatório consolida e organiza o conteúdo científico que trata de aspectos cognitivos envolvidos no ensino e na aprendizagem. O conteúdo dos capítulos transita por disciplinas e temáticas variadas: ciências cognitivas, neurobiologia, currículo, aprendizagem e ensino da literacia e da numeracia, autorregulação infantil, distúrbios em diferentes contextos, boas práticas, formação de professores e avaliação. Também conta com um esclarecedor glossário final.

Brasil. Ministério da Educação. Secretaria de Educação Básica. *Base Nacional Comum Curricular*: educação é a base. Brasília: MEC/SEB, 2018.
Documento de caráter normativo no qual são definidas as aprendizagens essenciais nas diferentes etapas e modalidades de ensino no nível da Educação Básica. Tem como principal objetivo balizar a qualidade da educação no Brasil, norteando os currículos e as propostas pedagógicas de todas as escolas públicas e privadas.

Cagliari, Luiz Carlos. *Alfabetização & linguística*: da oralidade à escrita. São Paulo: Cortez, 2006.
Abordando a aplicação de princípios linguísticos na interpretação e na solução de problemas técnicos relativos à fala e à escrita no processo de alfabetização, o autor transita por tópicos como o funcionamento da fala, a variação linguística, o sistema de escrita e o ato de escrever, além de analisar desvios ortográficos em textos produzidos por crianças.

Colomer, Teresa; Camps, Ana. *Ensinar a ler, ensinar a compreender*. Porto Alegre: Artmed, 2003.
A obra discute a importância de ensinar a leitura como objeto de conhecimento, propondo um trabalho com estratégias que precisam estar explícitas no processo formativo do sujeito competente para ler e compreender textos. É fundamental ressaltar que, para as autoras, a leitura é uma reconstrução dos sentidos do texto pelo leitor, que aciona referências, experiências e conhecimentos durante o ato de ler.

Ehri, Linnea C. Aquisição da habilidade de leitura de palavras e sua influência na pronúncia e na aprendizagem do vocabulário. *In*: Maluf, Maria Regina; Cardoso-Martins, Cláudia (org.). *Alfabetização no século XXI*: como se aprende a ler e a escrever. Porto Alegre: Penso, 2013.
Esse artigo apresenta alguns tópicos do trabalho que Ehri desenvolveu sobre aprendizagem de leitura e compreensão de textos com facilidade e rapidez, tema que desafia os pesquisadores até os dias atuais. A autora discorre sobre o desenvolvimento da habilidade de leitura de palavras em fases e exemplifica como a grafia afeta a pronúncia e a memória na construção de vocabulário.

Fávero, Leonor Lopes; Andrade, Maria Lúcia da Cunha V. de Oliveira; Aquino, Zilda Gaspar de. *Oralidade e escrita*: perspectivas para o ensino da língua materna. 8. ed. São Paulo: Cortez, 2017.
Esse livro trata de questões relacionadas à linguagem verbal, nas modalidades oral e escrita, com enfoque voltado para o trabalho prático realizado em sala de aula.

FOUNTAS, Irene; PINNELL, Gay Su. *Teaching for comprehending and fluency*. Portsmouth, NH: Heinemann, 2006.

Esse livro apresenta uma proposta de como ensinar com eficiência a construção de significados e a fluência em leitura. Também contribui para a compreensão dos níveis de leitura dos estudantes: onde eles estão, onde deveriam estar e o que precisam fazer para chegar lá. Acompanha DVD com vídeos curtos que demonstram a aplicação dos conceitos do livro em sala de aula.

FRANCHI, Eglê Pontes. *Pedagogia da alfabetização*: da oralidade à escrita. São Paulo: Cortez, 2006.

Como professora e pesquisadora participante do próprio estudo, a autora associa dados de pesquisa à prática pedagógica. Considerando que o processo de aquisição da grafia pode não ser suficiente para abarcar a riqueza oral e vocabular das crianças, a obra privilegia um olhar para a correlação entre a oralidade e a escrita, oferecendo pistas de reflexão sobre a variação linguística no processo de alfabetização.

FUZER, Cristiane; CABRAL, Sara Regina Scotta. *Introdução à gramática sistêmico-funcional em língua portuguesa*. Campinas: Mercado de Letras, 2014.

As autoras propõem a análise da língua portuguesa sob a perspectiva da linguística sistêmico-funcional, que concebe a linguagem como um sistema de escolhas com base no qual os sentidos são construídos.

GERALDI, João Wanderely. *Portos de passagem*. 5. ed. São Paulo: Martins Fontes, 2013.

Baseando-se em conexões entre o trabalho de pesquisa linguística e conteúdos escolares, a obra aborda perspectivas relacionadas a produção de texto, leitura e análise linguística.

GOMBERT, Jean Emile. Atividades metalinguísticas e aprendizagem da leitura. *In*: MALUF, Maria Regina (org.). *Metalinguagem e aquisição da escrita*: contribuições da pesquisa para a prática da alfabetização. São Paulo: Casa do Psicólogo, 2003.

O texto de Gombert, diretor do Centro de Pesquisa em Psicologia da Cognição e Comunicação da Universidade de Rennes, é um aporte entre outras contribuições presentes no livro em destaque. Analisa a relação entre a atividade metalinguística e a alfabetização sob o viés teórico-prático. Evidencia também as contribuições do ato de ler na formação pessoal e profissional do professor.

ILHA, Susie Enke; LARA, Claudia Camila; CORDOBA, Alexander Severo. *Consciência fonológica*: coletânea de atividades orais para a sala de aula. Curitiba: Appris, 2017.

No contexto do trabalho com a consciência fonológica nos anos iniciais da Educação Básica, a obra reúne atividades para apoiar essa prática, fundamentadas em literatura especializada. Além dos tópicos iniciados por referências teóricas, apresenta uma coletânea de textos favoráveis à aplicação das atividades orais: poemas, trava-línguas, cantigas, entre outros.

KOCH, Ingedore Villaça. *As tramas do texto*. 2. ed. São Paulo: Contexto Universitário, 2014.

A obra discute e analisa a construção de sentido dos textos em diferentes situações, destacando a relação estabelecida entre leitor, texto e autor no processo comunicativo.

LEMLE, Miriam. *Guia teórico do alfabetizador*. 17. ed. São Paulo: Ática, 2007.

Importante e necessária, essa obra apresenta ao professor alicerces teóricos acerca da língua e de sua representação, abordando as unidades linguísticas e respectivos mecanismos de funcionamento. A compreensão de tais alicerces propicia ao professor maior consciência acerca do processo de alfabetização e das capacidades que as crianças precisam desenvolver, habilitando-o a atuar efetivamente para favorecer o sucesso dos estudantes na aquisição do sistema alfabético de escrita.

MALUF, Maria Regina; CARDOSO-MARTINS, Cláudia (org.). *Alfabetização no século XXI*: como se aprende a ler e a escrever. Porto Alegre: Penso, 2013.

Essa obra aborda o ensino da leitura e da escrita sob a ótica da psicologia cognitiva da leitura, pautando-se em evidências identificadas por estudos de diferentes áreas associadas à ciência da leitura, entre elas a psicologia e as neurociências. Tais evidências revelam a complexidade das operações mentais mobilizadas no aprendizado da leitura, esclarecendo as conexões entre leitura e cognição. Assim, são discutidas investigações realizadas por diversos pesquisadores, nacionais e estrangeiros, que se debruçam sobre esta que é uma das questões sensíveis à realidade da educação no Brasil: o êxito na alfabetização, bem como na aprendizagem e no domínio, pelas crianças, da linguagem escrita; o que vai impactar nos níveis de competência em leitura necessários ao exercício substancial da cidadania.

MARCUSCHI, Luiz Antônio. *Linguística de texto*: o que é e como se faz? São Paulo: Parábola, 2012.

O livro apresenta uma abordagem relacionada ao estudo da comunicação humana alinhada ao ensino da língua na perspectiva da linguística textual, na qual os efeitos de sentido podem ser construídos por meio de escolhas lexicais, sintáticas, entre outras possibilidades.

MARQUESI, Sueli Cristina; CABRAL, Ana Lucia Tinoco; MINEL, Jean-Luc (org.). *Leitura, escrita e tecnologias da informação*. São Paulo: Terracota, 2015. (Linguagem e Tecnologia, v. 1).

Nessa obra são analisadas perspectivas acerca do trabalho com habilidades leitoras e de escrita envolvendo situações relacionadas às tecnologias digitais e ao ambiente escolar.

MORAIS, Artur Gomes de. *Ortografia*: ensinar a aprender. 5. ed. São Paulo: Ática, 2010.

A obra aborda aspectos teóricos e procedimentais relacionados ao ensino da ortografia, com proposições de abordagens para a sala de aula.

Morais, José. *Criar leitores*: para professores e educadores. Manole: São Paulo, 2013.

Baseando-se em estudos científicos, o autor discorre sobre os processos cognitivos implicados na alfabetização e sobre o que acontece no cérebro do estudante quando ele aprende a ler e a escrever. O livro recomenda ações para promover a alfabetização eficiente, por meio de intervenções pontuais, a fim de prevenir ou resolver eventuais dificuldades que podem aparecer durante a aprendizagem da leitura e da escrita.

Perrenoud, Philippe. *Dez novas competências para ensinar.* Tradução de Patrícia Chittoni Ramos. Porto Alegre: Artmed, 2000.

O autor desenvolve, ao longo da obra, concepções e estratégias sobre o fazer pedagógico no mundo contemporâneo, indicando competências profissionais relacionadas ao desenvolvimento de um ensino significativo, reflexivo e desafiador para os estudantes.

Schneuwly, Bernard; Dolz, Joaquim. *Gêneros orais e escritos na escola.* Tradução de Glaís Sales Cordeiro e Roxane Rojo. Campinas: Mercado de Letras, 2004.

A obra analisa diversas possibilidades de trabalho com gêneros orais e escritos na esfera escolar, abrangendo aspectos relativos ao planejamento e à progressão do trabalho com gêneros textuais.

Seabra, Alessandra Gotuzo; Capovilla, Fernando César. *Teste de Competência de Leitura de Palavras e Pseudopalavras (TCLPP).* São Paulo: Memnon, 2010.

O livro apresenta fundamentos e tópicos explicativos acerca do TCLPP. Instrumento empregado para avaliar a competência de leitura silenciosa de palavras isoladas, o teste é útil para auxiliar o diagnóstico de situações específicas relacionadas à aquisição da leitura e permite inferir o estágio de desenvolvimento em que se encontra a criança envolvida nesse processo.

Soares, Magda. *Alfaletrar*: toda criança pode aprender a ler e a escrever. São Paulo: Contexto, 2020.

Considerando a importância de se compreender a alfabetização como a aprendizagem de um sistema de representação, em que signos (grafemas) representam os sons da fala (fonemas), bem como reconhecendo estudos e pesquisas sobre oralidade e escrita desenvolvidos particularmente pela psicologia do desenvolvimento e pela psicologia cognitiva, a autora propõe que a alfabetização como técnica caminhe junto com o desenvolvimento explícito e sistemático de habilidades e estratégias de leitura e de escrita.

Solé, Isabel. *Estratégias de leitura*. Tradução de Cláudia Schilling. Porto Alegre: Artmed, 1998.

A autora apresenta diversas possibilidades de trabalho relacionado à compreensão e análise textual, propondo estratégias voltadas para a sala de aula, em uma perspectiva de desenvolvimento processual de habilidades leitoras.

Vigotski, Lev Semenovitch. *A formação social da mente*: o desenvolvimento dos processos psicológicos superiores. Tradução de Luis Silveira Menna Barreto, Solange Castro Afeche e José Cipolla Neto. São Paulo: Martins Fontes, 2007.

A obra expõe o pensamento de Vigotski, para quem a linguagem é ferramenta decisiva na estruturação do pensamento e fundamental na construção do conhecimento. O autor concebe o aprendizado como um processo social, destacando o papel do diálogo e as funções da linguagem no desenvolvimento cognitivo mediado. O ensino é visto como meio pelo qual esse desenvolvimento avança, considerando os conteúdos socialmente elaborados e as estratégias cognitivas essenciais para internalização do conhecimento.

Zabala, Antoni. *Enfoque globalizador e pensamento complexo*: uma proposta para o currículo escolar. Porto Alegre: Artmed, 2002.

A obra analisa o processo de fragmentação da atividade intelectual e cultural e aponta para uma visão integradora que objetiva o ensinar para a complexidade. Aborda tópicos como conflito cognitivo, autorreflexão e aprender a aprender. Também trata dos instrumentos conceituais, procedimentais e atitudinais de que cada indivíduo dispõe para dar respostas a demandas da realidade.

DESTACAR

PÁGINA 270 • ATIVIDADE 7

QUE CONFUSÃO! ALGUMA BRUXA OU FADA ATRAPALHADA BAGUNÇOU A ORDEM DOS ACONTECIMENTOS DA HISTÓRIA QUE VOCÊ ACABOU DE LER.

COM UM COLEGA, RELEIA A HISTÓRIA "O TELEFONE", DESTAQUE AS TIRAS ABAIXO E COLE ESSAS TIRAS NA PÁGINA 291, DE ACORDO COM A ORDEM DOS ACONTECIMENTOS.

O TELEFONE FOI TRANSFORMADO EM UM HAMBÚRGUER E O VASO FOI TRANSFORMADO EM UM REFRIGERANTE.

A BRUXINHA ESTAVA DORMINDO NO SOFÁ COM O GATO SENTADO A SEU LADO.

O TELEFONE TOCOU NA BARRIGA DO GATO, E A BRUXINHA ACORDOU.

O GATO PEGOU A VARINHA MÁGICA DA BRUXINHA.

O GATO COMEU O HAMBÚRGUER E TOMOU O REFRIGERANTE.

ELE FEZ UMA MÁGICA COM A VARINHA DA BRUXINHA.

COLAR

PÁGINA 270 • **ATIVIDADE 7**

PÁGINA 136 • RECEITA
SALADA DE FRUTAS – INGREDIENTES

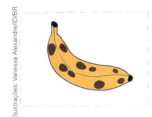   

SALADA DE FRUTAS – MODO DE PREPARAR

DESTACAR E COLAR

PÁGINA 136 • RECEITA

SALADA DE FRUTAS

INGREDIENTES

MODO DE PREPARAR

1

LAVE _____

2

PEÇA A UM ADULTO PARA _____

3

MISTURE _____

4

_____

DESTACAR

PÁGINA 207 • ATIVIDADE 4

tucano	tartaruga	arara	zebra
tucano	tartaruga	arara	zebra
sapo	elefante	morcego	
sapo	elefante	morcego	

PÁGINA 165 • ATIVIDADE 8

PÁGINA 134 • ATIVIDADE 6

RABANETE GATO

RATO SABONETE

DUZENTOS E NOVENTA E SETE

DESTACAR

PÁGINA 105 • CANTIGA

A BARATA DIZ QUE TEM

A BARATA DIZ QUE TEM _____

É MENTIRA DA BARATA, _____

RÁ RÁ RÁ, RÓ RÓ RÓ, _____

A BARATA DIZ QUE TEM _____

É MENTIRA DA BARATA, _____

RÁ RÁ RÁ, RÓ RÓ RÓ, _____

NOME: _____

TURMA: _____

PÁGINA 117 • ATIVIDADE 7

CACHORRO RATO CAÇADOR REI FERREIRO

PÁGINA 104 • CANTIGA

PÁGINA 86 • ATIVIDADE 1

DESTACAR

PÁGINA 49 • LISTA DE ANIVERSARIANTES

MÊS: _____

NOME	DIA
_____	_____
_____	_____
_____	_____
_____	_____
_____	_____

DESTACAR

PÁGINA 40 • AGENDA TELEFÔNICA

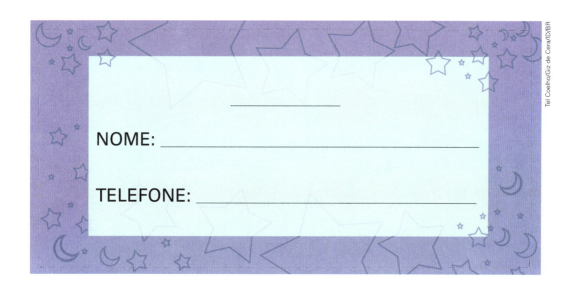

PÁGINA 35 • DESCUBRA A PALAVRA

PULGA

PATA

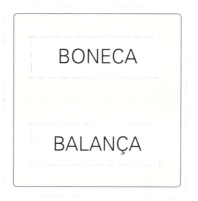

BONECA

BALANÇA

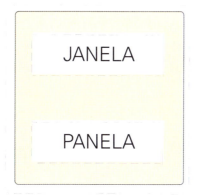

JANELA

PANELA

URUBU

CAJU

DESTACAR

PÁGINA 38 • **ALFABETO MÓVEL**

A	A	A	A
A	A	Â	Â
Á	Á	Ã	Ã
B	B	B	C
C	C	Ç	Ç
Ç	D	D	D
E	E	E	E

DESTACAR

PÁGINA 38 • ALFABETO MÓVEL

E	E	Ê	Ê
É	É	F	F
F	G	G	G
H	H	H	I
I	I	I	I
Í	Í	Í	J
J	J	K	K

DESTACAR

PÁGINA 38 • ALFABETO MÓVEL

L	L	L	M
M	M	N	N
N	O	O	O
O	O	O	Ô
Ô	Ó	Ó	Õ
Õ	P	P	P
Q	Q	R	R

DESTACAR

PÁGINA 38 • **ALFABETO MÓVEL**

R	S	S	S
T	T	T	U
U	U	U	U
U	Ú	Ú	V
V	V	W	W
X	X	X	Y
Y	Z	Z	Z

DESTACAR

PÁGINA 38 • **ENVELOPE PARA O ALFABETO MÓVEL**

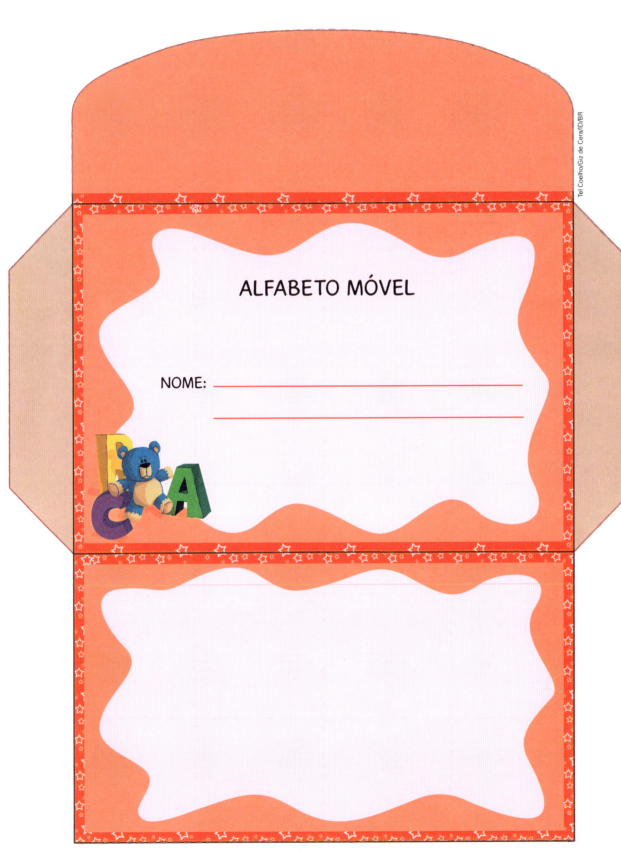

DESTACAR

PÁGINA 34 • BINGO DE LETRAS

W		H	
			J
P		B	
	Z		K

	X		
C		N	F
	A		
	D		I

S		M	R
			T
	Q		
U		G	

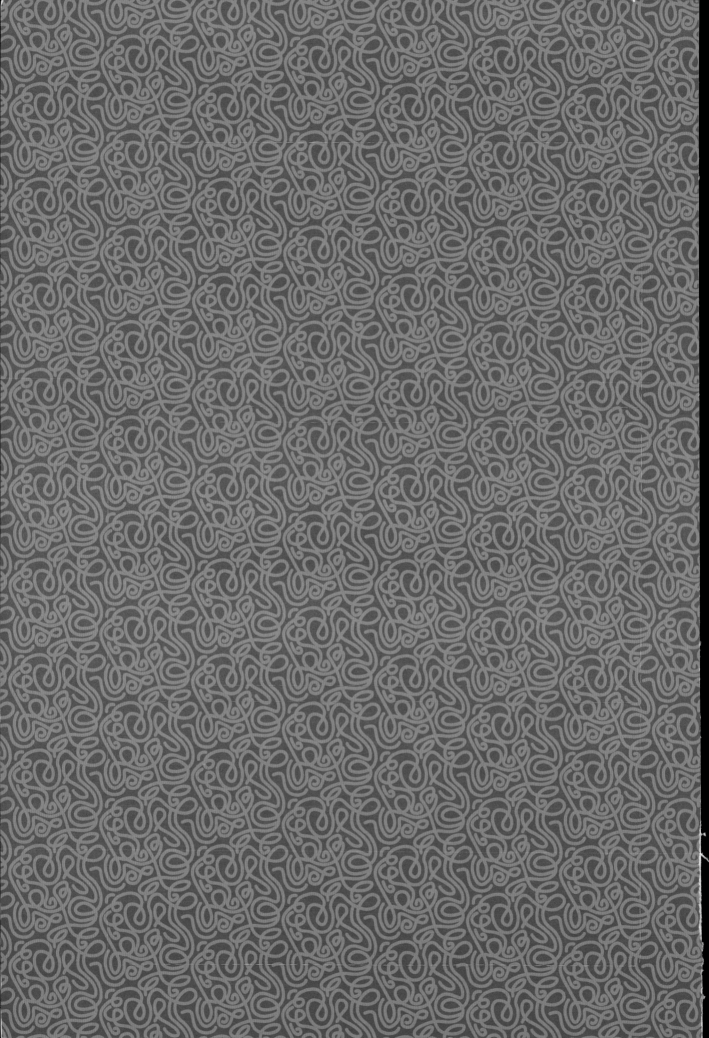

CONSULTAR

PÁGINA 32 • **ALFABETO**

A	B	C	D
E	F	G	H
I	J	K	L
M	N	O	P
Q	R	S	T
U	V	W	X
Y	Z